이 책을 나의 가족에게 바칩니다.

세상의 모든 **스마트공장**은 목적이 있다

—— K - 스 마 트 공 장 의 꿈 ——

한석희 지음

K-Smart Factory의 주역이며 동시에 이 책 주인공들의 **필독서**

제조
기업 경영자

기술 공급
기업 경영자

여러 분야별
전문가

정부 기관
공무원

좋은땅

들어가는 글

1.

어떤 분야든 도가 통한 사람의 설명은 의외로 단순하다. 어려운 내용을 설명하는데도 별로 어렵지 않고 귀에 쏙쏙 들어온다. 스탠리 위팅엄이라는 노벨상 수상자가 배터리 기술을 설명한 책을 보니 꼭 그랬다.[1] 배터리는 분명 전문 기술인데도 전문가가 아니라도 설명이 어렵지 않았다. 쉽게 설명하는 비결이 무엇일까? 궁금했었다. 이게 꼭 기술 분야에서만 나타나는 것도 아닌 것 같다. 김형석 교수와 같은 분도 참 쉽게 설명한다. 100년 넘는 삶에서 얻은 깊은 지혜와 통찰을 통해 우리 사회가 마주한 실타래 같은 복잡한 현상을 간단히 진단한다. 또 손쉽게 해결 방향도 제시한다. 주제가 만만하지 않음에도 전달하는 내용은 단순하고 알아듣기 쉽다.

여러 현자가 말했다.[2] '단순하지 않으면 실은 잘 모르는 것이다'라고. 만일 쉽게 설명하지 않고 있다면 아직 잘 모르는 것이라고 해석해 볼 수 있다.

1 　스탠리 위팅엄(Stanley Whittingham)(2022), 《리튬이온배터리 기술과 지구의 미래, 최종현학술원 과학기술혁신 시리즈 I-배터리의 미래》중, pp. 15-37.

2 　이렇게 말한 현자의 예를 찾아보니 아이작 뉴턴, 알베르트 아인쉬타인, 에드워드 데밍 등이 있다.

이 책은 그런 영감을 받고 쓴 책이다. 그간 시중에 등장한 어떤 책보다 스마트공장을 쉽게 이해하도록 썼다. 그렇다고 교과서 내용 같은 이론 이야기를 쉽게 풀었다는 뜻은 아니다. 모두 현장의 이야기를 다양한 각도로 소화하여 의미 있는 통찰을 끄집어낸 이야기 모음이다. 그 바탕에는 'K-스마트공장'의 꿈이 깔려 있다. 그간 우리 사회가 이룩한 일이 모두 성공적이고 바람직하다고 볼 수 없어 여기저기 그 아쉬움도 표현하였다. 그러나 그 속에서 다시 희망과 가능성을 찾아내고자 하였다. 생태계의 모든 주역의 생각과 비전의 전환도 제시하고 싶었다.

그런 모습으로 모두 3개의 장을 준비하였다.

1장에서는 한국 사회가 만들어 갈 K-스마트공장의 모습과 비전을 제시하는 데에 지면을 할애했다.

2장은 중견, 중소 제조 기업이 실제 고민하고 활용할 만한 통찰의 이야기 모음이다.

3장에서는 이런 기업을 지원하는 역할을 제대로 해 주어야 하는 기술 공급기업, 컨설턴트 그리고 정부의 역할과 마인드셋 전환에 관해 이야기하였다.

책은 앞에서부터 순서대로 읽는 것을 권한다. 그런데 읽다 보면 앞 절의 이야기가 뒤의 절 어딘가에서 다시 언급되거나 다시 등장하여 설명되는 것을 볼 수도 있을 것이다. 일종의 부연 설명으로서 필자의 의도된 반복이라고 미리 말씀드린다. 그래서 어떤 이유로 원하는 절을 먼저 선택해서 읽어도 무난하다고 본다. 각 절에는 각 절만의 이야기와 메시지가 반드시 들어 있기 때문이다. 순서대로 읽으라 하지만 실은 눈이 먼저 가는 제목이 있으면 그쪽부터 펼쳐도 무방하다.

모든 절의 이야기는 장 전체의 메시지를 유지하도록 구성하였다. 각 장의 제목이 이런 메시지를 함축하고 있다고 볼 수 있다. 또 각 장의 메시지를 각 장의 마지막 부분에 간략히 정리해 놓았다. 장의 내용을 되돌아보기에 도움이 될 것이라 본다.

이 책의 내용 대부분은 여러 해 동안 미디어나 강연장을 통해 전달되었던 내용을 다시 시간의 궤적 속에서 업데이트하여 엮어낸 것이다. 따라서 이리저리 검증된 내용이라 보면서 편하게 즐기기를 기대한다.

2.

이제 에피소드 하나를 소개한다. 얼마 전 지방의 한 고등학교 선생님과 학생들이 스마트공장에 대해 논의하는 동영상을 보았다. 진지한 선생님의 스마트공장 정의와 논의가 흥미로웠다.

'사물인터넷과 인공지능이 융합되는 인공지능형 생산공장이 스마트공장이야!'

이런 멋진 정의를 내리는 선생님의 모습에 학생들의 눈은 초롱초롱하였다. 선생님과 학생들은 이런 대화를 나눈 후 직접 스마트공장을 확인하기 위해 현장 견학을 떠났다. 방문한 공장은 학교에서 가까운 전라도 광주의 어느 공장이었다. 가전제품에 사용되는 부품을 제조하는 공장이다. 주로 철판을 프레스로 절단해서 가공하는 공장인데 학생들의 공장 견학 과정이 영상에 잘 담겨 있었다. 그 속에는 공장 담당자에게 질문도 하고 자신들의 의견도 나누는 모습이 흥미롭게 다가왔다.

그런데 이 동영상을 보며 종종 웃음 짓지 않을 수 없었다. 선생님, 학생들 할 것 없이 스마트공장을 매우 멋지게 상상하고 있었다. 그러나 막상 공장에 도착하자 스마트공장이 무엇인지 잘 보이지 않는 것에 좌충우돌하는 것을 볼 수 있었다. 무엇이 스마트공장이고, 왜 스마트공장이라 하는지 이해할 수 없어 하는 모습을 보면서 이 시대의 한국 스마트공장 전문가의 한 사람으로서 미안한 마음이 들었다. 이들이 학교 책상 앞에 앉아 생각한 스마트공장과 실제 제조 기업 현장의 스마트공장이 서로 달라 당황하는 것을 볼 수 있다.

공장 내부에는 설비와 작업자, 작업에 사용되는 재료와 부품 등이 가득하다. 자동화가 어느 정도 달성된 여느 회사의 공장과 크게 다를 것이 없다. 그 생산라인과 설비 속에서 대체 어떤 것을 두고 스마트공장이라 하는지 이해도 잘 안되고, 그래서 스마트공장이란 것이 무엇인지 알아차리지 못하는 것이 가감 없이 보인다. 학생과 선생님이 만든 작은 에피소드이지만 이 영상의 모습이 어쩌면 한국의 스마트공장 현주소는 아닌지 되돌아볼 때가 있다.

3.

한국의 스마트공장은 그간 열심히 뛰고 좌충우돌하면서 성장해 왔다고 말해도 과언이 아니다. 누구도 지나친 표현이라 말하지 않을 것이다. 스마트공장의 그 추진과정을 세세히 살펴보면 스마트공장을 처음부터 제대로 잘 알고 일을 추진해 왔다고 보기보다는 배우면서 추진하였다고 말하는 것이 좋을 것이다.[3] 그래서 우리에게 스마트공장은 늘 복잡했을 것이다.

그러나 지난 활동 속에서 성과가 없었던 것은 아니다. 양적인 성과는 분명하다. 그 성과는 세계에 유례가 없고, 또 앞으로도 없을 것으로 보인다. 이제 정부는 또 다른 유사 스마트제조 사업을 계속하겠다고 한다. 양적인 성과가 아닌 질적인 성과를 내겠다고 목표는 바뀌었다.

큰 틀에서 보면 산업 분야별로 스마트공장 수준도 다르게 형성됨을 볼 수 있다. 예로서 자동차 부품 공급 제조 산업의 스마트공장 활용은 타 산업에 비해 수준이 높아 보인다. 산업 내부의 어떤 동기가 그곳에서 활동하는 기업에 스마트공장을 더 촉진하도록 작용하였을 것으로 짐작할 수 있다. 이 산업에서 논의되는 스마트공장은 타 산업의 그것에 비해 상대적으로 더 간결하고 더 명료하게 다루어진다.

타 산업을 보면 여전히 '스마트공장이 좋은 줄 알겠는데 얼마나 좋은지, 또 어떻게 이해하고 정의하고 구현하는 것이 최선인지 모르는 단계'로 보인다. 이런 상황이지만 일부의 미래 지향적 전문가는 좀 더 멋진 비전 세우기에 분주하다.

예를 들면 이렇다. '서로 데이터와 정보를 주고받으면 좋다', 또 '제조 데이터는 사고팔 수도 있다', '인공지능의 쓰임새가 점점 더 많이 필요할 것이다'와 같은 것이다. 그냥 들으면 모두 멋지게 보이는 말이다. 그러나 자세히 보면 아직은 들뜬 모습이다. 이런 목표는 기업의 손에 잡히지 않는다. 그래서 기업이 자발적으로 참여하지도 않는다. 스마트공장이 처음 시

---

3   스마트공장의 정의가 없다는 뜻은 아니다. 또한 한국만 그러한 것도 아니다. 외국도 스마트공장에 대한 정의, 이해, 분석 이런 것이 다양하고 복잡하기는 마찬가지이다.

작되던 10년 전처럼 할 수는 없다. 의도한 것과 달리 참여가 저조하다고 해서 정부가 돈다발을 흔들어 보이며 기업 참여를 끌어내는 일은[4] 더 이상 곤란하다. 소위 '시범사업'에 참여할 것을 유도해 다음 상황을 찾아보려는 생각은 알겠는데 데이터가 아직 해당 기업의 담장을 넘지 못하는 현상의 진짜 배경을 보고 잘 대응해야 한다. 최근 정부가 데이터를 사는 기업에 돈을 대준다는 유인책은[5] 좋은 방법이 아니다. 지난 시절 이런 예는 이미 많이 보았다. 기업은 정말 필요하면 하지 말라고 막아도 스스로 한다.

정부가 돈을 투입해서 바꾸게 하기보다는[6] 기업 스스로 참여하고 주머닛돈을 털어 혁신을 이어가도록 유도하는 것이 훨씬 낫다. '혁신의 확산 이론'에 따르면 현재 한국기업의 스마트공장은 스스로 참여하는 기업에 의해 굴러가는 단계로 들어섰다. 정부 개입과 참여가 커지면 오히려 스스로 먼저 추진하려 하지 않을 수 있다. 좀비 속성이 자극될 수도 있다. 최근 스마트팩토리협의회장이란 분이 어떤 국회의원과의 간담회 자리에서 스마트공장 업계가 구조조정 되고 있으니 예산이 늘어나도록 도와달라고 요청한 기사[7]가 등장하는 것을 볼 수 있는데 생태계를 위해 진짜 필요한 정책인지 살펴야 하는 시점이다.

---

4 참고한 자료는 '2023년 제조 데이터 상품가공 지원 사업' 공고 내용.

5 참고한 자료는 '2023년도 제조 데이터 구매지원 사업' 공고 내용.

6 3만 개의 프로젝트를 지원하면서 2014년부터 2022년까지 약 2조 2,700억 원이 투자되었으며(출처: 박한구(2021), 《스마트공장 보급확산 사업 가이드》), 2023년 이후로도 스마트공장 정부 지원 사업은 예산의 규모는 대폭 줄었지만 지속되고 있다.

7 유근일(2023), 구조조정 위기 직면한 스마트공장업계 예산 확대 시급, 2023년 7월 21일 전자신문.

이제 눈을 글로벌 세상으로 돌릴 때다. 스마트공장은 이미 글로벌 이슈이며 아젠다가 되고 있다. 더 많은 기업이 스마트공장을 구축하기 위해 노력 중이며 누군가 제공하는 제대로 된 소식과 성공 사례 그리고 관련된 기술정보를 듣기 위해 귀를 기울이고 있는 것을 알 수 있다. 가까운 중국은 물론, 일본, 동남아시아 국가 모두 스마트공장을 필연적으로 선택할 혁신 과정으로 보고 있다. 유럽과 북미 기업은 말할 나위가 없다. 그런 관점에서 정부는 '공급자 관점'을 지양하고 '사용자 관점'으로 생태계의 흐름을 바꾸어야 한다. 전환의 어려움이 예상되지만 한 번쯤은 겪을 일이다. 이런 전환을 통해 튼튼한 생태계 속에서 성장한 기업들이 세계를 선도하는 새로운 사례, 기술 경험, 실적 등을 만들어 낼 단계로 가고 있다.

그런 것들이 'K-스마트공장'이란 이름으로 통용되는 날이 올 것이다. 이미 한국은 'K-Pops', 'K-Food', 'K-Fashion', 'K-Beauty' 등 K라고 하는 접두어를 붙일 수 있는 브랜드가 늘어나고 있다. 스마트공장도 그리될 것이라 보고 있다. 그런 수준에 이르기까지는 좀 더 노력해야 할 것이 있지만 가능성은 분명하게 있다. 앞으로 K-스마트공장의 구현을 위해 현재 비어있는 공간과 퍼즐을 채워 줄 이야기가 좀 더 필요하다. 그렇게 된다면 K-스마트공장의 꿈이 진짜 실현될 것이다. 그런 날이 빨리 다가오기를 기대한다. 그런 생각으로 빚어 만든 책이다.

2024년 1월 내곡동에서 한석희

차례

K-스마트공장 산책

2장

어떻게 '목적 있는 스마트공장'을 성취하나?

생태계 속의 기술 공급기업과 컨설턴트 그리고 정부

K-스마트공장
산책

HMGICS에서 엿보는
K-스마트공장의 꿈

"고객이 원하는 스마트한 제품을 스마트한 공장에서 맞춤형으로 생산 공급하고 스마트하게 서비스한다."

'HMGICS'를 통해서 현대자동차의 비전과 상상을 엿볼 수 있다. 여기서 제품이란 내연기관 자동차는 물론 전기자동차, 자율 주행 자동차, 드론형 자동차, 개인 모빌리티, 모빌리티 로봇 등 여러 가지 이동 수단을 의미한다. 이런 제품들은 벌써 시장에서 선보이고 있으니 더 이상 상상이 아닌 현실이다. 그런데 이런 제품이 점차 대담하고 더욱 세련되게 스마트한 모습으로 발전할 것을 예상할 수 있다. 이런 스마트한 제품이 유연 생산이 가능한 스마트한 공장에서 제조된다는 것을 HMGICS는 거의 확신에 찬 모습으로 제시하고 있다.[1]

이 공장의 오픈은 여러 사정으로 몇 번 연기된 후 2023년 11월 22일 준공하였다.[2] 처음부터 고객 주문형 차량 생산을 하기보다는 소품종 중량

생산의 생산 과정을 먼저 거칠 것으로 보인다. 그러나 시간이 지나고 공장이 안정적으로 운영되면 점차 고객 주문에 맞는 맞춤형 차량을 생산하는 빈도가 증가하게 될 것을 예측할 수 있다. 이런 제품에 대해 지원하는 서비스도 기존과 다르게 발전할 것이다. 바로 스마트 서비스의 등장을 보게 될 것이다. 차량의 운행상의 문제나 정기적인 보수를 원격 모니터링 형태로 지원하는 서비스도 가능하게 될 것이다. 아마도 그 이상의 다양한 서비스를 보게도 될 것이다. 스마트한 제품이 스마트한 공장에서 고객 맞춤형으로 생산되어, 고객에게 제공되고 제품을 사용하는 동안 스마트한 서비스로 지원하는 세상이 더 이상 상상만이 아니란 것을 HMGICS는 보여 준다. 여기서 말하는 HMGICS는 Hyundai Motor Global Innovation Center in Singapore의 약어이다. 우리말로는 싱가포르 현대자동차 글로벌 혁신센터로 부를 수 있을 것이다. 이런 공장이 싱가포르에 있다.

HMGICS은 현대자동차의 미래 모습이기도 하지만, 실은 한국 제조업이 추진하는 'K-스마트공장'의 미래 모습이기도 하다. 그런 점에서 HMGICS의 출범이 한국의 스마트제조 비전에 제공하는 시사점은 적지 않다고 말할 수 있다.

한국 완성차업체의 대표 격인 현대 기아 자동차 그룹은 최근 수년간 꽤 좋은 활동과 사업 실적을 성취하는 것을 볼 수 있다. 이런 실적의 바탕엔 그동안 추구해 온 품질 수준 상향 안정화, 기존 자동차 제품군의 고급화, 전기자동차 같은 신제품군 차별화의 성공이 있다고 본다. 이 중에서 품질의 상향 안정화는 대한민국이 추진해 온 스마트공장 보급확산 사업 추진이 한몫했다고도 본다.

현대자동차는 정주영 창업자와 동생인 정세영 회장의 참여, 그리고 2세

경영자인 정몽구 회장 시대를 이어 3세 경영자 정의선 시대를 맞으며 적지 않은 혁신 변화를 보여 주고 있다. 그런데 최근 정의선 시대로의 전환 속에서 현대자동차가 도전하는 활동과 비즈니스 모델에서 한국 제조업의 르네상스의 가능성을 엿볼 수 있게 하는 일이 생기고 있다고 필자는 보고 있다.

이런 소개를 현대자동차에 대한 의도된 칭찬, 또는 간지러운 입발림 정도로 여긴다면 큰 오해이다. 필자는 오랫동안 현대자동차의 전국의 공장은 물론이고 남양연구소 등을 거의 평생 방문하곤 했다. 그런 과정에서 얻은 현대자동차에 대한 이미지와 사적인 경험은 그리 좋다고 말할 수는 없다. 그래서 억지로 칭찬하고 싶은 생각도 없고 또 그럴 이유도 없다.

어쨌든 누가 뭐라고 해도 3세 경영자 시대를 맞는 지금의 현대기아자동차 그룹은 이전과 많이 다르게 보인다. 거의 환골탈태처럼 보인다. 내놓는 제품도, 서비스도, 공장의 제조 또한 그렇게 바뀌는 것 같다. 특히 제조의 변화는 전 세계 다른 자동차 기업들이 도전하지 않았던 수준의 길로 먼저 들어서는 것으로 보인다. 그리고 이를 입증하는 사건이 바로 싱가포르의 HMGICS라는 사업장이라 말할 수 있다.[3]

이전의 이미지가 어떠했든, 또 기억이 무엇이었든, 필자는 현대자동차 그룹의 변화와 추진 활동에 아낌없는 찬사와 응원을 보낼 수밖에 없다. 왜냐하면 HMGICS는 현대자동차는 물론이고 한국의 제조업의 미래를 보여 주는 비전이기 때문이다. 이는 대한민국의 제조 산업이 도전해야 하는 비전이며 상상이기 때문이다.

HMGICS의 실제 성취는 앞으로 자주 미디어에 소개될 것으로 예상한다. 또 HMGICS의 발전은 지속될 것으로 보인다. 그리고 그 운영의 모습

세상의 모든 스마트공장은 목적이 있다

도 계속 업그레이드될 것으로 예상된다. 여기서 이런 도전과 발전이 현대자동차만의 것은 아니라고 본다. 이는 한국 제조 산업 전반의 도전으로 확산하여야 한다. 그런 일이 실제 일어나면 우리는 비로소 세상에 K-스마트공장을 자랑할 수 있을 것이다. 우리는 K-스마트공장을 세상에 전하고 수출하고 알리는 일을 할 수 있게 될 것이다. 그런 날이 그리 머지않기를 기대해 보자.

등대공장도 적자가 날까?

'포스코 적자 전환, 현대제철은 흑자 기록'

이런 제목의 기사가 2020년 신문에 등장했다.[4] 당시 포스코는 국내 스마트공장의 선두 주자로서 한국 스마트제조 혁신의 아이콘과 같은 존재였다. 이때 포스코는 세계 철강 산업 시장에서 6위의 생산량을 기록 중이었고 단일 규모로는 세계 1위, 2위를 기록하는 포항사업장과 광양사업장을 보유한 기업이었다. 반면 기사에 함께 등장한 현대제철은 규모는 포스코보다 작고 스마트제조 혁신 활동도 포스코에 비해 뒤늦은 기업이었다. 이런 현대제철은 흑자를 기록하는데 포스코는 적자를 낸 것이다.

이런 타이틀을 뽑은 기자는 두 회사를 대비해서 의도한 메시지를 내려 한 것을 볼 수 있다. 그걸 정리하면 대략 이런 이야기다.

'세계 6위의 철강생산 능력을 지니면서 늘 선도적인 스마트제조 혁신을

자랑했던 국내 최초 등대공장을 보유한 포스코가 적자로 전환되었음. 그 이유가 뭘까?'

'반면 포스코 뒤를 추격하는 현대제철은 만성 적자를 보이곤 했는데 어떻게 흑자를 내었을까?'[5]

이 기사가 독자의 눈길을 많이 끌었는지는 모르겠다. 워낙 눈길을 끄는 선정적인 기사가 난무하는데 이런 제목 정도로 주목을 이끌기는 쉽지 않았을 것 같다. 필자 같은 스마트공장을 연구하는 이 외에는 별 관심이 없었을 것 같다.

잘 알려진 대로 포스코는 세계경제포럼에서 선정한 '등대공장'에 한국 기업 최초로 이름을 올렸다. 이런 선정이 포스코의 혁신 이미지를 한껏 끌어올린 것도 사실이다. 또한 필자 같은 이들이 활용하는 강의 단골 주제이며 자주 소개하는 사례이기도 하다. 이렇게 모범적으로 다른 기업보다 앞서 혁신을 추진한 기업이 적자를 냈다고 하니 신문 기사 제목에 눈길을 주지 않을 수 없었다.

혹여 이렇게 말하는 사람도 있을 것 같다.

'스마트공장을 추진해도 별거 아닌가 봐. 포스코가 적자라잖아…'

그런 포스코는 하필 태풍 피해도 보고 24시간 돌아가던 용광로가 멈춰 서는 사건도 경험하기도 했다.

'등대공장이고 뭐고 별거 아니네'

누군가 혹여 이렇게 생각한다면 하수다. 기업 현장의 변수는 다양하다. 또 사업 환경이 급하게 변화하거나 악화하면 누구나 적자를 볼 수 있다. 적자와 흑자는 순수하게 사업 실적만 반영해서 만들어지는 것도 아니다. 구조조정도 영향을 미치고 대규모 투자를 한 후에는 재무제표가 달라질 수 있다.

'그래도 사업 환경이 똑같이 나쁘면 현대제철이 더 적자를 내야 하지 않나? 오랫동안 적자행진을 이어 온 현대제철은 오히려 흑자를 냈다고 하잖아?'

이런 질문 속에는 현대제철은 등대공장도 아니고 스마트공장 추진 활동이 포스코에 비해 뒤진다는 전제가 있을 수 있다.

포스코는 등대공장에 이름을 올리기 전에도 상당 기간 흑자를 유지한 우량 기업이다. 2016년부터 2019년에만 스마트공장 활동으로 2,500억 원의 원가 절감을 달성했었다. 이런 원가 절감이 흑자 유지에 이바지했음은 물론이다. 포스코는 자신들의 혁신 활동이 이미 2000년대 초반부터라고 설명하지만, 본격적인 스마트공장 추진은 2013년 이후로 볼 수 있다. 등대공장은 그런 과정에서 얻은 하나의 이벤트라고 보면 맞을 것 같다.

어쨌든 잘나가던 포스코가 적자가 난 데에는 코로나19의 영향이 컸다. 시장의 수요도 일시적으로 줄었고 원재료인 철광석 가격 인상 등으로 원가 부담은 늘어나는 현상이 있었다. 적자로 돌아선 포스코는 원가 혁신을 위해 2020년 초부터 다시 허리를 졸라매는 것을 보았다. 그런 노력으로 2020년 하반기에 포스코의 영업이익은 흑자기조를 다시 찾게 되었다. 1

년 뒤인 2021년 포스코는 사상 유례없는 영업이익을 기록하였다.[6]

'펄펄 끓는 포스코, 영업이익 10년 만에 최대'[7]

이번에도 이런 기사는 필자의 주목을 이끌었다.

이런 좋은 실적에 대한 분석 역시 다양할 수 있다. 원가 절감 노력의 반영은 물론이고, 시장 환경이 다시 바뀐 것도 원인이 될 수 있다. 예를 들어, 철강 수요의 증가, 철강 가격의 인상, 원자재 가격의 상대적인 안정 등과 같은 것을 말할 수 있을 것이다. 실제 코로나19의 초반에는 모든 수요가 줄어드는 기미를 보였으나 얼마 후부터는 소위 말하는 보복 소비 심리 덕분에 수요가 증가한 현상을 경험한 바가 있다. 자동차는 물론이고 시장의 사재기 특성에 따라서 화장지 등이 동이 나는 것을 보았다. 이런 현상은 새로운 수요를 만들기도 했다. 북미 시장에서 비데의 수요가 증가한 것이 그런 사례이다.

이처럼 시장은 수시로 변화한다. 스마트공장 혁신 활동으로 기업의 역량이 높아진 기업은 이런 변화를 잘 탄다. 역풍이 불면 역풍이 부는 대로, 또 순풍이 불면 순풍을 활용해서 돛을 높이 띄우고 실적과 수익을 만드는 것을 볼 수 있다. 기업 현장에서 스마트공장이 기업 생존과 발전의 필수 조건이라고 믿는 이유이다. 이런 현상을 직접 또는 간접으로 경험한 이들은 스마트공장 필요성에 대해 목소리를 높이지 않을 수 없다.

같은 업종이라고 스마트공장 모습이 같아야 하나?

"현대제철이나 포스코는 스마트공장의 모습이 같지 않나요?"

포스코는 회사 성과를 외부에 자주 알리는 편이다. 2015년경부터 시작된 포스코의 혁신 활동은 최근까지 지속해서 공유되고 있다. 이를 통해 필자와 같은 이들은 포스코의 스마트공장 추진 활동과 성과, 또 그 과정의 크고 작은 인사이트 등을 끄집어낼 수 있다. 이는 다른 기업에게 좋은 사례가 되기도 한다. 특히, 중소중견 기업에게 바른 용기를 제공하기도 한다.

이렇게 공개된 정보를 통해서 우리는 포스코가 향후 수년간 다음 단계의 활동을 추진하는 것도 미리 알 수 있다. 포스코는 현실 공장과 가상 공장을 실시간으로 이어주는 디지털 공장 구축에 좀 더 정성을 들일 것이다. '디지털트윈'이 구축되는 것을 볼 수 있다. 이들의 디지털트윈이 어느 범위와 깊이로 추진될지 앞으로 살피는 것이 중요한 관전 포인트이다.[8]

국내에는 철강기업 여럿 있지만 대표적으로 포스코와 현대제철이 비교되는 경우가 종종 있다. 앞 절에서도 그런 예가 있었다. 이런 비교는 여러 면에서 좋은 인사이트를 제공하기에 의미가 있다. 당장 두 회사를 비교해 보면 닮은 부분이 있기도 하고 그렇지 않은 점도 있다.

닮은 점은 철강을 만드는 것이다. 둘 다 글로벌 기업 수준으로 성장했다. 또 모두 스마트공장 프로젝트를 추진했다. 그리고 지금도 추진 중으로 알려져 있다.

다른 점도 있다. 두 기업의 스마트공장 추진의 '변'이 다르다. 한 회사는 '업'에 충실함이 스마트공장 추진의 목적이라 했고,[9] 다른 회사는 기업 '스마트화'가 스마트공장의 목표라 했다.[10] '업'이 목적이라 말한 것은 포스코이다. 포스코는 주업인 철강 사업을 더 잘하기 위해서 스마트공장 프로젝트를 추진했다고 말했다. 대조적으로 현대제철은 기존에 추진했던 자동화 활동을 넘어서는 혁신 활동이 자신들의 목표라고 했다. 사물인터넷, 빅데이터 그리고 인공지능을 활용해서 '똑똑한 회사'가 되는 것을 목표라고 설명했다.[11] 다른 차이점은 포스코의 정보 공개에 비해서 현대제철의 공개가 상대적으로 적은 편이다. 그래서 세부 내용을 포스코 사례만큼 알아내기 어렵다.

이제 철강 산업이란 관점으로 두 회사를 살펴보자. 두 회사의 공정 대부분은 설비와 장치로 처리된다. 설비와 장치가 제품을 만든다는 뜻이다. 이 설비와 장치는 사람이 일일이 조작하지 않는 수준으로 대부분 자동화된 것으로 봐야 한다. 사람은 관리하고, 기계는 사람이 세팅한 대로 자동으로 움직인다는 뜻이다. 적어도 자동화는 기본이라 봐야 한다. 이제 자동화보다 좀 더 높은 수준을 스마트화라고 전제한다면[12] 스마트화는 두 회사의 수준이 다르다.

따라서 철강 회사에서 '스마트공장은 스마트화하는 것이다'라고 하면 모범답안에 가깝다. 학교에서 시험을 본다면 정답을 쓴 셈이다. 그러나 기업 현장은 시험 치는 곳은 아니다. 시험 잘 보는 것보다 실전에서의 얻는 성과가 더 중요하다. 그런 면에서 철강이란 '업'을 더 잘하기 위해 혁신한다는 기업은 뭔가 세련되고 달라 보인다. 한쪽은 경영 철학을 말하고 다른 한쪽은 혁신 기술을 강조한 것을 볼 수 있다. 혁신 기술을 말하는 것이 세련되지 않다는 뜻은 아니다.

혁신 기술도 중요한 요소이다. 다만 혁신의 성과는 기술뿐이 아니라 참여하는 사람, 일하는 절차의 개선 등 비기술적인 요소의 영향을 받기도 한다. 기술만 잘 응용하면 혁신이 모두 성취된다고 믿고 싶겠지만 현실은 그 반대이다. 중소 제조 기업 현장의 수많은 실패 사례가 그것을 잘 이야기해 준다. 공개하지 않는 실패가 상당하다는 점에서 혁신 기술만 이야기하면 하수처럼 보인다.

실은 포스코도 사물인터넷, 빅데이터, 센서, 인공지능 등 많은 혁신 기술은 활용한다. 그런 기술 없이 용광로이든, 후판 압연 공정이든 제대로 제어할 수는 없다. 포스코는 생산되는 철판의 품질 문제가 발견되는 즉시 앞 공정의 생산 변수를 제어할 수 있다. 모두 혁신 기술이 적용된 결과이다. 고층 아파트 높이의 용광로 내부 상황을 예측하는 것도 혁신 기술 덕이다. 이런 기술 적용이 성공한 덕분에 같은 생산 조건임도 이전보다 더 많은 철강 완제품을 얻는다.

포스코 활동은 전사적인 추진이 상대적으로 특별하다. 이들은 이를 위해 임직원 전체를 대상으로 교육 훈련 세미나와 워크숍을 제공했다. 대면 방식으로 함께 공부하고 토의를 한 것이다. 대기업에서 전 사원이 돌아가며 세미나와 워크숍에 참여하는 것은 간단한 일이 아니지만, 포스코는 잘해 냈다. 이런 활동의 결과로서 전사원의 목표가 일치되는 동기를 마련한것이 변화의 동력이 되었을 것으로 짐작된다. 또 현장의 문제점과 그 해결책을 함께 찾는 준비 활동도 있었다. 얻은 문제점 리스트는 개선 활동목표 리스트로 전환되었고 추진의 우선순위가 정해져서 실제 투자와 개선 활동으로 이어진 것을 볼 수 있다.

포스코보다 뒤늦게 교육 프로그램을 준비하고 기획했던 현대제철은 코로나19로 대면 교육 계획이 무산되었다. 스마트공장 내부 워크숍과 교육을 비대면 온라인 교육으로 수행할 수도 있지만 대면 교육에 비해 성과가저조하기에 현대제철의 대면 워크숍 불발은 아쉬운 점이 되었을 것이다.

기업은 내부에서 일이 잘 추진되지 않으면 외부 전문가에게 위탁하기도 한다. 그러나 스스로 문제를 찾고 답을 찾는 것보다 나은 방법은 아니다. 내부에서 스스로 노력하면서 필요할 때 외부의 도움을 받는 것은 대체로는 합리적이지만 모든 것을 외부에 맡기는 것은 결코 좋은 방법이 아니라고 말하고 싶다. 외부의 전문가가 도움이 되지 않는다는 뜻은 아니다. 이들에게만 모든 것을 맡기고 손을 놓고 있으면 아무것도 안 된다는뜻이다. 외부 전문가를 초빙한다 해도 내부에서 상당한 시간과 노력을 들여야 한다. 이런 과정에서 내부와 외부가 소통을 어떻게 관리하는가에 성공 여부가 갈린다.

이처럼 스마트공장은 같은 업종에서 추진한다고 해서 모두 같지는 않다. 실은 다른 것이 조금도 이상하지 않다.

스마트공장의 정의가 다른 이유

"스마트공장 정답 찾기를 하지 마세요."

기업이 갖는 스마트공장의 목표는 다양하다. 그래서 정의가 달라지기도 한다. 스마트공장에서 정답 찾기를 하지 말라고 말하는 이유이기도 하다. 예컨대 현대제철처럼 '스마트 엔터프라이즈'를 만드는 목표도 타당하다. 또 같은 철강기업인 포스코와 같이 '자신의 업'을 잘하는 목표도 적합하다. 어떤 것이 더 좋고 나쁜가를 함부로 재단하거나 구분하는 것은 덧없는 일이다. 이는 해당 기업에서 가장 잘 아는 것이며 해당 기업의 역량과 관련되기도 한다. 우리가 할 수 있는 일은 서로가 다른 이유를 찾고 그것을 이해하는 것이다. 어떤 것이 옳은가, 그른가를 가리는 것이 아니라는 뜻이다.

다시 두 철강 회사 사례를 가지고 이 이야기를 이어가 보자. 우선 알아야 할 점은 두 기업의 나이 차이다. 포스코 포항공장은 50년이 넘은 나이가 되었다. 현대제철 당진공장은 이제 10살을 넘어 스무 살로 가고 있다. 나이가 제법 먹은 공장의 설비나 장치 그리고 시설물은 오래되었음을 짐작할 수 있다. 따라서 설비의 개선이나 교체, 보완 또 유지보수가 더 중요함을 예상할 수 있다. 포스코로서는 점차 수명을 다해 가는 설비를 잘 활용하기 위한 관리 역량에 더 관심을 가질 수밖에 없다는 뜻이다. 반면 현대제철은 10년여 전 수준의 신기술로 만들어진 신설 장치와 설비로 공장을 지었으므로 절대 수명도 아직 젊은 편이고 장치나 설비의 수준도 포스코에 비해서는 나을 수밖에 없을 것이다. 이런 차이가 스마트공장을 추진할 때의 세부적인 차이를 정하게 된다. '어떻게 추진하는가'의 판단이 달라지는 환경이 만들어지는 것이다. 더 나아가 스마트공장 정의나 추진 내용, 또 그 수준이 달라지는 이유이기도 하다. 따라서 세세한 현장 확인 없이 다른 기업의 혁신 활동을 단순히 판단하는 것은 조심스러운 일이다.

포스코 포항공장은 오래되고 우람한 크기의 나무들이 공장의 건물들과 조화를 이루는 것을 볼 수 있다. 오랜 시간이 만들어 낸 풍경인 셈이다. 반면 현대제철 당진공장은 비교적 현대식 설비와 건물이 꽉 들어찬 세련된 모습을 보인다. 공장의 나이가 외모를 다르게 보이게도 한다.

두 회사는 세계 철강 시장의 경쟁에서 살아남고 있다. 또 빠른 변화 환경에서 나름대로 선방하고 있어 보인다. 그리고 자만하지 않고 늘 '혁신'을 입에 달고 살고 있으며 새로운 일을 추진하는 것을 볼 수 있다. 절박함도 보인다. 포스코는 최근까지 글로벌 철강 업계 내에서 매우 좋은 실적을 자랑하였고, 이익도 많이 남기는 편이었다. 그러나 다른 회사는 그 정도는 아니었지만 그래도 더 잘하기 위해 노력하고 있었다. 현대제철은 혹자 폭이 상대 회사보다 낮았고 큰 적자를 내기도 했었다. 적자를 내던 회사는 죽기 살기로 절약해서 마침내 영업이익이 흑자로 돌아선 실적을 내기도 했었다. 포스코 출신의 인사를 대표이사로 모셔 온 것도 이런 결과와 관련이 있어 보인다.[13]

포스코의 오래된 공장은 개선의 눈으로 바라보는 사람들에게 더 많은 생각의 기회를 부여했다. 예를 들어 크기가 고층 아파트인 고로(Furnace), 즉 나이가 50살이 넘은 용광로를 바라보는 것과 아직은 새것처럼 보이는 10살짜리 용광로가 주는 생각 연습의 깊이는 달랐을 것이다. 50살 먹은 용광로를 보는 쪽이 더 절실하지 않았을까?

용광로를 바라보는 이들은 누구나 한 번쯤은 '용광로 내부를 이해할 수 있다면 좋겠는데…'라는 생각을 했을 법하다. 그러나 생각과 달리 현실 세계에서는 이를 실현하기 어렵다는 것을 누구보다 더 잘 아는 이들에게 이런 생각은 지속되지 않았을 것이다. 그래도 나이 50여 살 먹은 용광로를 바라보는 쪽은 이런 생각을 더 자주 한 것 같다.

'용광로 내부를 더 알 수 있다면 제어를 좀 더 잘할 수 있을 테고, 오래되었기는 하지만 앞으로도 계속 잘 사용할 수 있을 텐데…'

용광로를 실시간 제어하는 상상은 누구나 할 수 있는 일이지만 이를 실제로 구현하는 용기를 내는 것은 다른 일이었음을 알 수 있다. 결과적으로 포스코가 처음 이 일을 시도하기까지 철강업계에서는 그 누구도 이를 행동으로 옮기지 않았다. 포스코의 'AI 용광로'는 오래된 고로를 바라보는 사람의 절실한 마음과 워크숍 등의 생각 연습 기회가 만들어 낸 결과로 볼 수 있다.

제약 조건이 너무 비상식적으로 까다롭기에 상식을 뛰어넘는 일을 실제로 추진하기 어려웠을 것이다. 쇠를 녹이는 수준의 엄청난 온도를 유지하는 용광로는 내부 온도는 물론이고 외부 온도도 측정이 쉽지 않은 것으로 알려져 있다. 그러나 용광로 외부 온도는 어떻게 하든 측정할 수는 있다. 이전에는 주로 경험 많은 작업자가 그런 일을 했다고 한다. 그런데 이런 일을 센서를 통해 시도한 것이 하나의 출발점이 된 것이다. 사람이 측정하는 것과 달리 센서로 측정한다면 데이터를 연속해서 측정할 수 있고 수집한 것을 보관하기도 쉽다. 보관을 잘한다는 것은 분석이 쉽다는 뜻이기도 하다. 분석은 가시화라는 일을 성취하게 한다. 보게 되는 순간 점차 개선의 의지가 생기는 것은 자연스럽다. 이와 같은 순차적인 생각과 행동이 결국 용광로에 대한 분석 절차를 만들어 냈다. 이런 분석과 작업자들의 오랜 경험치가 합쳐져서 결국 포스코는 용광로의 내부와 외부 상황을 이해하고 예측하는 방법을 찾아내었다. 관련 변수를 지속 모니터링하고 관리하면서 용광로를 원하는 방향으로 제어하게 된 것이다. 이런 제어는 점차 사람이 아닌 기계, 즉 AI가 수행하는 방법이 사용되고 있다.

'AI 용광로' 프로젝트로 불리는 이 활동 사례는 포스코의 88여 개 다른 공정에서 널리 활용하는 스마트제조 기반 기술이 되었다.[14] 이런 활동이 만들어 낸 성과는 그동안 2,500억 원의 원가 절감 결과로도 나타난 바도 있다고 알려진다.[15] 포스코는 생산성 개선과 같은 성과는 물론이고 제품 품질 개선, 현장 안전 개선 등에서도 성과를 만드는 것을 알 수 있다.

포스코의 기업 경쟁력이 한 단계 다시 올라간 것으로 볼 수 있다. 다른 곳에서 볼 수 없었던 수준에 이른 것이다. 포스코는 이런 성과에 만족하지 않고 또 다른 혁신 활동에도 나서고 있다. '탄소 중립', '수소경제' 등이 그런 예다. 하나의 혁신이 또 다른 혁신 웨이브로 이어지는 것을 볼 수 있다. 같은 업종에서 일하는 기업들은 서로 닮은 듯하지만, 실제 세부적으로 보이는 활동 내용에서는 서로 다른 점을 지니고 있다. 스마트공장 혁신이 원래 그렇다.

세상의 모든 스마트공장은 목적이 있다

포스코ICT는 왜 포스코DX로 개명했을까?

"포스코DX는 새로운 사업 모델이며, 강력한 글로벌 브랜드가 되고 있다."

포스코의 스마트공장 구축 사례는 포스코의 계열 기업인 포스코ICT를 통해서 외부에 많이 알려진 바 있다. 계열 기업으로서 포스코 내부 사정을 잘 알 수 있고 주요 정보에도 접근할 수 있어 포스코의 스마트공장 활동을 소개하는 주체로서 역할을 제대로 하기에 충분하였다.

포스코ICT는 포스코의 스마트공장 성공 사례의 실증 경험한 주체이다. 이런 과정에서 이들은 이 경험이 세계 시장에서 누구나 관심을 가질 만한 점이란 것을 알아차린 것이다. 이는 새로운 사업 모델이며 미래 기회임이 틀림없었을 것이다. 포스코ICT는 그 경험에 이름을 부여했다. '포스프레임(PosFrame)'이 그것이다. 포스프레임은 포스코 스마트제철소 실현에 사용된 실증 프레임으로서 이렇게 세상에 알려지게 된다.

철강 산업에 속한 수많은 기업 누구도 시도하지 않은 '용광로의 빅데이터 이용', 'AI 기술을 활용한 제어 기술'은 해외 경쟁 기업이 배우거나 따라하고 싶은 벤치마킹의 대상이 되었다. 이는 피할 수 없고 자연스럽다. 또 이 경험이 철강 산업만이 아닌 타 산업에도 유용하다. 벌써 이 경험은 식품, 의약품, 음료 등 다른 산업 또는 장치 산업에서 관심을 끌고 있다.

주지하는 것처럼 '빅데이터'나 'AI'는 수년 전만 해도 대기업에서도 다루기 쉬운 주제는 아니었다. 빅데이터는 늘 혼란스럽고 추진하기 어려운 과제에 해당하였다. 그런 상황에서 포스코가 만든 사례와 경험은 모두의 주목을 이끌기에 충분하였다. 남들이 방황하고 주저하고 있을 때 포스코는 과감하게 도전하고 행동하는 모습을 보이며 얻은 성과이기도 하다. 이런 과정에서 포스코ICT가 중요한 기술 제공자로서, 또 파트너로서 그 역할을 다한 것을 알 수 있다.

이들은 대학교, 국내외 솔루션 공급기업 등 수많은 외부 기관으로부터도 협력과 도움을 받았다. 이들과도 다양한 시험 프로젝트를 추진한 것을 알 수 있다. 그런 외부 기관 중에는 해외의 유명 솔루션 공급기업도 있었다. 모든 것이 급변하는 과정에서 세계적인 솔루션 기업들이 새로 내놓은 기술 플랫폼, 도구 등이 포스코에는 필요하였던 것 같다. 그래서 이들 기업이 초빙되고 이들의 기술이 세세히 검토된 것을 알 수 있다. 그런데 외국 솔루션 기업들은 결과적으로 포스코 현장 요구 조건을 제대로 잘 이해하지도 못하고 적합한 솔루션을 제시하지도 못한 것으로 알려져 있다. 일부에서의 성과가 없었던 것은 아니지만 기대했던 수준의 해결방안을 찾지 못하자 포스코는 그룹 내부의 역량을 모아 스스로 솔루션을 만들어 내는 결심을 하게 된 것을 볼 수 있다. 그리고 그 과정에서 디지털 솔루션 개발의 중책을 포스코 계열사인 포스코ICT가 맡게 되었다. 이런 각고의 노

력 끝에 탄생한 것이 '포스프레임'이다.[16]

포스코ICT는 이런 과정에서 새로운 브랜딩 활동도 시작했다. 남이 갖지 못한 경험을 브랜드로 만드는 노력이었다. 그 시도 중의 하나가 바로 '아이소티브(Ixotive)'이다.[17] POSCO에서 활동하며 쌓은 스마트공장 경험과 지식을 솔루션으로 만들고 공급하는 비즈니스 모델이 브랜드로 전환된 것이다. 이들은 이런 경험을 일반화해서 비슷한 욕구를 가진 세상의 다른 많은 기업에 그 기술과 경험을 솔루션으로 공급하고 있다. 최근에는 중소 중견기업에도 이 경험을 공급하고 있다. K-등대공장을 추진하는 대선주조 등에서 스마트공장 추진을 위한 파트너로 일하는 모습을 볼 수 있는데, 그 결과가 벌써 궁금하다.

포스코를 통해 스마트공장이란 경험과 브랜드를 얻은 포스코ICT는 그 활동의 외연을 넓히고 있다. 이들은 국내는 물론 해외 시장에서 꽤 넓은 활동을 할 것으로 예상된다. '스마트공장'이란 활동이 주로 제조업의 제조 현장 혁신을 개선하는 일을 지원하는 일이고, 디지털 기술이 스마트공장을 구현하는 핵심의 기술이라고 본 포스코ICT는 최근 사명을 '포스코DX'로 바꾸었다. 앞서 시도한 '포스프레임', '아이소티브'보다 더 강도 높은 브랜딩을 추진한 셈이다. 마침 국내외에서 DX가 주목받는 시점에서 디지털화(Digitalization)와 디지털 전환(Digital Transformation)을 이끄는 주체로 나서는 것이다. 이 변화를 반영하여 회사 상호를 바꾸어 그 이름을 세상에 드러낸 것이다.

이미 DX는 제조는 물론 비제조 산업 전체의 관심사가 되고 있고 DX 시장의 규모가 앞으로 크게 펼쳐질 것이란 점에서 포스코ICT 사명 변화는 시기적으로 적절해 보인다. 이미 글로벌 시장에서는 지멘스, 슈나이더,

로크웰오토메이션, 보쉬 등이 이런 일을 하고 있다. 한국의 포스코DX가 이런 글로벌 시장에서 당당하게 도전장을 낸 모습이다. 포스코의 스마트 제철소 구축 경험이 포스코DX를 통해 세계 DX 시장에 널리 알려지는 계기가 될 것으로 예상하게 된다. 이처럼 스마트공장의 변신은 다양하다. 단순히 공장을 업그레이드하는 것뿐 아니라 새로운 비즈니스 모델을 만드는 일도 스마트공장이 할 일이란 것을 알 수 있다. 포스코DX가 'K-스마트공장'의 세계 확산의 계기를 열어 줄 것을 기대하게 된다.

대기업 스마트공장 립스틱 색깔이 짙어진다

"한국의 대기업들도 스마트공장을 추진하긴 하나요?"

이제는 이런 질문을 하는 이가 많지 않지만, 이전에는 종종 있었다. 그간 대한민국에서 스마트공장의 주역이자 주인공은 중소기업이나 중견기업처럼 보였기 때문이다. 당연한 이유가 있다. 정부가 3만여 개가 넘는 사업을 지원하는 대상이 모두 중소, 중견기업이 있었기 때문이다. 그래서 중소 중견기업의 사례는 여기저기서 자주 등장하고 확인도 가능했다. 정부가 스마트공장의 크고 작은 사례를 발굴하고 계속 공개하도록 독려하는 것도 한몫했다.

반면 대기업 소식은 뜸했다. 포스코의 사례나 LS산전(회사명이 LS일렉트릭으로 변경됨)의 사례가 예외적으로 공개될 뿐, 다른 대기업의 소식은 최근 수년 전까지 뜸한 편이었다. 그렇다고 해서 대기업이 스마트공장이나 스마트제조에 관심이 없거나 멀리 비켜나 있었다고 보지는 않는다. 중소 중견기업이 정부 지원 사업으로 바쁜 것과 달리 대기업은 대기업대로 조용하지만, 물밑으로 분주하게 움직이고 있었다. 스마트공장은 대기업에도 생존과 관련된 혁신 활동이기 때문이다. 그들도 스마트제조 추진은 당연한 일이었다.

대기업 활동 소식이 외부로 드러나는 일이 뜸한 것은 대기업이 내부 정보를 외부에 공개하는 일에 신중하기 때문이다. 대기업은 정부 지원금을 받으며 스마트공장을 추진하지 않으니 외부 공개의 의무도 없다. 기업에는 공개하지 않는 게 더 필요할 때도 있다. 경쟁사만 자극하거나 한다면 좋을 일이 없다. 나중에 저절로 알려지고 공개되면 어쩔 수 없지만, 굳이 신문이나 방송에 대고 자신들의 일거수일투족을 떠들고 공개할 필요가 없다.

어떤 기업은 다른 내부 사정을 고려하기도 한다. 노조가 강성인 기업들이 그런 예다. 노조가 스마트공장이란 용어를 사용하는 것을 별로 좋아하지 않기에 관련 활동 자체를 공개하지 않는 편이었다. 또 스마트공장 용어 사용을 회사 내부에서 자제하는 것도 보았다.

이런저런 이유로 대기업 스마트공장 공개 소식의 빈도는 그간 많은 편은 아니었다. 대기업은 정중동 모습이었다.

그러나 정중동 속에서 대기업은 스스로 할 일이 있다면 언제나 스스로 찾아내어 추진할 수 있다. 내부에 이런 일을 추진할 팀이나, 직원, 역량 또 제일 중요한 투자 비용이 있다. 스마트공장이 필요한 곳이 있다면 대기업은 투자를 할 수 있다. 물론 대기업도 개념 정립하기, 추진 계획 세우기, 수행하기 등의 과정에 적지 않은 시간과 노력이 든다. 필자가 초청받아 방문하고 강의를 한 적이 있는 LS일렉트릭은 2013년경부터 스마트공장을 추진하였다. 그러나 지금 보는 정도의 성과가 나타나기까지는 4~5년의 세월이 걸린 것을 볼 수 있다. 대기업이라고 해서 하루아침에 모든 것을 다 수행할 수는 없는 법이다.

스마트공장 활동 공개를 꺼리던 대기업에도 분위기가 바뀌고 있다. 대기업의 활동이 점차 하나둘 외부에 공개되고 있다. 포스코를 포함하여 LS일렉트릭, LG전자, 현대엘리베이터, 현대자동차 등이 그런 기업이다. 포스코나 LS일렉트릭은 외부 콘퍼런스에서도 자주 참여하고 내부 활동을 적극적으로 공개하는 것을 볼 수 있다. 포스코, LS일렉트릭, LG전자의 공장들은 세계경제포럼의 '등대공장'이란 호칭을 받은 기업이며 LG전자는 2개의 공장이 등대공장에 올랐다.[1819] 독일계 기업들이 전 세계 여러 공장에서 등대공장으로 지정되는 사례가 여럿 있었는데 한국에서 LG전자가 그런 반열에 들고 있다.

한국에 등대공장이 4개 있는 것을 두고 이런저런 말을 하기도 한다. '중국보다 못하니 큰일이 아니냐?'는 것이다. 그렇게 볼 수도 있겠지만 동의하긴 어렵다. 앞서 설명한 이유처럼 대기업은 내부 사정이나 전략 차원에서 등대공장 지원을 할 수도 안 할 수도 있다고 본다. 신청만 한다면 더 많은 국내 기업이 등대공장에 선정될 수 있다고 생각한다. 너무 등대공장에 목매지 않아도 된다.

어쨌든 복잡한 기업 환경 변화 속에서는 여러 변화가 감지된다. 대기업은 자신들의 혁신과 성과를 밖으로 소문내는 쪽이 유리하다고 보는 것이다. 더 이상 조용히 있는 것이 최선은 아니며 외부로도 자랑할 것은 자랑할 요량으로 멋진 립스틱을 바르고 나서는 모습이다.

이미 경쟁사가 그런 일을 하고 있다면 더욱 그렇다. 예를 들어 LG전자는 전 세계 시장에서 높은 브랜드 이미지를 지니고 있다. 반면, 메이디는 중국 시장에서 잘 알려진 브랜드다. 제품의 격과 브랜드 이미지는 다르지만 메이디 같은 기업이 등대공장에 선정된 공장을 가지고 있다고 한다면 형님 격인 LG전자도 그 정도 등대공장은 우리도 구축할 수 있다는 것을 보여 주는 전략이 타당해 보인다. 중국 메이디는 가전 분야에서 매우 적극적으로 스마트공장을 구축하였다. 그리고 등대공장에 도전하여 마침내 2022년에 지정되었다.[20] LG전자도 2022년에 창원 스마트파크가 등대공장으로 지정되었고, 2023년에는 미국 테네시공장도 등대공장 지정 리스트에 올려놓았다.

국내에서 스마트공장 대표 선수였던 LS일렉트릭, 포스코, LG전자를 넘어 다른 많은 대기업이 스마트공장을 경영 화두로 내세우는 것을 종종 본다. 그런 대열에 참가하는 대기업 중에는 현대자동차, 삼성전자, 롯데, 한화, KT, LGU+, SK, 코오롱, 한국타이어, 현대로보틱스, 현대엘리베이터, 현대리바트, 현대중공업 등이 있다.

이 중에서 현대중공업은 미국 팔란티어와 손을 잡고 활동 중이다.[21] 주로 국가 기관의 보안과 빅데이터 운영 활동을 지원하는 팔란티어[22]와 현대중공업은 어떤 영역에서 스마트제조를 추진하기로 손을 잡았을까? 궁금하지만 아직은 자세한 내용을 알 수 없다. 예상하건대 빅데이터 관련 활동일 것으로 볼 수는 있으나 세부 내용은 아직 알 수 없다. 내용 공개가 자제되고 있으며 전략적 절제라고 본다.

또 다른 사례로서 2차 배터리 제조 기업인 LG에너지솔루션은 독일 지멘스와 손을 맞잡았다고 밝혔다. 글로벌 스마트공장 솔루션 전문기업 지멘스는 가장 포괄적인 스마트공장 솔루션을 가진 기업으로 볼 수 있기에

LG에너지솔루션이 지멘스와 손을 잡은 것은 이상하지 않다. 지멘스는 하드웨어는 물론 소프트웨어 그리고 컨설팅도 모두 가능한 솔루션 공급기업이다. 그래서 이들이 만들어 낼 성과가 벌써 궁금하다. 알려진 바로는 LG에너지솔루션은 그들이 새로 짓고 있는 미국 내 새 공장은 물론이고 국내 공장을 모두 스마트공장으로 바꾸며 동시에 디지털트윈을 구축한다고 밝힌 바가 있다. LG에너지솔루션의 전 세계 모든 공장이 하나로 연결되고, 디지털트윈이 일상적으로 이용되는 수준으로 운영되며 이에 대한 컨트롤타워는 국내 공장이 되는 것을 알 수 있다.[23]

어떤 대기업은 자세히, 또 어떤 대기업은 필요한 만큼 자신들의 활동 성과를 외부에 드러내는 중이다. 그 립스틱 색이 다르다. 그런데 이들이 칠하는 립스틱이 점차 짙어지는 것 같다. 외부에 더 잘 보이고 싶은 욕망이 드러나는 중이다. K-스마트공장의 색이 만들어지는 중이기도 하다.

더하기 프레임으로 보면 모두 웃는다

'현대자동차와 현대중공업도 스마트공장에 뛰어들고 있다'[24]

수년 전 등장한 신문 기사 제목이다. 이것이 뭐 대단한 기사인가 하겠지만 필자에겐 의미 있는 변화로 보였다. 그간 스마트공장이 회사 내부에서는 '서자' 취급받는 곳이 대기업 중에 여럿 있었다. 아버지를 아버지라 부를 수 없는 서자 같은 존재가 일부 대기업에서는 스마트공장이었다. 그리고 그 이유는 노동조합이었다. 노조는 스마트공장이란 용어를 기업 내부에서 사용하는 것 자체를 싫어했다. 노조는 '스마트공장은 일자리 없애는 괴물'로 우려하거나 두려워하고 있었다. 이처럼 노조에 민감한 용어이다보니 기업은 차라리 스마트공장을 대체하는 용어를 찾기도 하였다.

그런데 이런 제목의 기사가 등장하는 것을 보면 이제 노동조합, 현장 등에서 생각의 변화가 생기는 것으로 해석된다. 이제는 기업 경영층은 물론 노동조합에 속한 근로자도 스마트공장을 다른 시각으로 보기 시작했다는

세상의 모든 스마트공장은 목적이 있다

뜻이다. 반갑고 긍정적인 변화이다.

스마트공장은 기업 경쟁력에 관한 일이고, 기업의 생존과 관련된 활동이다. 또 안에서 일하는 근로자의 안전, 건강 등의 개선과도 관련된 사안을 담고 있다. 더 나아가서 기업을 둘러싼 사회의 환경 등과도 관련이 있기도 하다. 따라서 과거처럼 회사나 경영자에게만 이익이 있고, 근로자들에게는 불이익이 되는 괴상한 혁신 또는 그런 프레임은 아니다.

일자리 차원에서 우려되거나 불안한 점이 스마트공장과 전혀 관련이 없지는 않다. 실제 어떤 기업의 일자리 숫자는 스마트공장이 고도화되면 될수록 줄어든다. 고도화되는 특정 영역에서 줄어든다는 뜻이다. 이런 고도화 때문에 불필요해진 인력, 즉 여력으로 남는 인력을 다른 곳에서 활용할 방법이 없으면 절대 인력은 줄어들 수밖에 없기는 하다. 따라서 남는 인력을 흡수할 다른 영역이 필요하다. 이전에 없던 새로운 일자리를 만들어야만 전체의 일자리가 유지되거나 증가하게 된다. 이때 새로운 일자리는 대체로 새로운 '일할 거리'를 통해서 만들어진다. 즉, 스마트공장이 잘 추진되어서 주문을 더 받게 되는 등 회사가 바빠지면 사람 일자리는 한 자리든, 두 자리든 늘어나게 된다. 원리는 이처럼 간단하다. 더하기 빼기만 하면 누구나 알 수 있는 수준의 논리이다. 그런 점에서 스마트공장이 이런 간단한 산수와 원리를 몰라서 주저하는 활동이 되지는 않기를 바란다.

그래서 원칙이 필요하다. 우선 일자리 자체를 없애기 위해 스마트공장을 추진한다면 재고해야 한다. 같은 맥락으로 스마트공장이 일자리를 저절로 늘린다는 환상을 불어넣어서도 안 된다. 분명 일시적인 변화와 일자리 증감이 있을 수 있지만 궁극적으로는 스마트공장은 더하기 활동을 염두에 두는 것을 목표로 추진해야 한다. 앞서 설명한 것처럼 일시적으로는 줄어들 일자리를 감당하면서 실제로는 더 많은 일거리를 통해 줄어든 일자리를 넘어서는 일자리 확대를 목표로 시작해야 한다. 설명과 설득이 쉽지 않을 수도 있지만, 이대로 가만히 있다가 회사 문을 닫는 처지라면 이 더하기 프레임에 의지하여 마음을 열고 도전해야 한다.

그간 일부 성급한 정부 관계자나 정치인이 스마트공장에 대해 오해를 불러일으키곤 했다. 이들은 스마트공장이 일자리를 바로 창조한다는 증거를 찾기 위해 전국을 누볐지만 실패했다. 억지로 이야기를 만들어 내기도 하였지만, 누구도 수긍하지 않았다. 우물가에서 숭늉을 찾으려 했기 때문이다. 숭늉이 우물가에서 바로 만들어질 리 없다. 누룽지를 넣고 끓이고, 적당히 식혀서 얻는 것이 숭늉인데 숭늉을 우물가에서 바로 찾은 것이다.

'현대자동차', '현대중공업'은 각각 자동차와 선박을 만드는 제조 기업이다. 그러나 스마트공장을 구축하면서 얻은 경험과 개발한 기술을 타 기업에게 제공하는 사업을 할 수도 있다. 이런 점이 이 시대가 제공하는 변화의 큰 줄거리이다. 앞서 표현한 새로운 숭늉이 실제 새로운 기회가 되는 셈이다. 잘하면 기존의 자동차 사업 못지않게 전망이 좋은 새로운 사업이 스마트공장과 관련해서 펼쳐질 수도 있을 것이다. 그런 기회를 통해 일자리가 늘어날 수도 있을 것이다.

예를 들어, 현대자동차나 현대중공업은 웨어러블 로봇이나 협동 로봇, 산업용 로봇, 이송 물류 로봇 등에서 앞으로 큰일을 해낼 것이라고 필자는 예상한다. 그런 일이 진정한 의미의 숭늉 만들기이다. 수년 전에 현대자동차가 인수한 보스턴 다이내믹스의 사례는 진행 중이지만 좋은 예가 될 것으로 기대한다. 이런 회사의 제품이 스마트공장 현장에서 활용될 시기는 점점 다가오고 있다. 현대자동차 품 안으로 들어온 보스턴 다이내믹스의 로봇 개나 물류 로봇은 제조 현장에서 완전히 새로운 패러다임에 맞는 스마트공장 솔루션으로 응용될 여지가 있다. 현장에서 보면 그런 예를 하나둘 찾는 것이 어렵지 않을 만큼 기회는 점차 다가오고 있다.

대기업에서도 이처럼 스마트공장을 제대로, 또 잘 추진하면서 더 많은 '더하기 결과'를 만들어 낼 수 있다. 이게 '더하기 프레임'이다. 어떤 프레임을 선택하는가는 보는 사람의 마음이다. 이런 생각에 반대하는 것도 이해할 수 있다. 그러나 기왕이면 더하기 프레임을 선택해서 모두에게 더 이로운 일이 일어나기를 기대할 수 있으면 좋지 않을까?

K-스마트공장이 이런 더하기 프레임을 갖는 것은 당연한 조건이며 기본이다.

기업 간 협업의 조건, 스마트공장

"스마트공장은 기업의 관계와 협업의 새 조건이지요."

기업 내부에서 직접 가공하고, 조립하고, 포장해서 완제품을 완성해 판매까지 모두 처리하는 경우는 거의 없다. 대부분은 다른 누군가와 거래를 통해 필요한 부품이나 재료를 공급받는다. 대기업은 이런 공급망 피라미드의 상위에서 활동하고 중견기업 중소기업은 그 하위에서 역할을 한다. 중견기업도 또 중소기업도 누군가와 관계를 맺고 필요한 부품과 재료를 공급받는다. 그렇게 관계를 맺고 서로 협업한다.

스마트공장은 이런 기업의 관계와 협업의 새 조건이다. 거래하는 조건으로서 스마트공장을 구축한 기업은 아무래도 유리할 수밖에 없다. 대기업은 물론이고 작은 기업도 자신과 거래하는 기업이 스마트공장을 구축했다고 하면 선호한다.

예로서, 스마트공장을 구축한 회사는 거래처에서 부품을 주문하면 납품 상자에 거래처용 바코드를 부착하여 부품을 납품한다. 납품받은 기업에서는 이 바코드만 스캔하면 주문한 내용을 확인할 수 있다. 바코드뿐 아니라 품질관리, 또 납품의 일정 관리를 더 잘할 수 있게 된다. 거래하는 하위기업이 스마트공장을 운영하면 좋아하는 이유이다.

만일 어떤 대기업이 스마트제조를 선언했다고 하면 이 회사에 부품을 납품하는 공급기업들은 이 변화를 가볍게 보지 마라. 오히려 지나칠 정도로 적극적으로 대응해야 한다. 기업 생존과 관련되기 때문이다. 대기업은 이전의 '갑을관계'로 권위를 내세우지 않는다. 점차 사회 전반의 변화에 맞게 공정하게 보이려 노력한다. 즉, 힘으로만 하위기업을 밀어붙이고, 가격을 낮추고, 조건을 내세우려고만 하지 않는다는 뜻이다. 대신 거래 기업을 '동반 기업' 또는 '협력 기업'으로서 대하려 한다. 그렇다고 아무나 동반자 또 협력자로 받아주는 것은 아니다. 과거처럼 힘으로만 밀어붙이지는 않되 조건을 갖추어 달라고 정중히 요구하는 것이다. 이런 요구가 받아들여지지 않으면 거래 관계는 점차 소원해질 수 있다. 지금과 같은 협업의 시대에는 공급기업의 협업 역량 입증이 매우 중요하다.

'우리가 스마트공장을 추진해서 원가 절감하면 대기업이 그 성과를 공급 가격에서 빼내 가요'

누군가 이렇게 토로하는 것을 본 적이 있다. 이 역시 점차 과거의 일이 되고 있다. 모두가 변화하고 있다. 물론 세상의 대기업, 또 그 속의 수많은 조직과 모든 담당자가 하루아침에 모두 공정하게 생각과 행동이 바뀔 것으로는 보지 않는다. 그래서 이런 걱정을 하는 사람의 이야기가 실제 심각할 수도 있을 것이다. 그러나 이런 식의 불공정과 무지한 압박은 점차 줄어들 수밖에 없다. 한마디로 함께 살아가는 생태계 속의 대기업이 중소 중견기업의 스마트공장 성과를 이전처럼 채갈 수만은 없다. 만일 그런 우려로 중소 중견기업에서 이런 변화에 투자하고 동참하기 주저한다면 너무 소극적으로 보인다. 스마트공장이란 어느 특정한 기업의 선택이 아닌 생태계 전체, 또는 공급망 위의 주역 모두의 필수 조건이 되어 간다는 뜻이다.

대기업도 이미 변화하고 있다. 더 대등하고 더 공정한 협업 정신을 발휘해야 대기업도 살아남는다. 그게 지속할 수 있는 미래를 위한 선택임을 점차 깨닫는 중이다. 대기업이 대부분 'ESG 경영'에 참여하는 것도 이런 맥락이다. 만일 공급기업의 이익을 가로챈다면 외부 준법 감시자들이 가만히 있지 않을 것이다. 해당 기업은 바로 ESG 경영 허위 운영자로 고발될 수도 있다. 적극적인 외부 준법 감시자들의 공격 대상이 된다는 뜻이다. 작은 이익에 취해 큰 손실을 보는 재앙의 사례는 이미 등장하고 있다.

ESG의 'S'가 의미하는 소셜(Social)의 범위가 더 넓어지고 있다. 거래하는 기업이 미성년자를 고용하는 줄 모르고 거래해도 ESG 준법 감시자들의 고발당하는 것처럼 압력을 넣어 부품을 싸게 사는 것이 능사가 아니란 것을 대기업은 알게 되었다. 비윤리적인 기업과 거래하지 말아야 하는 것처럼 제값을 치르고 거래해야 하는 시대이다. 그렇지 않다면 그런 거래의 대가로 고발 대상이 되는 세상이다. 타 기업을 협박하여 스마트공장의 성과를 가격에 반영하도록 한다면 ESG 경영 간판은 당장 포기해야 할 것이다. ESG 경영을 내세우는 대기업이 이런 점을 무시하고 무턱대고 남의 이익을 가로채지는 않을 것이다. 따라서 중소 중견기업은 겁내지 말고 스마트공장을 추진하는 것이 좋다.

문제는 스마트공장이란 용어 자체를 사용할 사람이 내부에 아예 없는 작은 규모의 기업이다. 회사 대표는 이런 변화를 알고 있어도 스스로 할 수 있는 일이 거의 없다. 이와 같은 소상공인을 돕기 위한 정부 지원 프로그램이 등장하는 이유이기도 하다. 그러나 이런 프로그램도 저절로 굴러가지 않는다. 적어도 소상공인이 스스로 변화하겠다는 결심은 해야 한다. 그래야 도움을 받든 말든 할 수 있다.

새로운 파트너, 또 동반자의 조건이 자동차 산업과 같은 특정 산업 내에서는 뚜렷하게 감지된다. 자동차 부품 공급 산업이 그 예다. 국내 스마트공장 사례 10건 중 4건이 자동차 부품산업에서 발견되는데 자동차 부품산업의 내부 경쟁이 치열하다는 뜻이다. 자동차 부품 산업에서는 너나없이 치열하게 스마트공장 혁신을 받아들이고 추진하고 있다.

자동차 산업에서 스마트공장을 추진하였다는 것은 고객의 높아진 품질 요구를 선제적으로 맞추면서 고객 신뢰를 얻는다는 것을 의미한다. 내연기관 차량이 전기자동차로 변화하는 대전환의 시대 속에서 고객사에게 더 잘 보이는 준비를 했다는 뜻이다. 이런 준비는 신뢰를 높일 것이고 신사업 참여 기회로 연결될 것은 당연하다. 바야흐로 한국의 자동차 산업은 대기업이 앞에서 이끌고 중소 중견기업은 정부 지원 사업을 활용하여 뒤에서 밀고 가는 모습을 보인다. 결과적으로 자동차 산업 전체의 역량이 한 단계 업그레이드되는 것으로 보인다.

이게 자동차 산업에서만 볼 수 있는 현상일까? 그렇지 않다. 이는 점차 모든 산업의 조건이 될 것이 확실하다. 기업과 기업의 소통, 서로 거래하고 일하는 조건이 스마트공장이란 것은 당연하다. 이런 실제 실적을 차곡차곡 담아내는 공장이 국내 산업 현장에서 많아질수록 K-스마트공장은 세계로부터 더 주목받는 위치에 설 것이다.

대·중·소 상생 사업 속에서 천국의 모습을 본다

"네 이웃을 네 몸같이 사랑하라."

이런 성경의 구절이 다른 곳도 아니고 기업 현장에서 실현되는 것은 아닐까? 요즘 이런 생각이 든다. 대체 '대·중·소 상생 사업'이 무엇이길래 그런 생각이 들게 하는 것일까? 필자 생각으로는 대·중·소 상생 사업이 훗날 K-스마트공장의 진정한 차별점이 될 수도 있지 않을까 생각된다. 혹자는 '지나친 해석' 또는 '호들갑'이라 말할 수 있다. 그러나 실제 드러나는 성과와 실적을 들어보면 꼭 그렇지 않다.

이 사업의 주체는 자신과 이해관계가 없는 다른 기업의 어려움을 보고 자기 비용을 투입하고 자신의 인력을 배정해서 무려 3개월 동안 아침 일찍부터 저녁까지 최소 3명의 인력을 파견한다. 필요할 때는 수십 명의 인력이 집중적으로 투입되기도 한다. 그런 노력 덕분에 눈에 띄게 다른 성과가 만들어진다. 이 사업의 핵심은 이론으로 그려 내는 숫자가 아닌 현장에서 실제 측정이 가능한 성과이다.

대·중·소 사업에 활동하는 이런 전문가는 현장에서 이런저런 말만 떠들거나 이론적으로 시스템, 로봇 적용 방안만 이야기하고 떠나지 않는다. 직접 팔을 걷고 공장의 생산라인 흐름을 바꾸어 주고, 창고의 크고 작은 배치도 더 나은 모습으로 바꾸는 일을 직접 안내해 주기도 한다. 또 사람 작업자가 반복하여 처리하는 수작업 공정을 큰 비용 들이지 않는 간단한 자동화 기술 적용으로 멋지게 바꾸기도 한다. 사람 작업자가 힘든 물건을 일일이 내려놓거나 또 올리지 않도록 간단한 장치도 구상하고 설치한다. 금형이 긴급하게 필요하면 자신이 속한 회사에 연락해서 금형을 새로 만들어 가지고 오기도 한다. 모두 삼성전자 대·중·소 상생 사업에서 들리는 이야기이다.

현장에 보내는 전문가는 대체로 구체적이고 실질적인 성과를 만들어 내는데 그 이유는 이들 모두가 자신이 잘 아는 분야의 일을 거들기 때문이다. 20~30여 년 동안 축적한 경험과 지식을 중소기업 현장에서 그대로 써먹는 것이다. 평생 보고 듣고 해결하던 일을 다시 해 보는 것이니 구체적으로 문제를 찾아내고 실제 문제를 해결하는 일이 어려울 리 없다.

물론 다른 어려움이 있기는 하다. 중소기업은 현장 환경, 설비, 현장의 인력 등이 대기업과 다르다. 서로 소통하는 방식도 취약하고 함께 일하는 방법이 서투른 것이 많다. 성과를 제대로 만들어 내기 위해서 극복해야 하는 요인이다. 이런 어려움은 노력을 통해 개선되는 것이 일반적이다. 처음에는 서로 다른 모습으로 마주하지만, 현장의 문제 앞에서 현장의 언어로 대화하는 동안 서툰 소통은 점차 개선된다. 우리가 현장으로 가는 이유이기도 하다.

삼성전자 대·중·소 상생 사업의 숫자는 대한민국 스마트공장 추진 전체 숫자의 약 10%를 넘기고 있다. 스마트공장 구축 건수 3만 개가 가끔은 요란한 허상 속에서 성과 입증에 어려워하지만, 이 10%에 속하는의 사례는 구체적이기에 성과가 분명한 편이다. 이런 성과 덕에 스마트공장의 가능성이 돋보인다고 말하게 된다. 규모가 있는 민간기업이 이웃 기업의 어려움에 대해 마음을 다해 힘을 보태면 정부도 어려워하고 헤매는 일이 정말 요술처럼 개선되는 것을 볼 수 있다. 왜 정부가 하는 일과 민간기업이 하는 일에서 차이가 날까?

다시 거론할 필요가 없을 만큼 산업구조에서 대기업의 역할은 중요하였다. 연구개발 성과, 규모의 경제의 달성, 낙수효과 등 한국에서 대기업의 역할은 절대적이었다. 그러나 산업화 시대를 겪으면서 대기업의 갑질을 경험하기도 하였다. 대기업은 종종 하위기업을 착취하기도 했다. 가격을 후려치고, 공급기업의 기술을 탈취하고 중소기업의 인재를 빼내 가는 일로 원성을 듣기도 하였다.

이런 문제를 해결하기 위해 정부는 그간 여러 방안을 내놓았다. '동반성장'이란 활동이 하나의 예다. 그러나 동반성장이 손에 잡히는 성과를 만들었다는 소식은 별로 들은 바 없다. 의도와 달리 실제 기업 현장에서 성과를 만드는 것이 쉽지 않은 것 같다. 반면 또 다른 방안이던 대·중·소 상생 사업은 구체적이고 현장 중심적으로 발전하면서 성과를 낸 것으로 보인다. 이 또한 탁상정책으로 끝날 수 있었을 수도 있었지만, 이번만큼은 그렇지 않았다. 실제 성과가 있고 혜택을 받는 기업의 반응이 긍정적이다.

대·중·소 상생 사업에는 삼성전자뿐 아니라 여러 대기업 또는 공기업이 참여 중이다. 아직은 삼성전자의 지원 숫자가 압도적으로 많다. 이 중에는 정부가 등을 떠밀어서 억지로 참여하는 기업도 있을 것이다. 어쨌든 현장에서는 좋은 성과가 나타나는 편이다. 물론 일부에서는 그렇지 않은 사례도 있다. 지원기업의 정성에 따라 성과가 다르게 나타나는 것이다. 확실한 것은 모두 삼성전자처럼 지원하는 것은 아니란 점이다.

그런 차이가 있음에도 대·중·소 상생은 생태계 전체에서 훈훈한 바람을 일으키고 있다. 또 선순환 가능성을 보여 준다. 대·중·소 상생 사업은 단기적으로는 중소기업에게만 도움이 되는 듯하지만, 중장기적으로 이를 도와준 대기업에도 이로운 일이다.

대·중·소 상생 프로그램은 대기업 스스로가 자발적으로 참여하기보다는 정부의 권고로 참여하는 것으로 보는 것이 솔직하다. 그런 이유로 유사 프로그램이 다른 국가에서는 아직 보이거나 들리지 않는다. 아직은 우리만의 사업인 셈이다. 그리고 이 사업에서 가장 적극적으로 참여하는 기업은 삼성전자이다. 삼성전자는 자신과 관계없는 기업도 지원한다. 조금 과장해서 표현하면 말 그대로 이웃을 자기 몸 돌보듯 사랑하는 모습을 보게 된다. 다른 참여 기업은 자신들과의 관계가 있는 경우 먼저 지원하기도 한다. 업체마다 지원 방식이 다를 수 있다.

이 프로그램의 재원은 정부가 일정 비용을 대고, 대기업이 또한 일정 비용을 내면, 혜택을 보는 중소기업이 나머지 비용을 부담하는 형식이다. 부담하는 금액은 사업 내용에 따라, 또 해마다 조건이 바뀐다.

삼성전자는 'ESG&스마트공장지원센터'라는 조직을 만들어 매년 약 200여 명의 경험이 많은 내부 전문가를 선발해서 이 활동의 성공을 위해 전면에 배치하고 있다. 이런 수준으로 지원하는 삼성전자의 대·중·소 상생 사업은 한국의 제조 기업에 크게 기여하고 있다.

실제 삼성전자가 지원한 기업 3,000개 속에서 성과로 만들어 낸 사례를 분석하고 연구를 해 본 적이 있다. 만들어 낸 부가가치가 상당하다. 모두 매출, 수익 등으로 구현된 성과이기에 의미가 크다. 어떤 기업은 같은 조건에서 생산성이 100% 증가하기도 하였다. 주문받고도 생산을 못 해 납품이 지연되던 기업의 성공 사례이다. 품질이 문제가 되는 설비가 개선되어 품질 비용이 50% 절감되는 것은 물론 생산량이 50%만큼 증가하는 사례도 있다. 판매망이 취약한 기업에는 영업 마케팅도 지원해 주고 더 나아가 수출도 지원하는 모습을 보았다. 도움을 받는 기업은 판매와 수익으로 이어지는 스마트공장의 기적을 몸으로 느꼈을 것이다. 이들이 표현하는 고마움과 감사의 표시를 직간접으로 다수 들은 바가 있다. 모두 가식 없는 피드백이었다.

과거의 갑을관계도 점점 청산하고 이처럼 상생하고 공정한 협력 시대를 여는 변화가 스마트공장 생태계에서 하나둘 실현된다면 한국의 제조 산업의 장래는 더없이 밝을 것이다. 혹자는 대기업의 참여를 다소 다르게 해석할 수도 있다. 또 어떻게 하든 허점과 비판 거리를 찾으려 할 수도 있을 것이다. 그러나 핵심은 스마트공장이란 프로토콜이 점차 대기업을 정점으로 공급망, 더 나아가 전체 생태계를 더욱 건강하고 발전시키는 역할을 한다는 것이다. 이 점은 부인하지 말아야 한다. 스마트공장이란 프로토콜을 통해 기업 간의 관계와 협업이 더 공고해지고 공정해지는 것이다.

대·중·소 상생 프로그램이 앞으로 K-스마트공장이 만들어 갈 꿈과 미래의 좋은 바탕이 되길 기대한다.

메타팩토리, 스마트공장, 스마트팩토리 차이

"메타버스는 들어보았는데 대체 메타팩토리는 뭐야?"

새로운 용어 등장에 사람들은 벌써 귀를 쫑긋 세운다. 현대자동차가
CES 2022에 참가하면서 처음 메타팩토리를 들고나왔을 때의 반응이다.[25]
무슨 뜻인가 궁금해하는 이들이 여기저기 있었다.

"메타버스나 스마트팩토리보다는 더 앞선 개념이지요."

증권 투자를 전문적으로 다루는 기자들이 유튜브 방송에 열띠게 논쟁
하는 것을 보았다. 이들이 주장한 내용을 보면 이런 새 용어에 시장이 얼
마나 재빨리 반응하는지 알 수 있었다. 맞고 틀리고가 중요하지 않고 남
들보다 먼저 언급해야 산다는 유튜버들의 위기감도 느낄 수 있다.
일단 현대자동차가 멋진 작명을 했다는 생각이 들었다.

그로부터 얼마 후 교육 전문기관에서 전화가 왔다. 메타팩토리 강의를 준비하고 있다고 했다. 이들이 기획한 교육 자료를 보고 유튜버들과 다르지 않다고 생각했다. 이번에는 이들에게 도움이 되는 일을 해야겠다고 생각했다. 그래서 이것저것 메타팩토리에 대한 정의와 필자의 생각을 전달해 주었다. 그런 후 교육 과정의 목차가 좀 더 현실적으로 바뀌는 것을 경험할 수 있었다.

교육기관도 메타팩토리의 용어가 지닌 가치를 알아차리고 이런 제목의 교육이 시장에서 주목받을 것이라 본 것이다.

'메타팩토리'는 국내는 물론이고 글로벌 세상에서도 신조어다. 한국에서도 이렇게 글로벌로 파급될 가능성이 있는 신조어가 만들어지는 것을 경험하는 중이다. 그간 제조 산업 영역에서는 뜨겁게 관심을 몰고 온 '메타버스'를 과연 어떻게 차별화하게 될까 궁금하고 또한 고민하기도 하였다. 시간이 지나고 나서 메타버스는 여느 혁신 키워드처럼 그 기세가 떨어지고 사람들의 관심에서 멀어지고 있지만 메타버스는 코로나19가 한참일 때 정말 세상을 바꿀 것처럼 기세가 등등했다. 이런 기세등등한 현상이 메타버스 하나만이었을까? 천만에. 그 이전에도 이런 현상은 늘 존재했다. 유비쿼터스, 클라우드, 3D 프린팅, 인더스트리4.0, 암호화폐 등이 그러했으며 DX가 지금 그러하다. DX 전에 기세등등한 것이 메타버스였다.

맹렬하게 보일 정도로 기세등등한 메타버스를 바라보면서 제조 산업은 과연 어떻게 메타버스를 정의할 것인가 고민하고 있을 때 등장한 것이 '제조 메타버스'였다. 이는 메타버스라 말하면 너무 포괄적이고 제조 산업에서 구별하여 설명하기 어려웠으므로 등장한 용어이다. 필자뿐 아니라 국내 대기업도 같은 고민을 한 것을 볼 수 있다. 이런 고민을 한 주체는 'SK C&C'였다. 이들은 제일 먼저 제조 메타버스란 용어를 사용하기 시작했다. 나름으로 의미가 있고 편하게 받아들일 수 있을 것 같았다. 필자는 이보다 훨씬 어려운 용어를 사용하고 있었는데 '제조를 위한 메타버스(Metaverse for Manufacturing)'라고 말하곤 했다. 제조 메타버스는 간단하면서도 의미 전달이 되기에 훨씬 더 잘 다듬어진 용어라고 생각되었다.

처음부터 메타버스는 그 개념이 제조 분야에서 탄탄하게 세워지지 않았다. 내세우는 의미도 다소 서툴러서 가설과 주장이 여기저기 다를 수밖에 없었다. 결과적으로 제조 메타버스는 2021년 내내 일부에서만 머물던 틈새 용어였다. 이는 시중에서 열광적으로 회자하는 메타버스와 구별해서 '제조 영역의 메타버스는 이렇다'라고 차별화하려는 시도 정도로 끝난 것으로 보였다. 또 관심을 보이는 사람은 극소수였다. 이렇게 우물쭈물하는 사이 멋지게 등장한 것이 '메타팩토리'다.

이 용어 창작의 주인공인 현대자동차는 수소자동차, 전기자동차, 자율주행차는 물론이고 손정의의 소프트뱅크로부터 사들인 미국 기업 '보스턴 다이내믹스'의 로봇, 나는 자동차를 염두에 둔 UAM(Urban Air Mobility) 등 새로운 사업 비전을 계속 내놓는 중이다.

이들이 제시한 메타팩토리는 싱가포르에서 먼저 문을 HMGICS[26]를 설명하는 용어가 되었다. 이 장의 맨 처음 등장한 스마트공장 사례이다. 참고로 HMGICS는 우리말로 '에치엠긱스' 정도로 발음하면 괜찮다. 만일 '에이치엠지아이씨에스'라고 부르려면 혀가 꼬일 수도 있다. 발음이 상당히 어렵다.

HMGICS라는 메타팩토리는 전략적 테스트베드 성격이 짙다. 이는 소품종 대량이 아닌 다품종 소량 생산을 염두에 둔 일종의 테스트공장 개념으로 보인다. 이곳에서는 스마트공장이란 이름으로 현재 여타 기업에서 응용되는 여러 제조혁신 기술이나 생산 관리 기술, 더 나아가 제품 개발 기술이 융합되어 사용되는 것을 알 수 있다. 소위 제품의 개발부터 생산 기술, 생산 관리, 생산 등으로 이어지는 전체 수명 주기 관리를 기본적으로 지향한다. 그러나 핵심은 유연 생산 관리라고 보인다. 생산 관련 시뮬레이션으로 불리던 기술이 게임에서 활용되는 가벼운 3D 데이터를 자유롭게 응용하는 기술을 사용하여 시각화 성능을 좋게 만든 것을 볼 수 있다. 이런 시각화와 시뮬레이션을 지원하기 위해 미국의 3D 게임 엔진 전문기업인 유니티(Unity)와도 협업을 한 소식이 공개되었다.[27] 덕분에 실제 카메라로 찍은 모습처럼 보이는 영상을 통해 의사결정을 하게 되었다.

전체적으로 보자면 이곳에서 응용할 개별 혁신 기술 최상위에는 인공지능(AI), 빅데이터 등이 자리 잡을 것 같다. 그러나 그 하위에는 기본적인 앱으로서 설계와 제품 기획을 지원할 PLM, 주문과 수요 활동을 지원할 ERP, 관련 부품의 수급을 지원할 SCM, 실제 제조관리 업무를 지원할 MES 등이 포진하는 것을 볼 수 있다. 또 조립 공정, 가공 공정, 시험 공정에서는 3차원 시뮬레이션 기술이 적극적으로 응용될 것으로 보인다. 일부의 설계 기술 그리고 개발 검증, 시험 활동에서는 여러 가지 해석 기술(CAE)들도 포함될 것으로 보인다.

이런 디지털화 기술 이외에도 자동화 또는 스마트화 기술이 상당히 접목되고 융합될 것으로 보는데 대표적인 것으로 협동 로봇, 산업용 로봇, AMR 등을 거론할 수 있다. 디지털 기술과 실물 기술은 디지털트윈(또는 CPS)을 구현하게 될 것이다. 이런 디지털트윈이 실시간으로 또 가상과 실물 세계를 실시간으로 연결되는 것이 HMGICS가 조만간 성취할 세상임은 이제 명확해졌다.

이런 일은 20여 년 전에 이미 필자와 같은 혁신가가 제안했던 일이다. 그때는 충분히 현대자동차를 설득하지 못했다. 그 결과 현대자동차는 가상 공장보다는 물리 공장을 더 중요하게 여겼다. 그래서 가상 공장이 아닌 실물 공장인 '파일롯트 생산 설비(Pilot Production Line)'을 남양연구소에 구축했다. 일종의 물리적인 세상의 생산 테스트베드를 지은 것이다. 가상 공장보다는 비용도 많이 들고 효과 검증에 시간이 더 걸리지만 그때는 받아들이지 않았다. 세월도 지나고 기술이 급변하면서 물리적 공간에서 검증하던 일을 가상공간으로 더 옮기고 동시에 실제 생산 공간을 실시간으로 연결하여 고객 중심, 주문 중심의 실시간 의사결정이 가능한 제조 공간을 만드는 것을 보면서 감개무량함을 느낀다. 20년 만에 결국 현대자동차가 필자와 같은 혁신가의 이야기를 받아들인 것으로 보인다. 그것도 서울이 아닌 싱가포르에서 말이다.

'메타팩토리'와 '스마트팩토리'의 차이가 보이는가?

미안하지만 신조어가 제시하는 개념의 혼란은 당분간 피할 수 없을 것이다. 어찌 보면 그게 그것인데 설명하는 이에 따라 다른 주장이 존재할 수도 있다. 그래서 '이것은 맞고 저것은 틀리다'라는 이분법적인 판단은 미루자. 대신 밀려오는 신조어의 파도에 가볍게 몸을 얹고 세상을 관조해 보자.

세상의 모든 스마트공장은 목적이 있다

제주 삼다수 사례에서 배우는 스마트공장

"우리는 스마트공장 혁신으로 글로벌 브랜드 에비앙을 넘어설 수 있습니다."

이렇게 말하면 먹는 생수와 스마트공장이 무슨 관련이 있을까 하고 어리둥절하다는 분도 있을 것이다. 특히 생수 제조 공정을 좀 아는 사람이라면 더 그럴 수 있다. 지하수를 뽑아 병에 담아 공급하면 되는 생수에도 스마트공장이 필요할까?

포스코와 같은 철강 산업에 익숙한 사람이나 자동차 산업의 스마트공장만 생각한다면 생수쯤은 아무것도 아닌 것처럼 보일 것이다. 그러나 생수도 스마트공장에서 만들면 달라진다. 제주도 삼다수 생수는 스마트공장에서 만들어진다.[28] 최근 삼다수 생수는 아예 새로운 공장을 짓는 계획을 공개하였다. 이름하여 그린필드형 스마트공장을 보게 될 것이다. 그린필드형 스마트공장이 무엇인지는 다음 절에서 소개될 것이니 잠시 참고

이 절에서는 삼다수의 그간의 실적을 살펴보자.

삼다수는 브랜드다. 삼다수를 제조하는 기업 이름은 제주개발공사이다. 이 회사의 연 매출 규모는 3,000억 원이니 중견기업이다. 이 제주개발공사 스마트공장 사례는 포스코 사례와 다를 것이 없다. 만일 남과 같은 생수 공장의 조건이라면 더 많이 생산하고 더 품질관리를 잘한다. 포스코가 업을 잘하기 위해서 스마트공장을 추진한 것처럼 제주개발공사는 생수 만드는 일을 더 잘하기 위해 스마트공장을 추진했다. 그간 적지 않은 성과를 만들어 냈다.

스마트공장의 추진 결과 삼다수의 품질관리 수준은 향상되었고 생산성이 무척 개선되었다. 예를 들어, 새로 만든 생산공장에서만 시간당 7만 6,000병을 생산한다.[29] 이런 대량생산 덕분에 삼다수는 전국의 소형 및 대형 상점에서 언제나 고객에게 생수를 인도할 준비가 되어 있다. 삼다수의 가격은 국내 생수 중에서 가장 높게 판매되는 편이다. 그런데도 잘 팔린다. 브랜드의 힘이라 할 수도 있지만 좋은 물맛의 생수를 제대로 품질을 관리한 결과라고도 말할 수 있을 것이다.

국내의 생수 업체로서는 선두를 달리고 있는데 앞으로는 에비앙을 넘어설 것이라는 주장을 하기도 한다. 이들과 워크숍을 하면서 들은 내용이라 주장이란 표현을 쓰긴 했지만, 그 기세가 좋아 보인다. 이런 삼다수의 성장과 발전 배경에 스마트공장이 있다. 또 앞으로 새로 지을 삼다수는 더 높은 수준의 스마트공장을 보여 줄 수 있을 것으로 예상한다.

그간 삼다수는 화산섬 제주도의 물이란 브랜드로 특별한 어려움 없이 국내 생수 시장을 선도하고 성장한 기업 정도로 알려져 있었다. 그러나 실제로는 그런 운에만 기대고 있지 않은 것을 알 수 있다. 2018년 삼다수는 신규 생산라인을 구축했다. 이때 스마트공장도 함께 추진했다. 삼다수의 스마트공장 추진 목적은 '품질의 안정적 유지', '생산성 향상', '제조 현장의 안전'이었다.

먹는 음료인 생수는 품질관리가 최우선이다. 또한 생수 제조도 제품이기에 제조 편차가 있어서 불량이 발생할 수 있다. 그런 편차를 없애거나 그 평가 기준을 상향하는 것이 품질관리의 핵심이다. 삼다수의 스마트공장은 생산성 향상과 동시에 품질 상향 안정화라는 두 가지 목표를 동시에 달성하는 것이 목표였음을 엿볼 수 있다.

생수병과 병에 인쇄된 정보 등의 검사 등의 공정에서는 남들보다 먼저 머신비전 기술을 활용한 것을 볼 수 있다. 머신비전 기술은 점차 대중화되고는 있으나 2018년 즈음의 머신비전 선택은 선도적인 면이 있어 보인다. 이런 신기술 적용으로 검사 공정의 생산성 향상이 획기적으로 올라간 것은 말할 것 없다. 이미 상당히 높은 수준의 자동화 생산 능력에서 상대적으로 병목현상인 검사 공정을 머신비전 기술로 한 단계 끌어올린 것은 생수 제조의 핵심 활동이었다고 보인다.

공정 사례 이외에도 생수병 제작 공정 고도화 건도 주목할 내용이다. 플라스틱병을 찍어내는 이 공정은 불량이 자주 나타날 수밖에 없다. 삼다수는 이 생수병을 제작하는 공정에서 발생하는 불량 발생의 요인을 사전에 감지해서 조치하는 수준의 예지적인 방법을 적용하였다. 이런 점은 포스코의 품질 예지 방법과 그 원리가 다를 바가 없다.

사람 작업자의 안전에 대한 배려나 관리도 중요한 항목이다. 제품이 무거운 현장 특성에 맞추어 작업자의 안전을 중요시한 점은 매우 주목할 만하다. 다른 기업들이 관심조차 두지 않을 시점에 작업자에게 안전을 제공하는 웨어러블 보조장치[30]를 제공한 것이다. 근로자의 근골격계 질환이 생기는 것을 막기 위해 이런 투자를 제대로 한 셈이다. 또 완제품을 창고에서 옮기는 일을 무인 자동 지게차[31]로 해결한 점도 해당 업계에서는 획기적인 일이 아닐 수 없다. 이런 사례 역시 다른 곳에서 보기 전에 시도된 내용이란 점에서 삼다수의 스마트공장은 남들보다 앞섰다는 평가를 들을 수 있다.

현재 삼다수는 스마트공장 활동을 다른 분야로 확대 중이다. 제품이나 공정 그리고 설비가 디지털화되면서 데이터를 활용하는 수준을 높이는 중이다. 예로서 제조 생산공장의 생산 현황을 점차 생수의 유통, 보관 그리고 소비자의 수요 등과 연결, 연동하는 모습도 보인다. 스마트공장이 추구하는 유연 생산을 실현할 수 있는 체계를 갖추어 나가는 것이다. 불필요한 재고가 증가하는 것을 막고 고객 수요에 맞추어 생산하는 시스템을 만드는 일에 도전하는 것으로 풀이된다. 이들은 점차 고객의 수요 예측을 과학적인 데이터 분석 기법 응용을 통해 추진할 것으로 예상된다.

삼다수 공장의 지구 살리기 동참 모습도 돋보인다. 본사가 제주도에 있는 특성으로 주로 제주 지역에서 이런 활동이 먼저 시도되는 것을 보았다. 깨끗한 생수 플라스틱병 수거 캠페인과 수거 시스템을 구축하여 운영하는 것이 그런 예이다. 개선된 플라스틱 수거 방식은 전국적으로도 확대되는 중이다. 즉, 병에 붙어 있던 라벨을 제거하여 배출하는 것이 점차 기본 요건화되고 있다. 삼다수는 이런 활동에서 선도하는 위치를 유지하는 것을 알 수 있다. 여기서 한 걸음 더 나아가 이들은 비용을 들여 별도 수거함을 설치하고 운영하고 있다. 라벨이 제거된 깨끗한 삼다수 병을 따로 직접 수거해서 재활용하는 프로세스를 운영 중이다. 이렇게 특별하게 관리하여 수거된 플라스틱은 의류 제조 공장 등에서 고급 원자재로 재사용된다. 그간 이런 원자재를 외국에서 수입하던 것을 대체하는 효과도 생기는 것 같다. 국내 플라스틱 재생 프로세스의 새로운 길이 열리는 것이다. 삼다수는 별도 라벨 없는 생수병의 공급도 2021년부터 참여하고 있기도 하다.

이처럼 스마트공장 활동이 환경 관련 활동으로 확장되는 현상은 이미 시대적 요청이기에 스마트공장을 위해 '4M+2E+1S'를 자주 들여다보라고 설명할 수 있다. 2E는 환경과 에너지를 말하고 1S는 안전을 의미한다. 1S는 5S 운동에서 추가되기도 한다. 즉, 정리, 정돈, 청소, 청결(표준화), 습관(생활화)에 보태어 안전을 함께 논의하는 일이 점차 늘어나고 있다.[32]

작지만 거인처럼 행동하는 삼다수의 스마트공장의 모습에는 대기업 못지않은 탄탄함이 보인다. 중소 중견기업이 만드는 이런 사례가 점차 늘어난다면 진짜 K-스마트공장 시대가 열릴 것이다.

그린필드형과 그레이필드형 스마트공장은 할 말이 있다

'제약 산업 쪽에 그린필드형 스마트공장이 많은 이유가 무엇일까?'

스마트공장 사례를 분석하면 유독 제약 산업 쪽에서 그린필드형 스마트공장의 등장을 자주 볼 수 있다. 한미약품, 대웅제약, 대원제약, 제일약품 등이 그런 사례를 보인다. 그중에서 한미약품의 신공장은 2018년에 약 1,500억 원을 들여 완공한 사례인데 흥미로운 점들을 보여 준다.

한미약품의 신규공장은 전체 공정이 90% 이상 자동화된 공장의 모습을 보인다. 지하층을 포함해서 지상 8층의 건물로 지어진 공장인데 공장의 제조 흐름이 독특하다. 우선 의약품 원료는 지상 7층 또는 6층에서부터 투입된다. 그리고 차차 공정이 아래층으로 연결된다. 예로서 5층에서는 혼합공정이 이어지는데 습식, 건식 과립 제조 공정이다. 4층은 물류 공급 층이다. 여기서는 무인 운반차가 반제품을 공급한다. 3층은 타정, 코팅, 레이저를 이용한 인쇄, 이물 검사 등이 이루어진다. 2층은 다시 물류 공급

층이라서 무인 운반차가 활동한다. 그리고 마침내 지상 1층에서 완제품이 포장된다. 공정과 공정으로 반제품이 이동될 때는 RFID 기술을 응용한다. 일일이 사람이 확인하는 방식이 아니라 비접촉 방식으로 실시간으로 RFID 센서와 RFID 리더기가 데이터를 읽어 낸다는 뜻이다.

이렇게 수직형 생산 동선을 갖춘 한미약품의 공장을 모니터링하고 제어하는 핵심 기지는 지하 1층에 있다. 종합통제실의 벽면은 수많은 모니터로 가득 채워져 있다. 모니터 화면을 주시하는 요원들이 지하 1층의 종합통제실과 방제센터에서 앉아서 공장 전체를 주시하고 지휘하는 것이다.

이렇게 신규공장을 지으면서 처음부터 스마트공장을 목표로 할 때 '그린필드형 스마트공장'이라 부른다. 이와 대비되는 공장은 '그레이필드형 스마트공장'이다. 이는 기존의 공장에서 필요한 것을 업데이트하는 방식이다. 국내 대부분의 중소 중견기업의 스마트공장 사례는 여기에 해당한다. 제약 업종에서 휴온스라는 기업이 보이는 사례는 그레이필드형이다.

"우리 회사는 먹는 약과 주사약을 제조하는 기업입니다. 1965년에 설립된 비교적 오래된 기업입니다."

충북에 본사가 있는 이 회사는 최근에는 토탈 헬스 케어 기업으로 변신을 꾀하는 중이며 그 과정에서 기존 공장을 스마트공장으로 업데이트하는 프로젝트를 추진한 바 있다.

스마트공장 추진 이전 이 회사는 대부분 제약 회사처럼 주요 공정은 자동화되어 있으나 관리 자체는 스마트한 수준은 아니었다. 기계가 알아서 생산하기보다 공정 곳곳에서 사람 관리자가 설비상태를 확인하고 재료를 투입하고 밸브를 조작하고 세팅을 해 주는 등의 의사결정을 하는 수준의 공장이었다. 이 과정에서 등장하는 제조, 공정 데이터는 각 현장에서 개별적으로 수집되거나 개별 관리되는 수준이었다.

휴온스는 이렇게 흩어진 현장의 데이터를 한곳으로 모아 통합하고 한 곳에서 분석하고 가시화하여 활용하는 것을 목표로 스마트공장을 추진하였다. 즉, 개별적인 자료수집, 분산된 데이터 관리를 중앙집중방식의 데이터 수집, 관리, 가시화와 분석으로 바꾸는 과정을 구현하게 된 것이다.

이 회사의 먹는 약의 사례를 좀 더 살펴보자. 이 공정은 원료를 투입하고, 혼합하는 화학 공정을 거쳐, 정제로 만들고 코팅하는 공정으로 이어진다. 이후 검사 공정을 거친 후 포장하면 공정은 마무리된다. 이 공정 대부분은 자동화되어 있다. 또 각 공정에는 관리 사항과 측정 항목이 정의되어 있다. 현장에는 작업자가 있어서 이 관리 사항과 측정 항목을 실시간으로 관리한다.

스마트공장 프로젝트가 완료된 지금은 이 공정의 데이터는 자동화 수집되고 데이터는 중앙 서버로 통합된다. 그곳 서버에 저장된 데이터는 집계되고 분석되고 대시보드 등으로 가시화된다. 즉, 모니터를 통해 숫자, 도표와 같은 적정한 대시보드로 실시간 표시된다.

휴온스와 한미약품의 사례는 그 투자 비용 면에서 큰 차이를 보인다. 수억 원 수준의 투자를 통하여 스마트공장을 이뤄낸 휴온스와 공장 신설 등을 1,500억 원에 이르는 대규모 투자를 한 사업을 그대로 비교하는 것은 전혀 의미가 없다.

다만 그린필드형 공장으로 추진한 한미약품은 현장 작업자가 기존 공장의 200여 명 수준에서 신설 공장 35명 수준으로 대폭 줄어들었음은 주목해서 볼 수 있다. 생산성이 대폭 향상된 것을 이런 수치로 알 수 있다. 단위 생산 사이클 시간을 보아도 같은 성과를 확인할 수 있다. 이 모든 것이 제조 원가 경쟁력으로 나타나는 것은 당연하다. 실제 매출에서 원가율이 40%대로 떨어진 것으로 알려져 있다. 이는 경쟁사들의 60% 또는 70%의 매출 원가율과 대조된다.

투자금액의 규모로 보면 그린필드형 공장은 최소 수백억 원에서 수천억 원이 투입됨을 알 수 있다.[33] 반면 그레이필드형은 수억 원에서 수십억 원 정도 투자하면 될 것으로 본다. 한국의 중소 제조 기업 현장에서 현재 벌어지는 스마트공장 사업은 대부분 후자의 그레이필드형이다. 정부의 한정된 예산이 되도록 많은 기업에 골고루 돌아가게 하면서 단위 사업당 지원 금액을 수천만 원에서 수억 원 정도로 쪼개어 지원하는 형태이다. 타 산업도 사정이 같기는 하지만, 의약품 제조 공장에서는 이런 수준의 비용으로는 일부의 공정의 관리 시스템 개선, MES의 개선이나 데이터 수집 방법의 변경 정도로 비용을 활용하는 것이 가능한 정도이다. 결국 기존 관리 방법의 업데이트 수준에서 스마트공장 추진의 범위를 정할 수밖에 없다. 만일 설비나 장비를 교체하는 일이 포함된다면 정부 지원 사업의 범위가 벗어나서 기업들이 주저하는 것을 가끔 본 적이 있다.

중소 중견기업의 스마트공장 현장에는 늘 이런 복잡한 셈법이 있다. 모든 것을 자비로 추진하는 것이 부담되는 기업들은 한 푼이라도 정부 지원금을 활용하고자 노력한다. 이런 과정에서 자신들이 하고 싶은 일이 공고된 사업 취지에서 벗어나지 않게 하려고 애를 쓴다. 그러다 보면 생각보다 어려운 퍼즐 맞추기처럼 되는 일도 있다.

휴온스처럼 데이터 수집 분석과정만을 위해 정부 지원 사업을 제대로 잘 활용하면 별문제 없지만, 새로운 설비를 한두 개라도 끼워 넣으려는 욕심을 낸다면 그레이필드형 스마트공장은 힘겹고 어려운 과정을 겪는 셈이다.

기업이 필요한 것을 지원하는 것이 정부 지원 사업의 목적이라 보면 간단할지 모르지만, 지금껏 정부 입장은 그렇게 간단치 않다. 어떤 해에는 이런 지원 과정에서 느슨한 잣대가 적용되기도 하고 다른 해에는 다시 엄격해지기도 했다. 필요하다면 투자금액을 늘려 주는 것이 타당할 법도 하지만 정부 사업은 나름의 제약이 있어 이 또한 쉽지 않았을 것이다.

이런저런 이유로 국내 스마트공장 사업은 대부분 그레이필드형 사업이며 일부 공장이나 일부 라인을 대상으로 조금씩 투자하고 개선하는 방법으로 추진되고 있다. 이렇게 정부 지원 사업에 길들여진 중소기업이나 중견기업은 그린필드형 스마트공장 투자는 엄두도 못 낸다. K-스마트공장을 세상에 더 자신 있게 드러내려 한다면 그린필드형 스마트공장의 비중이 늘어나야 하지 않을까?

세상의 모든 스마트공장은 목적이 있다

식품, 의약품, 화장품 산업 스마트공장 공통점

'식품, 의약품, 화장품 산업은 공통점이 많아 스마트공장 기술 공급기업 에는 하나의 테마가 되지 않을까?'

이런 생각은 스마트공장에 대한 경험과 데이터가 어느 정도 축적되면 서 들기 시작했다. 우선 식품, 의약품, 화장품은 모두 사람의 건강과 직접 관련이 있다. 그래서 엄격한 관리 기준과 규칙이 마련되고 있다. 제조 기 업은 이런 기준과 규칙을 잘 지켜야 살아남는다. 설사 스마트공장을 추 진하지 않더라도 이런 기준은 꼭 지켜야 한다. 이런 규칙에는 HACCP,[34] GMP[35] 등의 인증이 있다. 특정 이슬람 국가의 음식, 행위, 생활 습관을 준 수하는 제도로서 할랄[36]이란 규칙도 있는데 이 또한 인증 제도이다. 이런 업종에서는 제시된 기준과 규칙을 잘 지키면서 제품을 제조해야 한다. 또 그 약속을 지키는 모습을 외부 기관에 의해 정기적으로 확인받아야 한다.

규제와 인증의 수준은 의약품이 가장 엄격하다고 볼 수 있다. 그다음 순위가 식품, 화장품으로 볼 수 있다. 예를 들어 의약품 제조 공장은 공실 내부의 먼지뿐 아니라 유해 물질, 세균 등을 규제하는 기준을 적용하는 것을 볼 수 있다. 반면 화장품 제조 공장이나 식품 공장은 먼지와 청결 상태를 규제하는 수준이다.

이런 규제는 대부분 시설, 장비와 업무 프로세스를 통해 준수되는 것이 일반적이다. 이런 일을 위해 적지 않은 비용이 들 수밖에 없다. 그런데 실은 이런 일을 가장 잘 처리하는 방법이 스마트공장의 활동 안에 포함되어 있다. 스마트공장이 구축되어 있다면 이런 규제와 규칙 준수의 과정을 엄격하게 관리할 수 있고 이를 언제든 외부 기관에 입증할 수 있다. 실시간 데이터 수집이 가능한 스마트공장에서 이런 일은 별로 어렵지 않다.

그런데 현재의 인증, 규칙 관리 제도는 스마트공장의 이런 기능과 가치를 활용하지는 않는다. 이들 인증과 규제 기관의 감사는 수기 방식이든 스마트 방식이든 상관하지 않는다는 뜻이다. 맘만 먹으면 언제든지 디지털화 방식으로 규제와 관리를 전환할 수 있지만 아직 그렇게까지 규정을 만들거나 규제하지는 않는 셈이다. 언젠가는 바뀔 것으로 예상되는 시점의 전환기에 우리가 머무는 셈이다.

그런 틈을 활용하는 기업들이 등장하고 있다. 일부의 스마트공장 기술 공급기업이 아예 '스마트 HACCP 공장'이란 이름으로 활동하고 있다. 예로서, 식품 공장의 문을 두드리면서 관리 수준이 업그레이드되는 지원을 하는 것을 본 적이 있다. GMP 쪽에서도 대체로 같은 모습이다.

GMP 인증기관이 실시간 데이터를 요구하고 이를 근거로 인증하기 시작한다면 많은 의약품 제조 기업은 GMP 인증에서 탈락할 수 있을 것이다. 그만큼 이런 수준의 조건은 충격이 될 수는 있어 보인다. 다행히 현재의 조건이 그런 수준은 아니다. 그런데 의약품 제조 기업이든 화장품 제조 기업이 GMP 인증을 받아야 한다면 스마트공장을 통해서 인증을 준비하는 것이 지혜로운 일이라 보인다. 타 기업에 비해서 앞선 관리 수준을 확보하는 동시에 고객에게도 좀 더 신뢰를 줄 수 있기 때문이다. 누차 강조하지만, 스마트공장이 단순히 관리의 기술과 혁신뿐 아니라 영업 마케팅으로도 활용될 수 있다.

의약품 제조 기업이든 화장품 제조 기업이든 기존의 공장이나 설비를 뜯어 고치거나 새로운 설비로 교체하지 않고 원하는 데이터의 수집을 하고 이를 이용하여 관리하고 분석하는 능력을 확보하는 것이 꽤 의미가 있음을 볼 수 있다. 이를 통해 일상의 제조 생산 관리 수준이 업그레이드될 뿐 아니라 여러 대외 인증이나 규제를 선행적으로 준비하는 것이 가능한 것이다.

제약 기업인 휴온스의 사례에는 '임픽스'란 기업이 참여하여 이런 데이터 수집과 분석을 할 수 있도록 시스템을 만들어 제공한 것을 볼 수 있다. 임픽스는 제약 산업에 적합한 MES를 맞춤형으로 설치한 것이다. 이런 사례와 실적은 타 기업에도 연결이 되었을 것이고 이런 기술 공급사들은 점차 바빠지는 호재를 만날 수도 있었을 것이다. 이들은 이런 시스템을 설치하고 이를 중심으로 현장 데이터를 수집해서 필요한 분석을 하고, 모니터링하고 제어하는 시스템을 만들어 내었다. 이는 개인이 소지한 모바일 기기에서도 필요에 따라 확인할 수도 있다. 디지털화 환경이 별로 어렵지 않게 구현하는 기술이다. 정보와 데이터만 있다면 현장의 문제점은 바로 가시화된다. 사무실에 고정된 디스플레이나 들고 다니는 포터블 기기를 사용하여 상황과 문제점을 바로 가시화할 수 있는 것이다.

화장품 업계에서는 '자이솝', '이젬코', '사이버테크 프렌즈'와 같은 기술 공급기업들이 '임픽스'와 같은 역할을 하는 것을 볼 수 있다. 화장품, 식품, 의약품 제조 현장의 특성을 제대로 이해하고 솔루션을 제공하는 곳도 있지만 모두 그렇지는 않은 것 같다.

사용자가 기대하고 필요한 것을 알고 있는 경우와 그렇지 않은 경우, 그 사업 성과는 크게 다를 수밖에 없다. 국내에는 공급기업이 수없이 많지만 누가 적합한 기업인지 선택하는 것이 실은 도전이다. 그래서 기업들 특히, 식품, 제약, 화장품 산업에 속한 기업은 함께 일할 기술 공급기업을 선택하는 데 신중해야 한다는 교훈을 제시하지 않을 수 없다.

K-스마트공장은 올바른 기술 공급기업 없이는 결코 성공할 수 없다.

세상의 모든 스마트공장은 목적이 있다

애벌레에서 나비로 변신한 기업들

"어머니 배 속을 통해 태어나지 않은 사람이 없는 것처럼 창업이란 절차와 시간을 거치지 않은 기업은 없습니다."

필자가 스타트업과 관련된 강의를 할 때 인용하는 구절이다. 세상의 모든 기업은 누군가의 아이디어와 용기 그리고 말이 아닌 실천과 행동에 힘입어 세상에 그 실체를 드러낸다. 그러나 호기롭게 창업된 기업들이 대개 살아남지 못한다. 창업 후 5년 후에 생존하는 기업은 10개 중 3개뿐이란 사실이 이를 잘 말해준다. 창업의 세계는 이처럼 살벌하다. 그런 창업 세계에서 그래도 살아남을 확률이 높은 경우는 '기술창업'을 실천한 기업들에서 볼 수 있다. 이들은 창업 5년 후 생존율이 약 80%이다.

스마트공장의 사례에서도 이런 창업 기업이 등장한다. '디에스글로벌'이란 기업도 그런 창업 회사로부터 시작했다. 요즘 말로 스타트업이었으며 서비스 업종이 아닌 제조 업종으로 스타트업을 시작한 기업의 이야기이다. 이 회사가 창업한 것이 2010년이었으니 이제는 스타트업이란 용어를 떼게 되었다. 남들이 극복하기 어렵다고 말하는 10년의 세월을 넘어 지금까지 살아남았다. 축하받을 만한 기업이며 앞으로도 계속 발전하는 기업이 되기를 기원한다.

이 회사가 겪어 온 여정을 보면 기업 생존이 실제 호락호락하지 않음을 다시금 알 수 있다. 또 이 회사가 수십억 원 수준의 매출을 일구는 수준에서 1,000억 원이 넘는 매출 기업으로 올라서는데 스마트공장 활동이 있었다는 점이 흥미롭다. 그런데 이들은 최근 수년간 다시 성장이 정체되는 모습을 보이고도 있다. 스마트공장만 하면 다 잘될 것 같지만 실은 그렇지 않다는 것을 보여 준다.

이 회사는 말 그대로 반짝이는 아이디어를 사업 모델로 발전시킨 전형적인 기술창업 스타트업 사례를 보여 준다. 폭발적인 스마트폰 사용 증가를 배경으로 시작한 기업이다. 스마트폰은 세상의 모든 사람에게 '언제 어디서나 사진을 찍는 시대'를 열어 놓았다. 그러나 스마트폰으로 찍은 사진은 더 이상 사진관에서 인쇄되지 않는다. 사진은 디지털 데이터로 저장되어 편집되고, 공유되고, 전송된다. 사진은 대체로 디지털 기기 안에서 즐기는 존재가 되었다.

이런 새로운 기준이 세상을 지배하는 사이에서도 틈새는 있었다. 누군가는 종이 위에 멋지게 인쇄된 사진 하나를 갖고 싶은 순간이 있음을 경험했을 것이다.

"나중에 카톡으로 보내 줄게."

세상의 모든 스마트공장은 목적이 있다

대부분은 찍은 사진은 카카오톡이나 SNS를 통해서 주변 사람에게 공유된다. 그러나 정말 애정이 가는 사진 한 장쯤은 종이에 인쇄해서 나누어 가지고 싶은 순간이 있다. 이런 순간에 사용할 수 있는 제품이 디에스글로벌이 노린 시장이다. 디에스글로벌은 이런 시장의 수요를 발견하고 이를 사업화하여 휴대폰용 전용 모바일 프린터를 개발했다. 그리고 짧은 시간에 전 세계 시장으로 내달렸다.

일찍이 시장에 없던 제품에 시장은 열광했다. 이 제품은 이전의 폴라로이드와는 격이 달랐다. 인쇄된 사진의 질이 비교할 수 없이 좋고, 사진의 영상을 편집하여 맘대로 출력한다는 점에서 차별점이 있었다. 2012년에 40억 원, 50억 원의 매출을 올린 회사가 되었다. 그런데 다음 해에는 8배 이상 매출인 340억 원을 기록했다. 대부분 기업에서는 이런 매출 증가를 경사스러운 일로 받아들인다. 그러나 이 회사는 그렇지 않았다. 회사의 역량이 모바일 프린터 개발 전문 기술에 초점이 맞추어져 있다 보니 전 세계에서 몰려드는 주문 물량 처리에 골머리를 앓고 있었다.

"우리 회사는 연간 1,000개 정도 제품을 생산하는 일에 적합한 제조 환경을 가지고 있었는데, 30만 개의 제품을 생산해야 하는 상황이 생긴 것입니다."

창업된 기업이 제품 개발과 생산 역량을 동시에 성공적으로 추진하기는 쉽지 않다. 그것도 짧은 시간 내에는 대부분 쉽지 않다. 생산량의 증산과 관리에 어려움을 겪었던 디에스글로벌은 이 문제에 대한 해결책을 스마트공장 프로젝트에서 찾았다.

이 회사의 근본 문제는 관리 시스템의 부재였다. 그렇기에 시스템이 도입이 우선 필요했다. 그래서 생산 관리 시스템인 MES가 도입되었고 또 원자재 관리나 구매 관리를 돕는 ERP 시스템도 도입되었다. 이런 관리 시스템의 도입과 더불어 기존의 공장 레이아웃도 더 나은 방향으로 개선되었다.

이런 일을 스스로 추진하는 것이 벅찬 상황에서 이들은 삼성전자의 대·중·소 상생 지원 사업을 활용할 수 있었고 삼성전자에서 경험이 있는 전문 컨설턴트들이 이들의 문제점을 분석하고 해결할 방안을 찾아 주었다. 삼성전자가 디에스글로벌을 지원한 배경이 따로 있는 것은 아니다. 앞 절에서 소개한 바와 같이 삼성전자 대·중·소 상생 사업은 사업의 이해관계로 도와주는 사업 모델을 뛰어넘은 사례를 보여 준다. 다른 대·중·소 상생 사업도 점차 유사한 사례들을 보여 준다. 이런 점에서 대·중·소 상생 사업은 한국의 스마트공장 생태계에 빛과 소금과 같은 역할을 한다.

디에스글로벌은 꽤 좋은 성과를 단기간에 만들어 내었다. 우선 생산 가동률을 유지하면서도 품질을 개선할 수 있었다. 즉 가동률은 80%대를 유지하면서도 공정 불량률이 1900PPM 수준에서 1200PPM 수준으로 떨어졌다. 동시에 생산 관리와 제품 공급 관리 등의 생산성 향상도 이뤄졌다. 또한 제조 리드 타임이 줄어드는 등의 성과도 나타났다. 이를 위해 디지털 기술, 바코드, PDA 등의 스마트공장 기초 기술들이 접목되었다.

이런 역량이 갖추어지고 시장 수요 증가에 대해 제대로 대응할 수 있게 되므로 이 회사는 매출이 급성장하여 수십억 원의 매출을 올리던 기업에서 1,000억 원대 매출을 만드는 제조 기업으로 변신하였다. 필자는 이 사례를 두고 '애벌레가 나비로 변신한 사례'라고 부르고 있다.

이들은 나비로 변신하는 데에 성공하였다. 그리고 나비가 된 후 이후의 기업 환경의 변화를 경험하는 중이다. 마이클 포터의 '본원적 경쟁론'이 설명하듯 비즈니스의 세계에서 생태계는 잘나가는 기업을 견제한다. 이전에 없던 신제품 시장을 보고 새로운 경쟁사들이 너도나도 뛰어들기 시작하며 대체품도 나타나기 시작하였다. 코닥, 샤오미 등 전 세계에서 적어도 10여 개가 넘는 경쟁사와 대체품 제조사가 등장했다. 시장 가격은 나날이 내려갔다. 경쟁이 치열해지자 디에스글로벌의 회사 매출과 영업이익은 2017년 최고점을 찍은 후 수년째 감소 현상을 보인다. 영업이익이 마이너스로 돌아서기도 하였다.[37]

비즈니스 세계에서 이런 변화는 비일비재다. 스마트공장만 하면 다 될 것 같지만 그렇지 않음을 잘 보여 주는 예다. 스마트공장을 침 마르게 칭찬하던 사람들은 대개 이런 현상 앞에서 당황한다. 필자는 당황할 필요가 없다고 말한다.

"스마트공장을 요술 방망이처럼 생각한 것이 잘못된 것일 뿐, 스마트공장을 추진하는 것에는 어떤 잘못도 없습니다."

K-스마트공장이 더욱 탄탄한 바탕을 만들기 위해서 이런 애벌레가 나비로 변신하는 기업의 성공 사례, 실패의 과정과 이를 극복하는 도전의 과정을 보이는 사례가 계속 등장해야 한다고 믿는다.

선순환 구조가 돌지 않는다면 어떻게 해야 하는가?

'스마트공장으로 잘 돌아가던 선순환 구조가 멈출 수 있을까?'

어떤 기업에서는 '스마트공장 선순환 구조[38]'가 중단되기도 한다. 또 이런 일이 특정 업체에서만 일어나지는 않는다.

코로나19 기간에 수많은 마스크 제조 기업, 진단 제품 제조 기업, 손 세척 제품 기업 등이 들불 번지듯이 생겨났다. 시장에서 넘치는 수요에 대응하기 위해 설비를 증설하고 기존 설비의 생산성을 대폭 끌어올리는 노력도 경주되었다. 그 덕에 국민은 마스크를 쓸 수 있었고 마스크 제조 기업도 사상 유례가 없는 성과를 만들어 냈다. 기업의 매출은 순식간에 증가하고 수익도 증가했다.

이런 긴박한 상황에서 수요 증가에 발맞추기 위해 단기간의 생산성 향상을 위한 처방으로 스마트공장이 추진되고 한몫을 제대로 한 것도 사실이다. 앞서 소개한 삼성전자 대·중·소 상생 프로그램이 좋은 사례를 다

수 만들어 냈다. 어찌할 바 모르고 발만 동동 구르던 기업들은 삼성전자 대·중·소 지원 사업에서 파견된 전문가들의 헌신적인 노력에 힘입어 생산 부족 현상을 극복하고 시장이 원하는 만큼의 마스크를 공급할 수 있었다. 덕분에 한국민은 물론 세계 시민들의 건강에 이바지하게 된 것이 사실이다.

코로나 현상은 기업에게 양면을 보여 주었다. 국민이 마스크를 잘 쓰게 되므로 코로나의 위력은 점차 줄어들게 되었다. 또 고대하던 엔데믹 상황을 맞게도 되었다. 그런데 그럴수록 마스크의 수요는 줄어들어 공급이 수요를 크게 지나치는 초과 현상이 생기게 된 것이다. 공장 가동을 줄이고 설비의 전원을 꺼야 하는 상황이 발생하게 된 것이다. 잘나가던 제조 기업의 모습이 다시 바뀌는 순간이다. 마스크 제조 기업은 공장 가동을 제대로 하지 못하고 있으며 투자하여 설치한 설비를 매각하려고 내놓는 경우도 볼 수 있다. 그러나 이런 매물을 선뜻 사들이는 기업은 없다. 새로운 팬데믹이 오기 전까지는 이런 상황은 지속될 것으로 봐야 한다.

이제 스마트공장 선순환 구조는 끝났다고 봐야 하는가? 이런 기업은 어떤 다른 대응 전략이 필요한가?

앞서 소개한 디에스글로벌은 기존 제품의 시장 수요가 줄어들고 경쟁이 치열해지자 2가지 결정을 내리게 된다. 우선 공장을 베트남으로 옮기는 결정을 하였다. 제품에 들어가는 PCB의 제작을 국내에서 할 이유를 전혀 찾을 수 없기에 내어놓은 결정이었다. 국내 제조 현장 작업자의 인건비로 PCB를 국내에서 제작하는 것은 타당성이 없기에 내린 결정이라 보인다. 또 제품 특성상 조립 공정이 많은 것도 이들의 해외 공장 이전을 촉진한 것으로 볼 수 있다. 국내 제조 환경은 인건비 상승과 인력 수급이란 두 가지 문제를 동시에 해결해야 하지만 그 해결책은 국내 어디에도 없다. 한국 제조 생태계가 매일 마주하는 현실이지만 이를 해결할 방법도, 사람과 주체도 주변에서 더 이상 찾을 수 없다.

이런 어려운 환경 속에서 개별 기업은 각자 최선의 방안을 찾아야 한다. 디에스글로벌의 해외 공장 이전도 그런 방안의 예이며 적절하다고 볼 수밖에 없다. 혹자는 리쇼어링을 이야기한다. 그러나 리쇼어링이 전부라고 본다면 이는 전형적인 탁상행정일 뿐이다. 해외로 진출하는 기업에도 스마트공장을 지원하는 방안을 찾을 때이다.

디에스글로벌은 해외 공장 이전과 함께 손톱용 인쇄기 등과 같은 신제품 출시 등 포트폴리오를 증가하는 노력을 기울이고 있다. 그러나 스마트폰용 포터블 인쇄기가 만든 행운은 아직 찾아오고 있지 않은 것 같다. 좀 더 새롭고 더 경쟁력이 있는 포트폴리오를 마련하지 않으면 그간 맛본 성장의 속도를 지속하기 어려운 상황이다. 애벌레에서 아름다운 나비로 변신할 때 스마트공장의 덕을 보았으나 나비가 된 현재는 또 다른 도전을 마주하고 있다. 공장과 제조뿐 아니라, 제품 개발에서 다시 차별화 노력을 기울여야 하는 다음의 도약을 성취할 수 있는 단계이다.

새롭게 출시된 신제품인 손톱 장식용 프린터 등의 신제품 개발은 아직 기대한 성과를 만들어 내지 못하고 있는 것으로 보인다. 경쟁이 치열하고 경쟁사도 빠르게 신제품을 내놓는 까닭이다. 그러나 이런 신제품 출시가 성공하지 못한다 해서 그간 축적한 스마트공장의 역량과 경험을 잊거나 버려서는 안 될 것이다.

수십억 원에서 수백억 원의 매출을 만드는 기업으로 성장했으니 어떤 기업은 그 정도에서 만족할 수도 있다. 만일 그것이 전략이라면 스마트공장을 더욱 고도화해야 한다. 그러나 좀 더 성장하고 더 도약하고자 한다면 다른 기업 전략으로 도전해야 한다. '전방위 전략' 같은 것을 살펴볼 시점이다.[39]

필자는 한국에서 이런 상황에 놓인 기업을 자주 마주하고 있다. 일부에게는 도움을 주고도 있는데 자주 한숨이 나온다. 왜냐하면 화려한 겉모습과 달리 기업의 여건과 상황이 녹록하지 않기 때문이다. 필자가 눈에는 대부분의 중소중견 제조 기업이 정체와 수렁 속에 빠진 모습이다. 산업화 시대를 거치면서 애벌레에서 나비가 되기는 했지만, 더 오래 지속되고 강한 나비가 되기에는 지금 마주하는 기업 환경과 여건이 호락호락하지 않아 보인다.

그간 10여 년의 세월 동안 국내 제조 시장에서는 정부가 주도하는 지원 사업이 있었다. 그 속에는 반복된 시행착오도 있었다. 덕분에 시장의 수요보다 넘치는 기술 공급회사가 양산되기도 하였다. 사업의 건수로는 세계에서 유례없는 숫자의 스마트공장 구축을 지원하기도 했다. 그러나 이런 노력이 개별 기업에서 진정한 성과와 탄탄한 선순환 구조를 만들고 있는가에 대한 답은 초라하다.

앞으로는 어떻게 해야 할까? 현재 벌어지는 DX, 스마트공장, 지능형 공장, 자율형 공장, AI 공장 등과 같은 화려한 수식어로 내세운 담론만으로는 미래가 없지 않을까? 앞으로의 10여 년의 국력과 세월을 이전처럼 시행착오 방식으로 사용할 수는 없다. 만일 그렇게 된다면 K-스마트공장의 꿈은 물거품이 되고 말 것이다.

의류 공장에서 스마트공장이 찾은 길

'저런 지하실에 있는 봉제 공장에도 스마트공장이 필요할까?'

서울의 명동 부근의 산기슭 건물 지하층의 열린 문 사이로 이런저런 옷 감이 쌓여 있고 그 사이로 재봉틀과 테이블이 보이는 작은 공장을 보면서 필자가 스스로 던진 질문이다. 한국 내에서 발에 걸리는 것이 스마트공장 사례인데 유독 봉제 공장 사례가 적은 이유를 찾을 수 있었다.

필자는 이 화두를 끌어안고 이미 여러 해 전에 의류 산업의 스마트공장 실태를 연구한 적이 있었다. 특히 봉제 산업을 실태를 알아보고 있었다. 이때 이해한 것은 한국의 전체 의류 산업을 지탱하는 해외 공장과 국내 공장이 확연히, 아주 다르다는 점이었다.

국내의 봉제 공장은 제조업이라 말하기에 쑥스러운 수준의 모습을 하고 있다. 주로 도심의 건물 속에서도 가장 임대료가 낮은 지하층에서 그 모습을 찾을 수 있다. 이런 공장은 수도권, 그중에서도 서울에 주로 분포

한다. 동대문 부근과 구로 등에 이런 의류 봉제 공장이 많다. 동대문 부근의 창진동이나 숭인동에 있는 '봉제 마을'이 한국의 의류 봉제 공장의 현주소이다.[40]

나쁘게만 말할 수 없다. 이곳의 공장들은 규모는 작지만, 한국의 K-패션을 유지하는 근간이기도 하다. 빠르게 변화하는 패션 수요를 '빨리빨리 정신', '높은 수준의 기능 인력', '부지런한 근면성'으로 대응하는 아주 특별한 의류 산업 생태계라 말할 수 있다.

'이런 소규모, 작고 영세한 공장도 스마트공장이 필요할까?' 이것이 연구 속의 주된 질문이었다.

국내 봉제 공장의 모습과 달리 한국 의류기업이 진출한 베트남, 중국, 인도네시아의 봉제 공장은 본국인 한국의 작은 공장과 너무 대조적이다. 1,000여 명이 작업하는 공장은 작은 편이며 2,000명, 3,000명 정도가 일하는 공장이 수두룩하다. 우선 대규모 공장이다. 이런 대규모 공장에서 생산된 의류가 전 세계 시장으로 흘러간다.

이런 한국계 대규모 공장에서 그간 스마트공장, 스마트제조 기술의 응용이 눈에 차는 것을 찾을 수 없었다. 눈에 차는 것이 없지 전혀 없다고 말할 수는 없다. 일부 기업에서는 '스마트행거(Smart Hanger)'와 같은 것을 설치하는 등 조용한 도전을 진행하는 것을 볼 수 있었다. 한세실업의 베트남 공장이 그 예다. 호전 산업이나 풍국에서도 스마트공장이란 국내 대학과 이런저런 연구 활동을 수행한 것도 알려지고는 있다.[4142]

그런데 스마트행거는 중국 본토의 기업이 한 수 빨리 적용했던 기술이다. 중국의 쿠트스마트가 먼저 대규모로 설치하여 새로운 비즈니스 모델을 만들어 낸 사례에서 등장했던 기술이다. 이들에게 영감을 준 사례는 독일의 신발업체 아디다스 스피드공장(Speed Factory)이다. 알려진 바와 같이 아디다스의 스피드공장은 실패로 끝났다.[43] 비록 신발 산업에서 실패로 판정되었으나 의류 산업에서 이 영감은 이어지고 성공을 거두고 있다. 이 쿠트스마트의 스마트 의류 공장 사례는 다른 중국의 업체로 확산 중이다. 알리바바 쉰시 공장은 물론이고 다른 의류 공장이 쿠트스마트의 기술을 따라 적용하고 있다. 동남아에 진출한 한국 공장도 그런 대열에 들어서는 모습이다.

대규모 공장은 대량생산에 공장 역량을 맞춘다. 예를 들어 4~5천 명이 일하는 공장은 각자 일하는 단계마다 표준 준수를 지원하는 시스템이 필요하다. 인위적인 실수를 막아야 한다. 그래서 빅데이터를 구축해서 실수를 축소한다. 일할 사람 구성도 데이터를 가지고 판단하기도 한다. 공장의 운영 현황을 늘 실시간으로 알 수 있어야 한다. 이를 위해 데이터 입력 장치를 곳곳에 만들어서 데이터를 실시간으로 얻으려 노력한다. 수동이든 자동으로 입력하든 자료를 수집하는 것이 기본이다. 그렇게 수집된 데이터를 활용해서 현재 상황을 실시간 보고, 가시화하고 분석한다.

반면 10명이 안 되는 봉제 공장은 대부분 다품종 소량 생산이 기본이다. 공장은 규모가 작아 한 번만 둘러보아도 현재 상황이 모두 눈에 들어온다. 자재도, 완제품도 바로 확인된다. 데이터고 분석이고 필요가 없다. 그 돈으로 기계 하나 더 사는 것이 낫다.

안타깝지만 이런 소규모 공장은 다른 문제가 급선무다. 당장 5S3정이 잘 안된다. 이런 것을 개선하는 것이 급선무이지만, 실은 어려운 이야기다. 이런 공장의 내부는 늘 어수선하다. 어떻게 이런 곳에서 멋진 의류가 탄생할지 의심이 들겠지만, 경쟁력은 입증된 바 있으며 여전하다. 이런 경쟁력은 고도의 기능을 갖춘 인력이 있어 가능하다. 기계보다 더 유연하고 성실한 작업자로 인해 경쟁이 유지되는 것이다. 이들의 임금은 부담도 없다. 주인이 직접 봉제 일을 하기에 종종 임금 자체가 유연하다. 이런 곳에는 거창한 스마트공장이 아니라 음식점에 적용할 만한 디지털 기술만 있어도 충분하다.

국내 봉제 공장의 작업자는 30년~40년 동안 일한 숙련자이다. 베테랑이지만 급료도 상대적으로 적다. 다른 직업을 선택할 수 없는 사람들이 수요가 적은 산업에서 은퇴 없이 일하기에 적은 급료로도 산업이 유지되는 셈이다. 대부분 나이 많은 작업자들이 그 주인공이다.

이들이 일하는 공간은 자동화보다 다른 필요한 것이 많다. 예를 들어 지하실 같은 소규모 공간의 공기 흐름을 개선하고, 먼지를 줄이고, 추운 겨울이나 더운 여름을 이겨 낼 냉난방 시설 설치가 급선무다.

같은 의류 산업의 스마트공장이라 말하지만 10명 규모 공장과 수천 명이 일하는 공장을 섞어서 다루면 안 되는 이유를 살펴보았다. 또 그간 국내 의류 산업의 스마트공장 사례가 그리 많지 않은 이유가 밝혀졌다.

언제까지 이런 양극화된 의류 산업이 존재할지 알 수 없다. 그러나 스마트제조로 나아가는 길을 막고 있는 장애물이 무엇인지 어느 정도 감이 잡히기도 한다. 이런 장애물을 건너는 것이 도전이며 용기가 되는 시기도 다가온다. 쿠트스마트가 중국에서 먼저 장애물을 건너뛰었다면 다음의 주인공은 한국의 의류업체가 되기를 기대해 보자. 한국의 의류, 봉제 산업의 도전은 이제부터다! K-패션, K-뷰티 등으로 이름을 날리는 한국에서 K-스마트공장을 말하게 될 때, 그 속에서 봉제 산업이 빠져서야 되겠나?

세아, 한세, 호전, 스마트쿠트, 선라이더, 알리바바의
공통점과 차이점

"우리 회사가 만든 옷으로 중남미의 모든 이를 입힐 수 있습니다."

옷을 만드는 세아그룹이 신문 광고란을 통해서 이렇게 말했다.

세아는 옷을 만들어 전 세계 시장에 공급하는 한국의 대표기업이다. 엄청난 수량의 옷을 공급한다. 의류 옷 만들기 숫자에서 국내 최고 기업이라 한다. 이런 기업은 세아 말고도 국내에 많다. 한세도 그런 기업 중 하나다. 한세는 의류 공장을 디지털화하고 내부 물류를 자동화한 공장을 베트남에 가지고 있다. 그런데 이런 자동화 의류 제조 공장이 한국기업 이야기만은 아니다. 스마트쿠트, 선라이더, 알리바바 이야기가 그 예다. 이들은 모두 중국기업이다.

예로 든 세아, 한세, 쿠트스마트, 선라이더, 알리바바의 공통점은 '옷 만드는 기업'이다. 옷을 만들어 전 세계 시장에 판매한다. 다른 점은 무엇일까?

세아, 한세, 호전은 한국 내 공장이 아닌 해외 공장에서 옷을 주로 만든다. 스마트쿠트, 선라이더, 알리바바는 국내 공장(그들의 중국공장)에서 옷을 만들어 전 세계 시장에 판매한다.

중국 기업인 스마트쿠트와 선라이더, 알리바바는 서로 차이가 없을까? 차이가 있다.

만드는 옷 가짓수와 각 옷의 생산량이 서로 다르다. 스마트쿠트는 '다품종 단일제품'인 정장을 만든다. 맞춤 정장이다. 만드는 옷이 모두 다르다는 뜻이다. 선라이더는 기성복을 만든다. 단, '중품종중량생산'에 해당하며 평상복 옷을 주로 만든다. 알리바바는 '다품종소량생산'을 추구한다. 주문한 옷을 소량 만들어 주는 모델을 견지한다. 기성복도 만들고 고객 주문형 옷도 만든다.

이들이 보유한 중국의 3개 의류 공장은 모두 상당한 자동화 수준을 갖춘 것으로 보인다. 자동화 공장이라고 하니 로봇이 모든 일을 처리하는 공장이라 생각하면 오산이다. 의류 공장은 아직도 사람 작업자의 역할이 중요하다. 재봉틀을 돌리는 주체는 사람이란 뜻이다. 그래서 자동화 공장이라 부를 수는 있지만 작업자가 적지 않다. 한국처럼 인건비가 비싼 나라에서는 유지하기 어려운 특징이 여전히 유지되는 산업인 셈이다.

그렇다고 해서 세아나 한세의 베트남 공장, 아이티 공장, 인도네시아 공장 정도로 사람 수가 아주 많이 요구되는 것은 아니다. 중국도 인건비가 오르고 있어 사람 작업자의 역할을 줄이는 노력은 필요하다. 대신 기능이 높은 이들이 필요하다. 기능이 낮아도 선택할 수 있는 저임금 국가와 다른 모델이다. 핵심은 여전히 봉제 공장에서 옷의 박음질은 대부분 사람 몫이라는 것이다.

중국의 봉제 공장은 작업자들에게 상대적으로 넓은 공간을 제공한다.

보기에도 공장이 시원해 보인다. 주변에 자동화 설비와 장치가 함께 존재한다. 중국의 공장은 재봉 박음질 외의 일은 자동화를 대부분 시도하는 것으로 보인다. 여기도 100% 자동화는 아니다. 예를 들어, 재단하는 일은 자동화로 기계가 처리하지만, 그다음 일은 사람이 처리해 주는 식이다. 대신 옷감을 옮기는 일은 더 이상 사람 몫이 아니다. 스마트행거와 같은 자동화 시설이 옷감이나 중간 부품을 척척 필요한 곳으로 옮기고 나른다.

알리바바 쉰시 공장은 스마트쿠트나 선라이더 공장을 다른 면에서 앞서는 모습을 보인다. 이들은 공장을 자동화하면서도 고객의 수요 예측하는 일도 자동화하는 모습을 볼 수 있다. 의류업체 자라(Zara)가 오래전에 활용하던 방법과 비슷한데 이보다 더 앞선 방법으로 시장의 수요를 예측하고 생산준비를 하는 것이 차이점이다. 그런 연유로 전 세계 시장에서 알리바바 플랫폼을 활용하여 온라인으로 옷을 주문하면 바로 주문이 만들어지고 바로 생산해서 고객에게 보내는 일이 가능해지고 있다. 알리바바는 이런 일을 3년간 비밀로 숨기다가 최근 그 내용을 공개했다.

한국 의류기업들이 잘하는 일이 있다고 본다, 그런데 스마트제조에서는 어떤 일을 잘하는지 알 수 없다. 남이 가지 않는 도전이 없다면 의류 또는 봉제 산업에서 K-스마트공장이란 이름을 붙일 수 있을지 주저하게 될 것 같다.

세상의 모든 스마트공장은 목적이 있다

스마트공장과 DX를 아무나 하나?

'스마트한 제품을 스마트한 공장에서 제조해서 스마트한 서비스를 하는 일을 중소기업도 할 수 있을까?'

K-스마트공장 실현은 결과적으로 이 한 줄로 요약된다. 대기업은 이미 이런 일을 할 수 있다는 것을 보여 주고 있고 중견기업에서도 그런 일을 실현하는 곳이 나타나고 있다. 그렇다면 중소기업에서는 어떨까? 국내 중소기업도 이런 일에 도전할 수 있을까? 이 질문에 대한 답을 찾기 위해 그간 수집한 사례들을 다시 세세하게 분석하면서 그 답을 대모엔지니어링에서 찾았다.

대모엔지니어링은 이원해 회장이 1989년에 설립한 회사로서 대략 30살이 넘어선 기업이다. 건설장비 기계의 브레이커 등과 같은 어태치먼트(Attachment)를 만들어 공급하는 기업이다. 현대두산인프라코어와 같은 기업이 '팔'을 만들어 공급한다고 하면 대모엔지니어링은 '손'에 해당하는 장비를 공급하는 것이다. 건설 현장에서 건물 해체와 같은 특별한 일을 처리하기 위해서는 이런 특별한 장비가 필요한데 그런 장비를 '어태치먼트'라고 한다. 어태치먼트란 건설 기계의 몸체에 부착되어 제 임무를 수행하는 장치를 의미한다. 대모엔지니어링은 매출의 반 이상을 차지하는 암반을 뚫는 브레이커를 비롯하여 건물을 부수는 '크러셔', 철근을 절단하는 '셰어'를 전 세계 77개국에 수출하는 것으로 알려져 있다. 불경기 속에서도 꾸준한 성장을 이루어 낸 기업이다. 이 분야에서는 처음으로 국산화한 업체로 알려져 있다. 최근에는 현대백화점 그룹의 한 계열사도 이 사업에 뛰어드는 것을 보면 나름 먹거리가 있는 것으로도 보인다.

대모엔지니어링은 수년 전 300억 원을 투자하여 공장을 건축하며 스마트공장 기술을 도입하였다. 일종의 그린필드형 스마트공장을 구축한 셈이다. 추진한 내용은 여느 중소기업의 그것과 크게 다르지 않다. 디지털 기술을 적용도 하고 자동화와 관련된 기술도 함께 응용하는 수준으로 스마트공장 구축을 구현하였다. 확인되는 대표적인 디지털 기술은 CAD, CAE, ERP, MES 등이다. 설계 활동하면서 필요한 부품의 사양을 결정하고 필요한 엔지니어링 해석을 CAD와 CAE를 활용한다. 다른 기계 부품 제조 업종과 비슷한 수준이다. 제품은 금속 소재 원자재를 가공하고 조립하는 공정을 통해 제작되는데 다양한 부품을 외부에서 조달받고 현장에 공급하는 업무를 지원하는 목적으로 ERP가 활용되고 있다. 또한 공장 생산 관리 전반의 업무를 역시 디지털 기술로 관리하기 위해 MES를 설치하여 운영하고 있다. 같은 규모의 타 제조 기업과 다른 점은 자동창고까지 설치한 점이다. 이런 자동창고를 활용하여 부품의 관리, 완제품의 관리를 처리하는 것이 부품과 창고 관리 업무의 생산성에 큰 도움이 되는 것을 알 수 있다.

　이 회사의 스마트공장 성과는 공정의 품질을 균일하게 높이는 것에서 나타난 것으로 보인다. 공정에서 계속 수집하고 저장한 데이터를 활용하여 품질 문제를 일으키는 오류를 줄이면서도 공정을 관리하는 효율은 더 상향하는 것을 볼 수 있다. 적절한 스마트화 기술을 활용해서 사람 작업자의 컨디션에 따라 생산성이 달라지는 점을 균일하게 만드는 성과도 얻는다고 한다. 이런 성과 뒤에는 사물인터넷(IoT) 센서 등의 활용이 있다.

　여기까지는 스마트공장을 잘 구축한 여느 중견기업 또는 중소기업의 모습과 크게 다르지 않다. 이들이 보여 준 차이는 고객 맞춤형 제품 제작에 도전한 것이다. 스마트공장을 추진하면서 얻은 성과이다. 본래 다품종 소량 생산이 특징인 이 회사 주력 제품 어태치먼트의 제조가 유연한 생산 체제로 전환된 것이다. 이에 그치지 않고 이들이 출시한 스마트제품인 '스마트 브레이커'는 대모엔지니어링이 스마트공장뿐이 아니라 새로운 디지털 기술 응용한 신제품을 통한 사업 모델 자체를 한 단계 바꾼 혁신의 예이다. 대상물의 경도를 자동으로 파악하여 타격력과 타격수를 조절할 수 있는 스마트 브레이커도 스마트제품의 사례이다. 자동 스트로크 모니터링 시스템을 접목한 브레이커도 또 다른 예이다. 폐차장에 사용되는 전용 장비도 개발되었다. 산림벌채에 쓰이는 중장비의 운전석을 좀 더 편리하게 만든 틸팅(tilting)과 리프팅 기능을 갖춘 튜닝 시스템이 있는 제품도 신제품 사례이다. 가장 획기적인 것은 원격 모니터링과 유지보수 지원이 가능한 고객 지원 서비스 시스템이다. 캐터필라나 고마츠 등이 활용한 방법을 부품 기업이면서 중소기업에서 응용한 사례이다. 고객을 원격으로 지원하는 서비스, 즉 새로운 서비스 사업 모델이 도입된 것이다. 고객이 자사 제품을 사용하는 위치를 GPS를 통해 모니터링하며 관리하는 서비스를 제공하기 시작한 것이다.

대모엔지니어링은 어태치먼트 시장을 앞서간 일본과의 제품 경쟁력 격차는 줄이면서 동시에 추격해 오는 중국과는 격차를 확대하는 모습을 볼 수 있다. 현재의 기술 격차가 중국과는 5~10% 정도가 되며 일본과는 2~3% 정도 이내로 따라잡은 것으로 보고 있다. 그간 일본 업체들은 20년 간 불황을 겪으면서 설비투자를 제대로 하지 못했으며, 중국은 제조시설 투자는 많이 하였지만, 품질관리나 시스템 개선이 많이 이루어지지 않은 사이 대모엔지니어링이 스마트공장과 디지털 트랜스포메이션 활동 등으로 선발자와는 격차를 줄이고 동시에 추격자를 따돌리는 수준으로 전진하는 것으로 볼 수 있다.

스마트공장이 제조 역량을 끌어올린다고 한다면, 제품 역량은 신제품의 개발이나 기존 제품의 개선, 새로운 서비스의 도입 등과 같은 방법으로 기업의 경쟁력을 높일 수 있다. 덕분에 해외 시장은 넓어지고 새로운 협력 파트너도 증가한다. 이 회사의 사례를 보면 국내 중소중견 제조 기업이 현재의 어려움을 어떻게 극복하고 어떻게 도전을 할 수 있는지 길이 보인다. K-스마트공장의 꿈이 보인다.

1장을 마치며

　용어는 그다지 중요하지 않다. '스마트공장'이든 '스마트팩토리'든 '메타 팩토리'든 그 미세한 차이보다는 목표가 더 중요하다는 것을 알았다. 스마트공장은 더 이상 특정 규모, 기업, 산업의 전유물이 아니다. 누구에게나 필요하다. 대기업은 대기업대로, 중견기업은 중견기업이 할 수 있는 모습으로, 또 중소기업 심지어 소공인이 운영하는 현장에서는 그들 나름의 목표에 맞게, 즉 제조 아이템과 제조 여건과 환경에 합당한 스마트공장 구축이 추진되는 한국의 스마트공장을 잘 보았다.

　정해진 정답을 찾을 필요는 없다. 다만 어떤 기업은 생존의 기회로, 또 도약과 확장의 도전을 위한 지렛대로 사용하기도 하며, 새로운 사업 모델을 만드는 동기로 활용한다.

　'스마트공장 선순환 구조'가 만들어지는 것은 모든 추진기업의 공통된 기대이며 목표라는 것을 점차 알게 되었다. 비록 경기가 후퇴하여 고전하는 시기가 와도 물 들어오면 바로 노 저어 나가는 것이 필요하다는 것도 알게 되었다.

이런 개별 기업의 구체적인 개별 목표는 서로 다를 수 있지만, 살아가는 생태계 속에서 부품을 서로 사고파는 기업 간에 소통의 필요성은 더욱 중요해지고 이 프로토콜로서 스마트공장이 작용하는 것을 알게 되었으며 이를 통해서 협업의 강도를 끌어올릴 수 있음에 공감하고 있다. 그런 점에서 기업 간에 필요한 필수 정보는 가능하면 실시간으로 연결되어야 서로에게 유익하다는 것을 알게 되었다.

삼성전자 등을 비롯하여 앞서가는 국내 기업들이 대·중·소 상생 사업이란 이름으로 중소기업이나 소기업에서 도움의 손을 내어 주는 모습은 한국의 스마트공장에서 볼 수 있는 특수함이며 특별한 가치이다. 이는 같은 업종에 속한 기업들도 스마트공장의 추진 역량이 서로 다르다는 점에서 가치 사슬 위에서 맡은 공급망의 위상, 위치에 맞는 역할을 더 높게 이끌어 준다는 점에서 큰 의미가 있다.

스마트공장은 한국 제조 기업의 새로운 규칙이 되었다. 그 이름은 'K-스마트공장'으로 불리게 될 것이며 점차 그 모습이 공고화되기를 기대하는 꿈을 간직하자.

세상의 모든 스마트공장은 목적이 있다

1장 미주

1 https://www.youtube.com/watch?v=QLF4UjoiPQw 개인 맞춤형 자동차를 만드는 스마트팩토리-현대차그룹 글로벌 혁신센터

2 한국경제(2023. 11. 22.), 현대차의 혁신, 컨베이어벨트 없앴다.

3 HMGICS는 싱가포르 주롱 혁신단지에서 문을 열었다. 대지 4만 4,000㎡이니 11,000평 정도 규모이며 건물의 총넓이는 9만㎡이라고 한다. 지상 7층 규모의 공장 겸 혁신센터이다. 처음에는 주로 전기자동차를 제조할 것이며, 고객이 주문한 자동차를 주문 맞춤형으로 생산할 수 있을 것이라 한다.

4 안형준(2020. 7. 29.), 포스코도 적자 났는데…현대제철 이익 낸 비결 http://news.bizwatch.co.kr/article/industry/2020/07/28/0030

5 참고로 현대제철은 일시적인 흑자 이후 수년째 내리 적자를 보이고 있으며 2023년 현재 기준으로 아직 개선될 조짐을 보이지 않고 있다.

6 한국경제 2021. 4. 13. 자 기사 참고 '펄펄 끓는 포스코 영업이익 10년 만에 최대로 화려한 부활'

7 https://www.hankyung.com/economy/article/2021041250321 한경 2021. 4. 12.

8 디지털트윈도 실시간 여부, 양방향 여부, 적용 범위 등에 따라 그 수준이 다르다.

9 중앙일보(2015. 3. 16.) 포스코 권오준 회장 철강 본원 경쟁력 강화를 강조하고 있다. 이와 별도로 2016년 8월 26일 POSCO의 스마트공장 IT팀 상무와의 인터뷰에서 POSCO의 스마트공장은 '업'을 잘하기 위한 것이라는 의견을 청취한 바 있다. http://mnews.joins.com/news/article/article.aspx?total_id=17359517

10 문화일보(2021. 6. 29.) 현대제철, 스마트엔터프라이즈 혁신 지속 성장 총력 http://www.munhwa.com/news/view.html?no=2021062901032407000001

11 동아일보(2020. 7. 21.) 고품질 데이터를 축적하고 연계하여 생산과 기업 운영에서 최적화된 의사결정 시스템을 구축하여 스마트 엔터프라이즈를 지향하는 것이 목표라 말하고 있다. 즉, 스마트 엔터프라이즈는 스마트팩토리(조업 패턴 분석, 설

비 이상 진단, 품질 이상 요인 사전 예측으로 생산 최적화)와 함께 스마트 매니지먼트(영업, 생산, 구매, 원가 등 비즈니스 데이터를 활용한 최적화된 기업 운영)를 추구하는 것이라 정의하고 있다. https://www.donga.com/news/Economy/article/all/20200721/102078518/1

12 자동화와 스마트화의 차이를 구분하고 정의하는 것도 실은 복잡하다. 스마트화가 자동화보다 수준이 높다는 인식을 하고 있지만 무엇이 다른가에 대해서는 논의가 필요하다. 스마트화는 다시 지능화와 어떤 차이점이 있는지도 정의가 필요하다.

13 현대제철 안동일 대표이사 사장은 포스코 출신.

14 2021. 6. 18. 포스코 연구소장 발표 자료 참고.

15 2016년부터 2019년까지의 성과 측정 결과로 발표된 자료 참조.

16 PosFrame(포스프레임)은 생산 현장의 정형, 비정형 데이터를 실시간으로 수집하여, 데이터에 기반한 분석과 AI를 활용하여 최적으로 제어할 수 있는 스마트 플랫폼이다. PosFrame은 중후장대, 연속공정의 세계 최초이자 가장 앞선 플랫폼으로 클라우드 기반으로 제공할 수 있다. 출처: https://www.poscoict.com/solution/solution01.jsp

17 https://www.ixotive.com/ixotive/brandsStory

18 중앙일보 2021. 9. 29. https://www.joongang.co.kr/article/25010819#home

19 중앙일보 2019. 7. 26. https://www.joongang.co.kr/article/23536847#home 창원공장과 미국 테네시공장이 등록되어 있다.

20 연합뉴스, PPRneswire 2022. 3. 31.

21 한국경제 2022. 1. 6. https://www.hankyung.com/economy/article/2022010584121 팔란티어는 빅데이터 전문기업이다. 현대 오일뱅크, 현대중공업그룹의 스마트 조선소 구축 사업의 협력사로 참여하는 것으로 보도되고 있다. 참고로 Palantier Technology(https://www.palantir.com/)는 페이팔을 창업해서 큰 성공을 거둔 피터 티엘 등이 2003년 설립한 빅데이터 분석 전문기업이다.

22 팔란티어는 세계 1등 부자로 거론되는 엘런 머스크와 페이팔을 공동 창업한 친구다. 지금은 창업 투자 시장의 큰손이기도 한 피터 티엘이 만든 여러 회사 중 하나가 팔란티어라는 회사다.

23 매일경제 2021. 12. 14. https://www.mk.co.kr/news/business/view/2021/12/1134106

24 뉴스핌 서영욱 2020. 11. 22. https://www.newspim.com/news/view/20201120001054

25 IT 조선 2022. 1. 7. http://it.chosun.com/site/data/html_dir/2022/01/07/2022010700808.html

26 'HMGICS(Hyundai Motor Group Innovation Center in Singapore)'

27 https://www.econonews.co.kr/news/articleView.html?idxno=231986

28 https://www.jpdc.co.kr/happy/pr/report.htm?act=view&seq=17279 그 예를 삼다수라는 제품을 만드는 제주특별자치도개발공사(약칭으로 제주개발공사)의 공장에서 확인할 수 있다.

29 500밀리리터 기준으로 1분당 1,270병 생산.

30 웨어러블 장비는 국내 로템을 비롯한 여러 해외 기업에서 개발 공급되고 있다.

31 자동으로 운전되는 지능형 지게차도 국내 기업과 해외 기업에서 모두 개발 공급되고 있다.

32 미국의 야외용 스테이크 요리 도구를 제조하는 Weber라는 기업에서 6S를 제안하여 활용하고 있다.

33 예로서, 대웅제약, 2,100억 원, 제일약품 400억 원. https://biz.newdaily.co.kr/site/data/html/2023/09/27/2023092700060.html, https://cm.asiae.co.kr/article/2023092817245127776

34 HACCP은 Hazard Analysis and Critical Control Points의 약자로, 위해 분석과 중요 관제 점이라는 뜻이다. 생산-제조-유통의 전 과정에서 식품의 위생에 해로운 영향을 미칠 수 있는 위해요소를 분석하고, 이러한 위해 요소를 제거하거나 안전성을 확보할 수 있는 단계에 중요관리점을 설정하여 과학적이고 체계적으로 식품의 안전을 관리하는 제도이다. 출처: HACCP - 위키백과, 우리 모두의 백과사전. https://ko.wikipedia.org/wiki/HACCP

35 GMP는 Good Manufacturing Practice의 약자로, 우수한 제조관리 기준을 의미한다. GMP는 품질이 보장된 우수한 의약품을 제조·공급하기 위하여 제조소의 구조·설비를 비롯한 Hard Ware 규정 기준을 비롯하여 의약품의 구매로부터 제조·포장 등 모든 공정관리와 출하에 이르기까지 제조 및 품질관리 전반에 걸쳐 지켜야 할

Soft Ware 기준을 모두 포함하고 있다. 각 국가의 규제 기관이나 국제기구에서 기준을 규정하고 있다. 예를 들어, 미국 FDA는 cGMP를, WHO는 WHO GMP를 제시하고 있다. 출처: 네이버 블로그. https://m.blog.naver.com/justclean/221781657221. Hanmi, https://www.hanmi.co.kr/hanmi/handler/Customer-AboutBioGmp

36 할랄(Halal)은 아랍어로 '허용된'이라는 뜻이다. 이슬람 규정에 따라 허용되는 것을 의미하며 허용되는 음식, 행위, 생활 습관 등을 가리키는 용어로 사용된다. 출처: Wikipedia. https://en.wikipedia.org/wiki/Halal

37 www.saramin.co.kr(2021) 디에스글로벌 재부 정보 참고.

38 스마트공장 선순환 구조에 대해서는 2장에서 상세하게 설명하므로 그쪽을 참고할 수 있을 것이다.

39 김덕현(2022), 전방원 기업혁신 전략 전술.

40 김지윤(2015). 봉제 마을 창신동. 도시연구(14), 125-157.

41 서울대학교와 3년간에 걸친 의류 공장 스마트제조 기술 연구 사례를 보유하고 있음.

42 생산기술연구원 조용주 박사 등이 지원한 의류 산업 스마트공장 사업 내용 참고.

43 이재철 기자(2019), 아디다스 독일 스마트공장 4년 실험 접고 다시 중국행, 매일경제.

2장

어떻게 '목적 있는 스마트공장'을 성취하나?

스마트공장 모범답안은 잊어라

"스마트공장은 지능형 생산공장으로 IoT라 불리는 사물인터넷과 AI라 불리는 인공지능의 결합으로 공정이라는 데이터를 수집 분석해서 필요한 의사결정을 내리는 동시에 최고의 생산효율을 만들어 내는 인공지능형 생산공정을 말하지."

이는 동일과학고등학교 Y 교사가 학생들에게 스마트공장을 설명하는 모습이다. 책의 머리글에서도 등장한 사례이다. 학생들을 인솔해서 현장 견학을 떠나기 전에 선생님과 학생들의 대화를 통해서 스마트공장의 모습을 설명하는 교사의 설명은 깔끔하고 간결하다. 이 설명에는 '지능형 생산공장', '사물인터넷', '인공지능', '데이터'가 등장하고 의사결정과 최고의 생산효율이란 키워드가 등장한다. 이 설명을 하는 것을 보고 있자면 오래전인 2014년 전후 민관합동스마트공장추진단이란 정부 산하 조직에서 제시한 스마트공장의 정의가 떠오른다.

'설계·개발, 제조, 유통·물류 등 생산 전체 과정에 디지털, 자동화 솔루션이 결합한 선진적 ICT를 적용하여 생산성, 품질, 고객만족도를 향상하는 지능형 유연 생산공장'

이렇게 딱딱한 정의보다는 Y 교사의 설명이 한결 부드럽고, 세련되어 보인다. 물론 스마트공장의 실체를 알고 설명했는지는 알 수 없다. 모르긴 몰라도 책을 보고 공부한 대로 설명했을 가능성이 크다.

사전에 모여 단단하게 이론 무장으로 스마트공장을 공부한 학생들은 직접 스마트공장 현장을 방문해서 스마트공장이 무엇인지 확인하기로 한다. 이들이 찾은 곳은 광주의 디케이주식회사였다. 가전제품의 프레스 제품을 제조하는 공장으로 광주 지역의 대표적인 스마트공장 사례를 보유한 곳이었다. 현장을 방문한 학생들은 공장 전체의 가동현황을 보여 주는 중앙 통제실, 현장 곳곳의 로봇 등에 관심을 보인다. 또 공장 관계자에게 질문도 하고 답을 듣기도 한다.

학생들은 AI나 로봇의 등장으로 일자리가 줄어드는 것을 염려하는 모습을 보이면서도 정작 로봇을 응용한 공정을 방문할 때는 사람에게 어려운 일을 로봇이 대신 처리하는 것을 좋아하는 모습을 보인다. 또 여전히 사람 작업자들이 작업을 하는 공정에 이르러서도 그곳의 일도 '모두 자동화되면 얼마나 좋을까' 하는 이야기를 하는 것을 볼 수 있다. 그러나 학생들은 정작 생산지시와 관리를 키오스크 화면을 통해 확인하고 관리하는 모습을 이해하지 못하고 그냥 지나는 것도 볼 수 있다. 눈에 보이는 사물은 대체로 이해하지만, 눈에 보이지 않는 곳의 활동은 여전히 거리감이 있는 것을 알 수 있다.

기업 현장에서도 스마트공장에 대한 이해가 이 학생들의 모습과 크게 다르지 않다고 말하면 과장일까? 필자는 정부의 관련 부처 고위급 관료나 공무원 상당수도 동일과학고등학교 학생들의 눈에 비추는 이해 수준으로 스마트공장을 바라보고 있다고 보고 있다.

이런 이야기가 그리 과장이 아니란 것은 다음 사례를 보면 알 수 있을 것이다.

"우리 회사는 가공은 물론이고 조립 공정과 같은 대부분 생산공정이 자동화되어 있어요. 제품 크기에 따라 다르지만 이미 수십 년 전부터 공정이 대부분 자동화되어 있습니다. 그렇지 않았다면 생존할 수 없었을 겁니다. 사실 우리 회사만 그런 것은 아니고 전 세계 어떤 베어링 공장도 마찬가지입니다. 인도 푸네에 1965년에 설립된 SKF 베어링 공장이 있어요. 지금도 아시아에서 제일 큰 공장인데요. 이미 그 당시부터 상당히 자동화된 공정을 가지고 있었어요. 베어링을 만드는 한국의 우리 공장은 스마트공장인가요, 아닌가요? 요즘 왜 갑자기 스마트공장이 난리인가요?"

외국계 베어링 공장에서 공장장을 역임한 사람이 이렇게 질문한다. 스마트공장이 어제오늘의 이야기가 아닌데 왜 갑자기 호들갑을 떠는지 항의하듯 질문하는 것이다. 이 사람은 기존에 현장에서 추진하던 공장 자동화와 최근의 스마트공장 추진을 구분하지 못하고 혼란스러워하고 있었다.

실제 많은 사람이 공장 자동화와 스마트공장이나 스마트제조가 구분되지 않을 때 무인공장, 자동화 공장, 지능형 공장 등의 용어를 사용하면서 혼란스러움을 극복하려 애쓰는 모습을 볼 수 있다. 당장 주변의 대기업을 둘러보면 수많은 기업이 오래전부터 자동화 공장을 운영하고 있다. 그런 예는 장치 산업인 삼성전자 반도체 공장, 하이닉스 반도체 공장, 농심 라면 제조 공장, 삼다수와 같은 식음료 공장, 포스코, 현대제철과 같은 철강 공장, 한화케미칼 공장과 같은 화학 공장, 넥센 타이어 공장과 같은 소재 가공공장은 물론이고 LS일렉트릭 청주 공장과 같은 조립 공정이 있는 공장에서도 찾아볼 수 있다.[1] 이런 공장 대부분 공정은 기계나 장비로 자동화되어 있고 일부는 거의 작업자가 안 보이는 무인공장도 있다.

현재 대한민국의 스마트공장은 흔한 보통명사가 되었지만 이런 혼동은 현재 시점에도 종종 나타난다. 돌아보면 그 뿌리와 배경이 튼튼하지 못한 이유로 혼란은 지속되는 것 같다. 2014년경 '제조업3.0' 이름으로 시작된 '스마트공장' 프로젝트는 상당한 규모의 예산이 매년 투입되었다. 그 덕에 스마트공장 용어는 지금처럼 자리 잡았다. 돈의 힘이 아니라면 이 정도 자리 잡기는 어려웠을 것이다.

실제 스마트공장이 처음부터 제조 기업과 현장에서 환영받은 것은 아니었다. 이전에 추진한 '자동화'와 무슨 차이가 있는지, 또는 작업자가 거의 없는 장치 산업의 '무인화'와는 어떤 수준을 의미하는지 정교한 논쟁이 없이 정부가 주도한 스마트공장은 양적으로 크게 성장했다.

그런데 이런 오래된 스마트공장 추진은 아직도 기업 현장에서는 해석이 다르다. 누군가는 늘 모범답안을 찾고 이를 전파하려 하였다. 예로서 정부 산하 기관에서 2017년 말에 150쪽에 달하는 보고서를 냈다. 이를 통해 '설계 개발, 제조, 유통 물류 등 생산 전체 과정에 디지털 자동화 솔루션이 결합한 선진적 ICT를 적용하여 생산성, 품질, 고객 만족도를 향상하는 지능형 유연 생산공장'이란 스마트공장의 정의를 정리하여 제시하였다.

또 스마트공장 수준을 4단계 또는 5단계로 나누어서 정의하는 노력도 곁들였다.

그렇지만 모든 제조 공장의 현장의 모습은 이런 노력만큼 분명하게 구분되고 설명되지 않는다. 대기업은 물론이고 중견기업, 중소기업공장의 모습은 실은 제각각 다르다. 제조 아이템, 공법, 공정, 설비, 사람 등 모든 제조 요소가 다르다. 농수산물이나 소재를 가공하는 공장부터, 자동차, 항공기, 선박, 가전을 만드는 공장에 이르기까지 모든 공장이 보유한 제조 환경이 다르다. 그런 이유로 스마트공장을 단순한 정의 몇 가지로 정리하여 몰고 가려 하는 과정에서 적지 않은 시행착오를 경험하는 중이다.

현장에 가 보면 모든 공장이 다르다는 것을 쉽게 알 수 있다. 모든 제조 현장의 스마트공장 프로젝트는 자신들의 상황과 여건에 맞도록 만들어지고 있고 또 그래야 한다. 종종 스마트공장 정의도 기업 현장마다 달라질 수 있다. 꼭 선진 ICT가 아니어도 될 경우도 있고, 반드시 디지털이 아니어도 가능할 수 있다. 또 자동화보다는 간이자동화가 적합한 곳도 있다. 아예 5S3정을 먼저 처리해야 할 곳도 수없이 많다. 빅데이터를 활용하거나 이를 분석할 용도로 인공지능이 필요한 곳, 클라우드를 동원해야 하는 공장은 여전히 일부에 해당하는 이야기다. 대부분은 현상을 집계하는 수준에서 머무르는 것을 놔두고 분석하고 예지하는 공장을 만들자고 소리치는 것과 다르지 않다.

현장은 품질, 생산성, 원가, 납기, 대응능력, 시장 점유율, 영업이익, 비용 절감 등과 같은 실용 용어가 필요하다. 따라서 모범답안을 찾기 위해 지나치게 애쓸 이유가 없다. 실은 기업이 스스로 찾아 쓴 답이 정답이 될 수 있다. 중소 중견기업들이 각자에게 맞는 답을 찾았다면 그게 바른길이다. 정부와 정부 산하 단체는 더 이상 모범답안을 들이대지 마라. 기업 또한 모범답안을 찾으려고 애쓰지 마라. 이것이 대한민국의 스마트공장을 반듯하고 빠르게 발전시키는 지름길이다.

4M+2E+1S로 보면 할 일이 보인다

"고객이 가치를 느끼지 않는 것은 모두 낭비다! 공장 속 숨어 있는 낭비를 모두 없애라!"

"어? 도요타 생산 시스템 이야기하는 것 아닌가? 스마트공장 이야기인 줄 알았는데, 웬 도요타 생산 시스템 이야기?"

스마트공장 현장에서 이 구호를 말하면 누군가 이렇게 반응한다. 이런 의문이 드는 것은 자연스럽고 타당하다. 실제 세상의 혁신은 상호 연결되고 이전에 추진되었던 혁신에서 진화되기에 그렇다. 도요타 생산 시스템에서 핵심적으로 다루던 4M(Man, Machine, Material, Method)이 지금 스마트공장 활동의 중심으로 들어와 있고 매 순간 중요한 판단 기준으로 작용하는 것은 놀라운 일이 아니다. 도요타 생산 시스템에서 성취하지 못한 영역의 일을 스마트공장이 다시 끌어올리는 것이라고 보면 맞다. 도요타 생산 시스템이 4M의 개별 요소의 낭비를 제거하는 것이 주된 일이었다고 하면 스마트공장은 4M과 관련된 관리 영역의 낭비를 제거하는 중이라고 보면 된다. 그런 점에서 4M을 통해 현장을 바라보면, 도요타 생산 시스템이 할 수 있는 일은 물론이고 스마트공장에서 할 수 있는 일들이 잘 보인다고 말할 수 있다.

최근에는 도요타 생산 시스템이 지원하지 않던 것의 관리가 필요하게 되었는데, 환경과 에너지 그리고 안전을 의미하는 '2E'와 '1S'가 바로 그것이다. 에너지 절감이나 CO_2 배출 축소, 넷제로(Net Zero)와 같은 환경 지키기 또는 더 나아 ESG 경영의 추진, 또 작업자의 안전, 사고 예방 등이 4M 못지않게 중요한 상황이 펼쳐지고 있다.

이런 모습은 기업의 현장 사례를 통해서 확인할 수 있다. 삼천산업의 예를 보자. 이 회사는 LG전자의 가전제품에 들어가는 부품과 유닛을 제조 공급하는 회사이다. 이 기업이 스마트공장 프로젝트를 추진하기 이전에는 기계가 생산하지 않고 대기하는 시간이 상당했다고 한다. 그런데 주문이 없어서 서 있는 것과 달리 주문이 있어도 설비가 서 있는 것은 더 심각한 상태이다. 설비가 서 있다는 것은 고장이 나 있다는 뜻이기도 하다. 이 회사는 스마트공장 프로젝트를 통해 이런 낭비를 대폭 축소할 수 있었다. 연간 12일에 해당하는 설비 대기시간을 2일 수준으로 줄인 것이다. 대기시간 절감은 에너지 낭비의 축소, 작업자 대기시간의 축소 등을 포함하기에 그간 발생한 복합적인 낭비를 함께 줄이는 효과를 만든다.

이전에 있었던 낭비의 배경에는 부품 공급사로부터 제공되는 부품이 적기에 납품이 안 되는 일, 오래된 설비의 기계 고장 등과 같은 원인이 복합적으로 있었다. 삼천산업의 스마트공장 리더와 멤버들은 4M과 2E의 안목으로 현상의 문제를 살폈다. 마치 '4M+2E'라는 돋보기로 보듯이 기존에 당연하게 받아들이던 현상들을 '더 개선할 수 없는가?', '이것은 고객이 보기에 불필요한 낭비가 아닌가?'는 생각으로 하나하나 살폈다. 그 결과 여러 문제와 이슈가 가시화되는 것을 볼 수 있었다. 그런 문제와 이슈를 하나둘 해결해 나가는 계획을 스마트공장이란 과제로 추진했다. 그 결과 적지 않은 성과를 만든 것을 보고 있다.

또 다른 사례로 프론텍의 스마트공장을 살펴보자. 자동차 등에 쓰이는 너트를 제조하는 기업은 공정 특성상 아주 빠른 사이클 시간으로 제품을 생산하는데 대량생산이란 제조 특징을 보인다. 이런 수준의 생산공정에서는 폐기 재료가 자주 많이 발생한다. 어쩔 수 없이 발생하는 가공 부산물 이외에도 품질 불량으로 폐기되는 제품이 그것이다. 예를 들어 단조공정은 빠른 제조 사이클을 보이는데 한번 불량품이 생기면 누군가 조치하기 전까지 불량품이 계속 만들어지는 특징이 있다.

이런 재료 낭비를 축소하기 위해 '어떻게 불량 발생 현상을 빨리 또는 미리 확인할 수 있을까?' 프론텍은 이 점을 주시했다. 그리고 이 문제의 해결에 초점을 맞춘 스마트공장 프로젝트를 추진하였다. 센서, 사물인터넷, 클라우드 및 데이터 분석 기술을 융합적으로 응용하는 방법이 적용되었다. 외부에서 도움을 제공하는 솔루션 기업이 참여하고 내부 팀도 개선 활동에 참여했다. 덕분에 품질 문제가 발생하면 바로 조치할 수 있는 수준의 설비관리 능력과 품질관리 역량을 확보하게 되었다. 최근에는 검사공정에 머신비전 기술을 적용하여 품질관리의 수준과 관리 생산성을 대폭 끌어올렸다. 결과적으로 이 회사의 불량 발생률이 줄고 불량으로 폐기하는 양이 대폭 축소되었다.

이 회사는 생산에서 나온 과거의 폐기물을 다른 생산에 재투입하는 절차도 고안했다. 마른 수건 짜는 모습으로 재료 손실을 더욱 개선한 것이다. 생산 후 남는 부산물을 버린다면 단순히 고철 비용 정도 건질 뿐이다. 그러나 이를 재생산에 투입하는 아이디어를 만들고 실행하면 직접 재료로 투입하게 되어 재료 생산성이 대폭 향상된다.

지멘스, LS일렉트릭, 쿠트스마트는 재고를 아예 없는 수준의 혁신에 도전하는 스마트공장 사례를 보여 주고 있다. 지멘스 암베르크공장이나 LS일렉트릭 천안공장은 주문받아 생산하여도 하루 후 납품하는 역량을 구축한 것으로 전해지고 있다. 또 쿠트스마트는 신사복을 맞춤형으로 제조 공급하여 아예 재고가 없는 공장을 운영하고 있다.

여전히 많은 중소기업 현장에서는 '어디서부터 스마트공장 프로젝트를 시작할 것인가?'라는 질문을 한다. 이런 질문이 나온다면 '4M+2E+1S'를 기억하면 좋을 것이라 말하고 싶다. 이는 실제 다수의 다양한 워크숍에서 확인한 실증 경험이기도 하다.

'4M+2E+1S' 관점의 워크숍에 참석하였던 사람들은 이전에 지나치던 현장을 다시 보고 문제점을 찾아내고 문제를 해결할 방법을 찾을 수 있었다. 이처럼 현장 문제를 '4M+2E+1S'로 확인하고 문제를 가시화하고 해결 방안을 찾는 것이 스마트공장 추진의 기획 능력이며 스마트공장의 출발점이다.

'무엇', '왜', '어떻게'를 반복하며 스마트공장은 성장한다

"스마트공장이 뭘 하려고 하는지는 이제는 좀 알 것 같아요!"

　최근 중소기업에서 일하는 임원한테서 듣는 말이다. 이전에 비해 분명
발전된 반응이다. 전에는 대개 이와 다른 반응을 보였기 때문이다.

"스마트공장 어디서부터 해야 하지?"

　다행히 이런 반응은 점차 적어지는 것을 볼 수 있다. 그간 정부가 지원
한 스마트공장 활동이 만들어 낸 긍정적 성과이며 학습효과이다. 정부 지
원 사업 건수가 이미 3만여 건이 넘는다. 한국의 스마트공장 추진 활동은
양적으로 압도적이란 점을 다시 확인할 수 있다. 세계 어디에서도 이와
같은 사례를 찾을 수 없을 만큼 양적으로는 충분한 사업이 추진되었다.
그리고 덕분에 기업이 스마트공장에 대한 기본 지식을 어느 정도 향상할

수 있었던 것은 분명하다.

사업 초기인 2014년경부터 처음 서너 해 동안에는 스마트공장을 '무엇(What)' 관점에서 자주 묻곤 했다. 그러던 것이 이제는 '어떻게(How)'로 바뀌고 있다. 바람직한 변화이다.

'어떻게'란 질문은 개별 기업의 현장에서 제일 중요해진다. 그런데 앞서 자신감 있게 말하던 '무엇'이란 초점이 현장에 서면 다시 흐려지는 경우도 적지 않다. 호기롭게 '어떻게'로 대화는 시작하지만, 다시 '무엇'과 '왜'로 질문이 바뀌는 경우를 마주하게 된다. 다시 헷갈리는 일이 생기는 것이다.

그럴 수밖에 없다. 현장에서는 공법, 공간 효율, 작업자 관리, 5S에서 말하는 정리, 정돈, 청소 등과 같은 문제가 먼저 눈에 들어온다. 기본기가 아직 부족한 곳이 있을 때 그렇다. 이런 것이 먼저 보이는 순간 스마트공장이 제공하는 업무와 관리의 생산성 향상이나 디지털화, 품질 개선, 자동화, 스마트화 등과 같은 주제들이 주춤거리며 저만큼 물러갈 수 있다. 당장 공법 개선이 더 필요하다는 말도 나오기도 하고, 그래서 R&D가 더 우선이 아닌가 하는 생각도 들 수 있다. 현장에는 한 가지 문제만 있는 것이 아니라 실은 여러 문제가 얽혀 있는 것이 다반사다. 그렇다 보니 '어디서부터 시작하고, 무엇을 해야 하는지 모르겠다'라는 애매하게 결론으로 다시 돌아가는 모습을 발견할 수도 있다. 스마트공장 활동이 종종 이처럼 다시 제자리를 맴도는 모습을 보게 된다.

이럴 때 누군가 이렇게 말한다.

"일단 MES(Manufacturing Execution System) 먼저 설치해 보면 어떨까요?"

꼭 틀린 말도 아니고 밑져야 본전이 될 것이기에 이것도 대안은 된다. 그러나 개별 기업에서 그것이 가장 우선순위가 높은 일인지, 제일 나은 선택인지 장담하는 것은 쉽지 않다. 다른 기업에서는 맞아도 해당 현장에서는 예외가 될 수 있다는 뜻이다. 실은 대기업에서도 MES를 수십 년간 사용하지 않고도 제조 생산을 잘해 온 기업이 있다. 삼양그룹에 이런 기업 사례가 있다. 최근에 MES를 설치하기는 했지만 어떤 경우에는 MES가 필요하지 않을 수 있다는 것도 인정할 수 있어야 한다.

이처럼 '손에 잡힐 것 같던 스마트공장'의 초점이 갑자기 흐려지는 데에는 이유가 있다. 기업 현장은 교과서의 모습을 하고 있지 않기 때문이다. 모든 현장은 이론적으로 꾸며진 모습이 아니라 기존의 설비에 무엇인가 대고 기워서 만든 모습을 하는 것이다.

예를 들어 어떤 기업은 상당히 높은 수준의 자동화 라인을 이미 보유하고 있다. 생산 수량도 집계가 되고 있고 설비관리자가 세팅한 대로 설비가 움직이는 공장이 그런 예이다. 그런 경우에는 교과서에서 말하는 '수작업'을 개선할 여지는 찾기 어렵다. 고도화라는 용어를 들이대어 보아도 사정은 마찬가지이다. 참고로 설명하면 스마트공장의 고도화는 대부분은 '제조 생산에서 수집하는 데이터를 어떻게 좀 더 가치 있게 만들어 관리 활동을 향상하는가?'라는 목표에 다가가는 과정이며 활동이다. 이 점을 기억하면 앞으로 등장하는 고도화하는 용어에 대해서 좀 더 편하게 느낄 수 있을 것이다. 이는 자동화가 잘되어 있는 의약품 제조 공장이나, 반도체 제조 관련 공장에서도 적용된다.

공정과 설비가 상당히 자동화된 제조 현장에서 무엇을 해야 할지 감이 잡히지 않는다면 '데이터의 활용 방안'을 중점적으로 생각하면 된다.

혹자는 '5단계 스마트공장 참고 모델'을 권할 것이다. 그런 것을 활용해도 된다. 필자는 꼭 그렇게 공식처럼 접근하지 말 것을 권한다. 지나치게 공식에만 집중하면 십중팔구 혼란스러울 수 있다. 오히려 현장의 데이터를 어떻게 잘 활용할까에 집중하면 무엇을 해야 할지 답을 찾게 될 것이다.

어떤 기업의 제조 현장은 자동화와 거리가 먼 환경을 대부분 지니고 있다. 공장 환경도 어수선하다. 정리 정돈도 잘 안되어 있고, 환경이 산만하다. 어떤 곳은 작업자 수가 통틀어 10여 명 미만이다. 소상공인이라 불리는 수준의 기업이다.

'이런 곳에서 스마트공장이란 활동이 필요할까?' 뭔가 할 일은 있어 보이지만 시작을 어디서 어떻게 해야 할지 다시 방향을 잃을 수 있기도 하다.

서두에서 말한 것처럼 누군가는 '스마트공장을 안다'라고 스스로 생각했지만, 현장에 서면 종종 방향을 다시 잃는 이런 현상이 생기는 것이다. 그러나 당황할 필요가 없다. '무엇'에서 시작한 스마트공장은 '왜'를 거치면서 '어떻게'로 넘어간다. 그리고 다시 '무엇'으로 되돌아가서 다시 질문을 하기도 한다. 이렇게 '무엇', '왜', '어떻게'를 반복해서 묻고 답하면서 스마트공장은 점점 개별 공장과 기업 현장에 맞는 모습을 찾아가는 것이다.

최근에는 '스마트공장으로 뭘 하지?' 하던 질문을 'DX로 뭘 하지?'로 바꾸는 일이 늘어나고 있다. 혹시 스마트공장으로는 답이 잘 보이지 않는다고 생각하는 이에게 DX가 새로운 접근법으로 작용할 수도 있다. 그러나 잊지 말 것은 이 또한 만능이 아니란 점이다. 근본 원리는 바뀌지 않는다. 스마트공장이든 DX든 초점이 흐려진다면 '무엇', '왜', '어떻게'를 다시 상기해 보자. 다시 초점을 잡을 수 있을 것이다.

스마트공장은 수평과 수직을 꿰뚫는 일이다

'수평과 수직을 꿰뚫으면 무엇이 보일까?'

　스마트공장 구축이 잘된 중소기업의 현장의 리더에게 나타나는 공통점이 있다. 그중 하나가 자신의 '현장 업무의 꿰뚫는 수준'이다. 이런 역량이 다른 기업 리더에 비해 다르게 보인다. 그러나 기업이 규모가 커지고 복잡하게 되면 이런 현장 꿰뚫기가 어려워지는 일이 생기기도 한다. 이럴 때 스마트공장이 수평으로, 또 수직으로 연결된 업무 흐름을 보는 능력을 끌어올려 준다.

　간단히 기업 상황을 두고 이를 설명하려 한다. 고객 주문이 업무의 시작점이라 보자. 고객 주문 이후 이어지는 일련의 일 처리 과정은 대개 '수평적'이다. 일반화해서 말하면, 제품 기획, 제품 개발, 생산기술, 생산, 납품, 애프터서비스와 같은 절차들이 수평적으로 보통 나타난다. 그런데 제품을 만드는 공장 내부로 들어서면 업무가 수평적으로 세분되면서 동시에 단계마다 '수직적'인 공정으로 처리되기도 한다. 여기서 '수직적'이라 함은 현장에서 재료나 부품을 중심으로 지그, 센서, 설비, 라인, 시스템 등이 서로 일을 주고받으며 일하는 것을 말한다. 공정이 반영되고 공법이 적용되는 활동의 연속이다. 이때 데이터도 생긴다.

현장 전문가로 불리는 사람들은 대부분 공장의 수직적인 업무가 일어나는 곳에서 활약한다. 스페셜 리스트(Specialist)라고도 불린다. 그런데 회사 내에는 스페셜리스트만 있는 것은 아니다. 어떤 사람은 수평으로 나누어진 업무 영역을 오가며 일하기도 한다. 경영자나 공장장, 제품 개발 프로젝트 매니저가 주로 그런 식으로 일한다. 회사 규모가 아주 작을 때는 경영자나 공장장이 그런 일을 모두 함께 처리한다. 그래서 회사의 주요 일은 물론 구석구석의 현장 상황 등도 모두 알기 쉽다. 그러나 공장 규모가 어느 정도 커지면 그렇게 되지 않는다. 그래서 분업하고, 협업도 필요로 한다. 그러나 어떤 이유로든 정보의 흐름은 종종 단절된다. 이런 끊어진 정보 흐름을 다시 잇는 노력이 필요하다고 느낄 때 스마트공장이 할 일이 생긴다. 즉, 스마트공장은 수직과 수평이 쪼개지는 것을 파고들고 이를 연결한다. 각 단계에서 발생하는 데이터나 정보를 이어주고 수평과 수직을 다시 통합하도록 시도하는 것이다.

데이터나 정보 흐름은 보통 현장에서 설비를 통해서 또는 사람을 통해서 수집된다. 데이터나 정보는 수직적 활동에서 수집되기도 하지만 수평적 활동에서도 수집된다. 이때 데이터가 디지털로 처리되면 더 손쉽게 연결된다. 결과적으로 스마트공장은 이런 두 가지 핵심 정보 흐름인 수평적 업무 흐름과 수직적 업무 흐름을 통합하는 것이다. 그렇게 하면 규모가 커져 잘 보이지 않던 공장 모습 전체를 언제 어디서든 더 잘 볼 수 있다.

이 정도 설명이 이해하는 데에 어렵지는 않을 것이다. 그다지 난해하지 않은 이런 이야기가 실은 현장에서 진짜 스마트공장이란 이름으로 구현하기는 어렵다. ICT 기술만 있다고 되는 것도 아니다. 누군가 두 개의 흐름에 정통한 사람이 자주 밑그림을 그려 주어야 한다. 필요하면 밑그림을 지우고 다시 그려 주기도 해야 한다.

얼마 전에 자문하는 인천의 한 기업은 대표이사가 이런 일과 역할을 제대로 하고 있었다. 핵심 공정이 있는데 여러 변수와 조건이 어우러져 돌아가는 설비와 공정을 데이터를 수집하고 연결하고 분석해서 최적 조건을 찾고 싶다고 했다. 이렇게 되면 현재는 사람이 일일이 품질을 확인하고 다시 세팅하고 하는 일을 기계가 하도록 할 수 있다고 설명을 하는 것을 보았다. 리더가 이런 안목으로 수평과 수직을 꿰뚫고 있으면 스마트공장의 추진도 성과가 높을 수밖에 없다.

ICT 기술이 제대로 활용되면 수직적 업무 흐름과 수평적 업무 흐름을 잘 연결해 준다. 그런데 이때 그린 밑그림이 실제 사용자들의 사용 환경에 맞지 않으면 시스템을 기껏 구축했는데 성과가 나지 않을 수 있다. 이런 밑그림에 대해 함께 일하는 다른 사람도 모두 동의해야 하는 것이다. 이런 동의가 혹여 잘 안된다면 그 이유는 역설적으로 '수평적' 또는 '수직적'으로 업무를 잘 꿰뚫지 못해 그럴 가능성이 크다. 그래서 이런 꿰뚫는 역량을 누군가 갖추어야 하는데 그 누군가가 회사의 대표가 될 수도 있고 임원, 팀장 중 어떤 이가 될 수도 있다. 이런 이가 활동을 잘하도록 지원하는 것이 대표이사의 역할이며 책임이며 리더십이라 말할 수 있다.

이도 저도 안 되는 상황도 종종 보게 된다. 기업에 이런 누군가가 전혀 없는 것이다. 대표이사도 그렇고 그 외 누구도 이런 일을 할 수 있는 이가 없다. 또 스스로 이런 역할을 할 수 없기도 하다. 그런 기업에서는 어떻게 해야 할까?

답은 외부의 전문가를 찾아 도움을 받는 것이다. 이때 전문가는 기업의 일을 수평으로 또 수직으로 분석하고 보여 주는 경험과 지식을 가지고 있어야 한다.

'그런 사람을 찾을 수 있을까요?'

필자의 답변은 간단하다. 잘 찾으면 그런 사람을 찾을 수 있을 것이다.

"스마트공장? 잘 보면 어렵지 않아요. 회사 내부에서 정보가 흐르는 흐름을 보세요. 고객으로부터 주문을 받게 되면 정보가 흘러가게 됩니다. 그 정보를 따라 업무 흐름이 생깁니다. 대부분은 설계, 생산기술, 생산, 납품, 애프터서비스 등과 같은 수평적인 흐름이 형성되지만, 생산 분야에서는 정보 흐름이 수직적으로 흘러가거나 오르내리는 것을 알 수 있어요. 스마트공장은 초기 단계 활동은 주로 수평적인 활동 흐름이 단절된 곳을 연결하고, 더 고도화된 활동은 수직 활동의 데이터를 수집하여 더 정교한 의사결정을 내리려는 활동인 셈입니다."

결국 이 이야기다. 실은 스마트공장 워크숍이나 강의에서 필자가 들려주는 이야기다. 독일에서 인더스트리4.0을 시작한 추진자들이 스마트공장 정의를 하면서 가장 먼저 제시한 조건이 수평적 통합과 수직적 통합이었다는 것은 결코 우연이 아니다.

보여 주기가 아닌 실용적인 스마트공장을 추진하라

"삼성전자에서는 큰 비용을 들이지 않는 실용 스마트공장을 추진합니다."

삼성전자가 명실상부 세계 최고 수준의 글로벌 제조 기업이라는 것을 부인할 사람이 많지 않을 것이다. 분기별로 매출과 이익 성과를 발표할 때마다 세상의 이목이 쏠리는데, 한 기업이 만드는 이익이 수십조 원에 달하는 놀라운 실적이 경이롭다. 남들은 매출 1조 원도 만들기 어렵다고 아우성치지만, 이 회사는 영업이익을 수십조 원씩 매년 만들어 낸다. 이런 회사의 '실용 스마트공장'은 무슨 이야기일까?

이 회사는 중소 중견기업의 스마트제조 지원 활동도 열심이다. 이미 3,000개 이상의 기업이 스마트공장을 구축하면서 삼성전자의 지원을 받은 바 있다. 국내에서 10개 기업 중 한 개 기업은 스마트공장을 추진하면서 삼성전자의 도움을 받았다는 뜻이다.

남들에게 이처럼 베푸는 기업이기에 삼성전자는 자신들의 스마트공장 활동에서도 돈을 좀 여유 있게 쓸 것이라고 상상한다면 오해다. 삼성전자를 떠난 직원을 통해 확인한 내용에 따르면 그렇다. 삼성전자가 추진하는 제조 현장 개선 활동은 적어도 비용 투자나 사용 기술의 활용 면에서 우리가 예상하던 모습과는 사뭇 다르다는 것을 이해할 수 있다.

'부자는 매일 기름진 밥에 고기반찬만 먹겠지…'

평범한 사람들은 이렇게 생각할 수도 있지만 정작 부자 속에는 그렇지 않은 모습이 보인다. '워런 버핏'이나 '빌 게이츠'와 같은 세기의 부자뿐 아니라 많은 부자의 소박한 식생활이나 옷차림이 세상의 주목을 받기도 한다. 돈이 많지만, 점심을 햄버거로 때우는 일을 마다치 않는 부자 이야기는 널리 알려진 바다.

삼성전자의 현장 개선, 더 나아가 스마트공장 추진 활동에서도 그런 모습을 엿보고 듣게 된다. 이들이 전 세계 흩어진 공장에서 추진하는 개선 활동 내용을 들어보면 '소박한 삶이 습관화된 부자의 모습'이 떠오른다. 정작 자신들은 투자할 때 ROI도 철저하게 따지고 비용을 아끼는 노력이 일상화되어 있다. 그렇지만 앞서 소개한 것처럼 자신과 거래하지 않는 중소중견 기업에게도 스마트공장 지원의 도움을 마다하지 않고, 지식 그리고 사람을 제공한다. 상당한 비용이 들어가는 말 그대로 봉사하는 일에 그렇게 돈을 쓴다.

특별한 이유가 있어서 삼성전자를 칭송하려는 것이 아니다. 그대로 사실을 보거나 엿보며 얻은 것을 나누는 중이다.

세상에는 이런 삼성전자와 대비되는 사례도 종종 눈에 띈다. 누가 보아도 사정이 넉넉하지 않고, 매출 규모도 작고 미래가 뚜렷해 보이지 않은 기업에서 정부의 지원금과 일부의 자신들이 내놓는 매칭 비용을 합쳐서 만든 수억 원 상당의 예산으로 '스마트공장'을 구축하는 것을 볼 수 있다. 마치 값비싼 명품 가방을 손에 넣은 모습처럼 보인다. 그런데 그 속의 내용을 보면 여기저기 거품이 끼어 있다. 이런 거품은 대개 스스로 판단하고 결정하는 능력이 없어 생긴 것이다. 또는 간혹 미디어 등을 통해 남들에게 보여 주려고 그럴 수도 있는 것 같다. 스스로 정한 구체적인 사양도 없이 공급업체가 제시하는 것을 놓고 제대로 따지지도 않으며 스스로 검토할 수도 없는 조건에서 '스마트공장'이란 것을 멋지게만 추진하는 것이다. '돼지 목의 진주 목걸이'가 연상된다.

그간 국내에서 추진된 3만여 개 스마트공장 사례 중에 이런 사례들이 소수이길 바라지만 현장을 다녀 보면 적지 않은 기업 중에 이런 거품이 낀 곳이 있다. 실용적인 것을 추진하고 이를 효과적으로 얻도록 노력해야 한다는 것은 산업 현장에서 비교적 상식적으로 받아들여진다고 보았지만 유독 스마트공장을 추진하는 현장에서는 생각보다 비싼 사양의 기술이나 거품 낀 제안이 오가는 일이 있다.

그런데 안타깝지만, 중소기업은 스스로 이런 것을 걸러내지 못한다. 그렇다고 지원금을 대주는 정부가 이런 일을 할 수도 없고 또 그런 능력과 체계도 없어 보인다. 제일 좋은 방법은 제조 기업 스스로 최소한의 능력을 키워야 한다. 누군가 이런 방법이나 능력을 키워 주고 가르쳐 주어야 한다. 정부나 지방자치단체에서도 여러 가지 교육, 훈련을 제공하고는 있지만 종종 수박 겉핥기식의 내용이 많은 것 같다.

적게는 수천만 원에서, 많게는 수억 원을 들이는 프로젝트를 수행하는 중소 중견기업이지만, 꼼꼼히 ROI(투자 대비 효과)를 따지고 언제쯤 투자한 비용의 결과가 매출이나 수익으로 돌아올지 계산기 튕기는 사례는 많지 않다. 나머지 기업 중에는 친구 따라 강남 가듯 정부 지원금에 기대어 '부자보다 여유 있는 스마트공장 투자 대열'에 나서는 모습을 보이기도 한다. 정작 부자 기업은 1,000만 원 예산 하나도 허투루 사용하지 않기 위해 계산기를 열심히 두드리고 있는데 말이다.

작은 기업을 위한 스마트공장 기초 3종 세트

"스마트공장이 5S3정을 하자고 하는 것입니까?"

이런 말을 하며 얼굴을 붉히며 열변을 토하는 사람들이 과거에 있었다. 실은 열변까지는 아니지만, 필자도 그런 축에 드는 사람 중의 하나였다. 이런 말에 동의한 사람들은 대체로 IT 쪽에서 일하는 사람 또는 그쪽 배경이 있는 사람들이었다. 사실 객관적으로 보면 스마트공장이 5S3정(정품, 정위치, 정량, 정리, 정돈, 청소, 청결, 습관을 의미)을 얻자고 추진하는 활동하는 것이 아니란 것은 대체로 맞는 말이다. 특히 정부가 지원하는 사업으로서 국민 혈세 지원금을 사용한다면서 5S3정에만 돈을 사용한다면 고심이 되긴 한다.

그런데 제조 현장을 다니고 누빌수록 이 논쟁은 관점 차이라는 것도 알게 된다. 공급자 관점에서는 말이 안 되지만 사용자 관점에서는 말이 될 때도 있다. 어떤 기업에는 다른 무엇보다 이게 필요한 곳이 있다.

세상의 모든 스마트공장은 목적이 있다

국내의 많은 중소기업은 5S3정을 잘 지키고 잘 정착한 정도는 되었다. 그러나 아직도 보완하고 발전해야 하는 기업이 또한 주변에는 많은 것이 사실이다. 이를 인정한다면 이를 바라보는 시각이 달라질 여지가 있다. 예를 들어 근로자를 구하지 못해 외국 근로자를 활용해야 하고, 불법 입국 외국 근로자도 마다하지 않고 채용해야 하는 열악한 상태의 중소 제조기업을 보자. 이곳에서도 스마트공장을 해야 한다고 한다면 답은 나온다. 정부 돈, 내 돈 할 것 없이 어떤 비용을 들이든 또 어떤 노력을 기울이든 5S3정은 기본적으로 추진해야 한다. 그래야만 다음 단계로 추진하는 스마트공장이 무엇을 하든 성과를 낼 수 있다.

사실은 5S3정이 스마트공장의 기초 조건인 셈이다. 따라서 이런 기초가 되지 않은 곳은 국민 혈세로 지원하는 사업에 5S3정도 포함되어야 한다. 스마트공장 추진을 이야기하면 우선 ICT 기술, 자동화 기술, 스마트 기술 등 뭔가 반짝이는 기술이 연상되는 것은 당연하다. 실은 더한 기술도 기다리고 있다. 빅데이터, AI, IoT 등 현란한 기술이 다양하다. 이런 것을 놔두고 5S3정이라니 할 수 있지만 기초는 어디에서든 중요하기에 고려하는 것이 타당하다.

국내에는 10여 명 이상의 종업원이 있는 중소기업이 7만여 개인데 그곳에는 아직도 이런 현란한 기술보다 당장 적은 비용으로 기초를 다져 빨리 구체적인 성과를 만들어야 하는 곳이 있다. 굳이 산업을 나눌 필요도 없다. 항공, 조선, 기계, 자동차 같은 산업부터 화장품, 의류, 봉제, 신발, 식품 산업에 이르는 거의 전 업종에서 같은 상황이다. 한쪽에서는 매우 앞서가고 다른 쪽은 이제 초보를 다시 다져야 하는 곳도 있다. 스마트공장 사업 현장도 양극화 현상이 있다. 고도화를 논해야 하는 기업이 있지만 여전히 기초 수준을 시도해야 할 기업이 있다. 소공인(10인 이하 종업원 보유), 중소기업(10인 이상 종업원 보유 기업) 중에 특히 그런 기업이 적지 않다.

만일 기초가 부족한 작은 기업이라면 어떻게, 무슨 일을 먼저 하도록 안내하고 지원하는 것이 타당할까? 그 답을 최근 이남은 대표의 저서와 강연에서 찾을 수 있었다. 이 대표가 내놓은 여러 권의 책은 간이자동화, 간편 자동화 등의 효과를 제시하고 있다. '5S3정'은 기본이고, 이런 '간이자동화', '간편 자동화' 같은 활동을 추진하면 큰 비용이 없이도 초보 단계의 개선 활동을 해 볼 수 있다는 점을 보았다. 마침 정부에서는 이런 일을 지원하는 예산으로 2,000만 원 정도로 지원하는 프로그램도 만들어 시행하고 있다. 이 정도 비용으로 시작하면 어떤가? 이런 질문에 대해 누군가는 이렇게 말할 수 있다.

"애개. 그것 가지고 뭘 하나?"

그런 반응을 보이는 사람에게 일본의 사례를 설명하기도 하였다. 실은 일본을 방문할 때 정부의 지원금이 1,000만 원 정도밖에 안 된다는 이야기에 모두 놀란 적이 있다. 그러나 일본 기업은 그 정도 지원금을 활용해서 나름 그 지원금을 소중하게 활용하는 사례를 본 적이 있다. 물론 일본이라고 모두 다 잘할 것이라 생각지 않는다. 분명 잘못한 사례나 부족한 예도 더러 있을 것이다. 그러나 1,000만 원도 애지중지하는 모습은 우리의 생각을 다시 돌아보게 한다.

우리가 견지할 핵심은 지원금이 크든 작든 자신들에게 필요한 일을, 필요한 곳에서, 우선순위를 가지고 추진하는 것일 것이다. 가장 중요한 것은 소공인, 중소업체 경영자의 의지, 그리고 실용적인 노력일 것이다.

마침 정부는 규모가 작은 소공인 기업들에도 스마트제조 또는 디지털화 수준의 DX를 추진하는 사업을 지원하는 정책을 넓히고 강화하는 것으로 보인다. 이전에 시행한 스마트공장 보급확산 사업의 지원금 수준에 비해서는 적은 금액이지만 오히려 '제대로' 잘 준비하면 소중한 비용으로 쓰일 수 있는 예산이 아닐까 생각된다. 여기서 '제대로'라는 용어를 잘 보아야 한다. 이런 비용을 가지고 무턱대고 MES 깔고, ERP 설치하고, 작은 하드웨어라도 하나 사려고만 한다면 이 예산은 턱없이 부족하게만 보일 것이다. 이런 예산으로 이전의 스마트공장 보급확산 사업 3만 개 추진하듯 일하면 할 일이 전혀 없을 것이다.

그렇다면 이런 작은 수준의 예산으로 '제대로' 잘할 수 있는 일이 무엇일까? 스마트공장 기초 3종 세트를 활용하면 좋을 것 같다. '5S3정', '간이자동화 또는 간편 자동화', 그리고 '단순한 디지털화', 이게 답이다. 지금 필자는 누군가 5S3정 자문을 요청하면 만사를 제쳐두고 달려간다. 5S3정을 6S3정(5S에 안전을 추가한 것으로 최근에는 글로벌 선도기업에서 대부분 6S를 추진 중이다)으로 업데이트된 버전으로 교육도 하고 또 스마트공장, DX로 나아가는 길을 보여드리기 위해 최선을 다한다. 6S3정으로 기초를 튼튼히 하면 스마트공장도 추진이 쉽고 성과도 더 잘 나오기 때문이다.

'진정성'이 바른 스마트공장으로 안내한다

"오늘 모임에 참가한 분 중에서 최근 스마트공장 정부 사업에 참여해서 스마트공장을 추진한 기업 대표가 오셨는데요. 그분을 좀 도와주시면 좋겠네요."

행사를 주관한 분의 말이었다. 그날 행사에 온 참가자분 중에는 제조업체 대표가 있는데 그분은 최근 정부 사업에 신청하여 스마트공장을 추진한 경험이 있다는 것이었다. 그런데 그분이 최근 우울한 분위기에 빠져 있다고 했다. 스마트공장 추진은 했으나 성과가 나아진 것도 없고 설치한 시스템을 현장 작업자들이 잘 사용하려 하지 않아 골머리를 앓고 있다고 하였다.

지방의 스마트공장 특별 세미나를 여는 행사에서 있었던 일인데 오후 시간에 세미나 행사를 시작하기에 참가자들이 모두 참석하는 점심 식사 자리에서 있었던 일이었다. 마침내 점심 식사를 마치고 모두 행사장으로 이동해서 2시간의 스마트공장 특별 세미나를 수행했다. 필자가 그날 강사였다. 주제는 '사용자 중심의 스마트공장 추진전략'이었다. 1시간 반 동안 이론적인 내용과 사례를 섞어 강의를 이어갔다. 30여 분간 질의응답이 이어졌다. 강의 내용에 대한 질문을 포함해서 일반적인 스마트공장 추진과 관련한 논의가 이어졌다. 질의응답이 거의 마지막 단계에 이르렀을 때 한 분이 손을 들고 조심스럽게 자신의 사례를 소개하기 시작하였다.

"저는 별로 크지 않은 제조 기업을 운영하고 있습니다. 종업원 수도 30명 안팎인 기업을 운영하고 있는데요, 작년에 스마트공장 사업에 신청해서 '기초[2]' 수준의 스마트공장 추진을 위해 정부 사업에 신청했고, 선정되어서 스마트공장 프로젝트를 완료했습니다. 솔직하게 말씀드리면 정부의 지원금을 활용해서 시스템도 설치하고 또 필요한 설비도 일부 마련하는 것을 목적으로 사업 신청을 했습니다. 그런데 생각만큼 결과가 좋지 않아서 사실 오늘 이 자리에 오기 전까지도 스마트공장에 대해서 굉장히 부정적인 생각을 하고 있습니다. 우리가 설치한 시스템은 사용하는 것이 쉽지 않아서 작업자들이 사용을 꺼리고 있고, 어려운 비용을 마련해서 프로젝트를 마쳤는데 얻은 성과도 없고 해서 후회하는 마음이 있었습니다."

그 사례를 듣는 순간 긴장하지 않을 수 없었다. 행사 주관자가 귀띔한 사례가 바로 그분의 사례였기 때문이다. 더욱 놀란 것은 그분은 그날 점심 식사 때 필자와 마주 앉아 식사를 한 분이었다. 물론 식사 중에는 명함만 주고받았고 스마트공장이 아닌 다른 이야기만 나누어서 그분이 하시는 일을 알 수는 없었다.

"오늘 세미나를 듣고 보니, 제가 스마트공장에 대하여 큰 오해를 한 것을 알 수 있네요. 저는 스마트공장을 추진하면 설비도 마련하고, 또 뭔가 좋은 성과가 바로 나오는 줄 알았어요. 근데 그게 아니네요. 강의를 듣고 성공 사례를 소개받고 보니 그런 것이 아니라 목표를 제대로 정하고 추진하는 과제만이 성과를 얻고 또 그런 성과를 얻는 과정이 '스마트공장 선순환 구조'로 설명이 된다는 것을 알게 되었습니다. 그간 성급하게 생각한 것 같기도 하고, 설비 하나 마련한다는 식의 마음가짐으로 스마트공장을 대한 것이 잘못된 것 같기도 하다는 것을 알게 되었습니다. 지금 당장은 100% 만족할 수 없지만, 스마트공장 추진은 잘한 것이라는 것을 오늘 확신하게 되었네요."

큰 반전이었다. 그동안 수백 번 넘는 세미나와 강연, 워크숍을 진행했고 많은 사람과 대화했다. 그러나 이런 소감을 들은 것은 처음이었다.

이 작은 질의응답 사례는 중소기업이나 중견기업을 도와 스마트공장 추진을 지원하는 사업이 어떤 방향으로 가야 하는가 생각하게 한다. 그간 수천만 원에서 수억 원에 이르는 지원금이 제공되는 사업에 대해 '사업홍보', 이에 이은 '사업 공지', '심사', '지원 승인', '마무리와 사업 마감'과 같은 다소 기계적이고 건조한 프로세스와 행정 처리, 활동 결과에 관한 적당한 홍보 기사, 뻔한 수준의 동영상 제작과 같은 활동이 이어진 것을 보아 왔다. 과연 이렇게 하면 스마트공장이 성공적으로 추진되는 것일까? 이전과 같은 방법이 기업에는 필요충분한 조건이 되는 것일까 생각하게 하는 사건이었다.

똑같은 조건의 상황이라도 만일 기업 현장 리더들의 생각과 마음을 제대로 터치(Touch)하고 다시 움직이게 한다면 사업은 전혀 다른 방향으로 추진될 수 있지 않을까 생각한 시간이 되었다.

그 이후로 필자의 생각은 점점 더 분명해지는 것을 알 수 있다.

"스마트공장은 기업이 저마다 목표지향적으로 추진되어야 합니다."

적지 않은 숫자의 현장 확인을 통해서 얻은 것으로서 이 생각은 확고해지고 있다.

현재 제조 현장에서는 스마트공장에 대한 이해가 개선되기도 하고 좋은 선순환 과정을 만드는 등의 사례도 등장하고 있다. 이런 좋은 기운과 에너지를 찾아내고 살려 스마트공장의 추진이 좀 더 제대로 확산하도록 하는 것이 생태계에서 활동하는 모두가 할 일이 아닐까?

진정성이 있는 논의를 현장에서 주고받을 수 있다면 우리나라 현장에서 앞으로도 좋은 기운과 분위기를 계속 이어갈 수 있을 것 같다.

기업 생존 부등식을 지지하는 스마트공장

'제품의 가격보다 원가가 낮아야 하고, 고객이 인정하는 가치는 가격보다 커야 한다'

여러 대기업은 물론 중소 중견기업의 스마트공장 성공 사례를 분석하다 보면 그 안에서 '기업 생존 부등식'이 보인다.[3] 그간 연구하고 분석한 스마트공장 추진기업의 사례는 대략 250여 개다. 그런데 그런 기업들의 사례에서 예외 없이 기업 생존 부등식의 얼굴이 보인다.

상품의 가치   상품의 가격   상품의 원가

그림 1 기업의 생존 부등식
출처: 윤석철

본래 '기업 생존 부등식'은 경영학 그루로 불리는 윤석철 교수가 제시한 대표적인 명제이다. 이 '기업 생존 부등식'이 제시한 내용은 단순하게 보이지만 4차 산업혁명 또는 스마트공장 활동과 연계되어 매우 의미 있는 통찰을 우리에게 제공한다.

한마디로 '기업 생존 부등식'은 군더더기 없이 간결하고 명료하다. 생존 부등식이 기업의 흥망성쇠 현상을 잘 설명하기에 '명제'라고 말하기보다는 '공리'에 가깝다고 말하곤 한다. 공리는 자연의 법칙이고 명제는 이론인데, 기업 생존 부등식은 자연의 법칙에 가깝게 보인다.

이런 '기업 생존 부등식'이 스마트공장 추진 활동으로 지지가 되는 것은 스마트공장 활동이 만들어 내는 성과와 특성 때문이다. 한마디로 정리하면 스마트공장이 잘 추진되면 기업 생존 능력이 더 나아진다. 우선 생산성이 좋아지면서 어디선가 제조 원가가 떨어지고 그런 이유로 원가 경쟁력이 좋아진다. 제조 원가 중에서도 품질과 관련된 원가도 줄어든다. 본래 품질 원가는 잘 보이지도 않아 개선이 쉽지 않은 원가로 숨겨진 원가(Hidden Cost)로도 불리는데 이런 원가가 줄어드는 것이다.

더욱 중요한 것은 고객이 느끼는 가치의 상승이다. 즉, 고객이 제품을 구매하는 것은 제품 속의 가치를 인정하는 것인데 같은 물건이라도 스마트공장에서 만들어 공급하면 어느 순간부터 제품에 대한 고객의 인식이 좋게 바뀌기 시작한다. 초기 품질이 좋고 또 시간이 지나면서 확인하게 되는 내구 품질도 좋아지기에 인식이 좋아지는 것이다.

만일 6시그마 수준의 품질관리를 스마트공장 덕분에 성취하게 된다면, 100만 개의 제품을 사는 고객들 대부분은 사는 제품에서 고장이나 품질의 기본 문제를 느끼지 않게 된다. 이는 실제 현장에서 성취하기 쉽지 않은 품질관리 목표이지만, 스마트공장을 추진하다 보면 이런 수준을 목표로 삼는 변화가 생기기도 한다. 품질에 대한 목표와 생각이 바뀌고 자신감 같은 것이 생기는 것이다.

혹여 6시그마 수준의 제품을 100만 개를 판매하다 보면 여전히 고객 중 몇 명은 불만이 있을 수 있다. 그러나 그런 일이 생겨도 그것마저 스마트공장 체계에서는 더 좋은 애프터서비스로 대응해 줄 수 있다. 사용한 부품, 만든 날짜, 공급한 시점 등의 데이터를 관리할 수 있게 되면서 고객 불만에 합리적으로 대응하고 '불만 고객'을 '만족한 고객'으로 바꿀 수 있다. 이런 유의 성공 사례는 이미 스마트공장 기업 사례에서 자주 등장한다.

그 외에도 가장 기본이 되는 가치인 적기 납품이라는 가치를 통해서도 고객을 만족시킨다. 원할 때 제품을 바로 공급하는 능력은 고객을 만족스럽게 하는 중요한 가치이다. 특별히 글로벌 공급망이 손상을 경험한 코로나19 상황을 통해서 납기 능력은 기업 간의 거래 조건에서 더없이 중요한 역량이라는 가치의 재조명이 되고 있다.

이처럼 스마트공장 추진은 제품에 대한 인식된 가치를 높이고, 원가는 낮추는 효과를 통해 기업 생존 부등식을 지지하거나 강화하여 기업이 생존하고 발전하도록 돕는 것을 알 수 있다.

1장에서 소개한 포스코의 사례를 보면 포스코는 2020년에 잠시 적자 위기에 빠진 바 있다. 그런 포스코는 2021년부터 다시 사상 유례없는 수준의 흑자 행진을 이어가고 있다. 스마트공장으로 다진 역량의 기초 체력 때문이다.

기업마다 스마트공장을 추진하는 최적의 시기가 정해져 있지는 않은 것 같다. 그러나 호황이 아닌 불황 때에 준비하는 것이 더 의미가 있다. 물이 빠질 때는 모두 어렵지만 그런 시기에 미래를 준비하는 것이 좋다는 의미이다. 힘이 들어도 미리 준비해야 기회가 오면 제대로 활용할 수 있다. 밀물이 들어오려 하는 것을 보고 허둥지둥 준비하고 뛰어들면 늦는다. 준비된 기업만이 물이 들어오면 바로 배를 띄워 앞으로 나아갈 수 있다.

바로 얼마 전에 강의장에 참석한 어떤 기업의 부장이 이런 말을 했다.

"지금 우리 회사 생산라인이 30% 정도밖에 가동되지 않아요. 코로나19에도 괜찮았는데 최근 갑자기 수요가 줄어 전체적으로 줄었어요. 우리 회사만 그런 것도 아니고 전체 시장이 모두 그래요. 전체 절대 수요가 줄어든 셈이지요. 그래서 스마트공장을 추진하여도 과연 성과가 있을지 잘 모르겠어요."

이 이야기에 대해 독자는 어떤 대응을 생각하는지 궁금하다. 얼핏 들으면 이 회사에는 답이 없는 것처럼 보인다. 전체 시장이 줄어들고 있기에 막막하다. 하지만 시장이 존재하는 한 스마트공장의 가치와 명분은 흔들리지 않는다. 실제 절대 시장의 규모가 작아지거나 시장 자체가 크게 변화할 수도 있다. 자동차 부품 공급 시장이 그렇다. 전기차 시대로 전환되는 자동차 부품시장에서 절대 시장의 규모가 줄어드는 아이템이 발생하고 있다. 이처럼 어떤 이유로든 기업 환경이 어려워질 수는 있다. 아무리 그렇다고 해도 시장이 하루아침에 모두 없어져 버리지 않는다면, 또 스마트공장을 통해 축적한 역량이 있어 타 기업에 비해 우위에 설 수 있다면 기회가 전혀 없는 것은 아니다. 어려울 때 더 준비하고 투자해야 상황이 반전하면 앞으로 치고 나갈 수 있다. 이를 스마트공장의 사례는 보여 주고 있다.

　기업 생존 부등식을 지지하는 스마트공장이기에 기업이 어려울 때 더 적극적으로 준비하는 것이 좋을 것이다.

바른 프로토콜이 성공적인 스마트공장으로 이끈다

"서로 다른 지식과 경험을 보유한 전문가들에게 가장 필요한 것은 소통 기술입니다."

중소 중견기업의 스마트공장 현장에는 서로 다른 배경을 가진 외부와 내부의 전문가들이 함께 자리하는 일이 많다. 중소 중견기업의 특성상 내부 역량만으로 사업을 추진하는 데에는 한계가 있기에 외부의 전문가가 함께하는 일이 자주 생긴다.

한국의 스마트공장 사업 모델이 정부 지원으로 추진되는 모델이기에 외부의 전문가가 정부 역할을 대행하는 모습을 보이는 예도 있다. 이때 사람들은 대체로 고압적이다. 대부분 대기업에서 평생 근무한 경험을 가진 이들이기에 더 그렇다. 중소기업 현장의 전문가와 지식과 경험에서 차이가 발생하기도 한다. 그래서 종종 불필요한 긴장이 만들어진다. 도움을 주는 사람이나 도움을 받는 사람이 불편하고 긴장해서 좋을 일이 없지만,

소통 기술이 부족한 곳에서는 불편과 긴장이 발생한다.

현장에서는 제대로 된 소통 기술이 필요하다. 기업 외부와 기업 내부의 사람이 만나는 상황에서 외부와 내부 전문가 사이의 효과적인 '프로토콜'은 스마트공장 추진의 성공을 가르는 중요한 요소가 된다.

프로토콜이 반드시 중소 중견기업에서만 중요하다 보지는 않는다. 프로토콜은 큰 조직이든 작은 조직이든 상관없이 모든 조직에서 중요하다. 예컨대 스마트공장 추진을 스스로 처리하는 대기업 내부에서도 내부 전문가 간의 프로토콜은 늘 중요한 변수로 작용한다. 서로 다른 부서에서 활약하는 전문가 사이의 프로토콜이 업무 생산성을 크게 좌우하는 역할을 한다. IT 부서와 제조 생산부서의 전문가 간에도 지식과 경험은 차이가 발생한다, 그래서 이들에게도 프로토콜 기술이 필요하다.

중소 중견기업의 스마트공장 추진 현장에 참여하는 외부 전문가는 대체로 세 부류이다. ICT 전문가이거나 자동화 분야 전문가, 생산 현장 개선 전문가이다. 이런 외부 전문가가 특정 기업을 방문해서 만나면 해당 기업의 현장 전문가와 소통하는 과정은 처음엔 순탄하지 않다. 외부의 전문가가 아무리 풍부한 산업 경험이 있다고 한들 특정 기업 현장의 세부 사항을 알 수 없기에 정보 차이가 생긴다. 외부 전문가가 새로 방문한 기업의 조건과 현황을 다 이해하고 바로 분석할 수는 없다. 확인할수록 새로운 조건과 현황이 발견되는 것은 당연하다. 외부 전문가는 가능하면 인내심을 갖고 소통에 임해야 하는데 보통은 그렇지 못하는 현상이 발생한다.

외부 전문가는 보통 경영자나 관련 부서장 등과 인터뷰하고 또 현장 방문도 한다. 그리고 세부 사항에 대해서 질의 응답시간을 갖는다. 그 과정에서 수없이 묻는다. 마치 어린아이가 어머니에게서 묻는 것처럼 끊임없이 묻고 또 되묻는다. 이런 물음이 지속되어 하루 이틀 시간이 지나다 보면 어떤 때는 답을 하는 사람 쪽에서 지치기 시작하기도 한다.

"내가 다 설명하고, 내가 다 관련 이야기를 해 주어야 한다면 무엇 하러 외부 전문가를 불러. 내가 그냥 다 하는 것이 낫겠네…."

따지고 보면 사실 그렇다. 그러나 답하는 사람들은 질문하는 것이 얼마나 어렵다는 것을 모른다. 또 그 질문 자체에 실은 깊은 통찰이 있다는 것은 한참 뒤에나 알아차린다. 챗 GPT가 등장했을 때 GPT에 질문하는 능력에 따라 GPT가 답하는 내용이 달라진 것과 실은 같은 원리이다. GPT를 활용하기 위해 '프롬프트 엔지니어'라는 직종이 필요하다고 말하는 것처럼 질문 잘하는 능력이 실은 실력이다. 그래서 외부 전문가의 질문을 흉내 내고 복기하면서 그 속에 담긴 인사이트를 배우고 활용하면서 스스로 추진하는 기회를 얻을 수도 있다.

스마트공장 추진은 이처럼 서로 배우고 또 서로 가르치는 과정의 연속이다. 이 과정을 좀 더 잘하기 위해서 프로토콜의 훈련이 필요하다. 서로 잘 소통도 안 되고 이해도 충분하지 않지만 관련된 질문과 답변 또 소통을 통해서 필요한 현상 분석과 추진 방향이 만들어진다.

문제는 이런 일에 투입할 수 있는 시간과 노력일 것이다. 기업 현장에서, 특히 소규모 공장에서 이런 준비와 분석에 여러 날 또는 수 주일이 소요된다면 이를 좋아할 기업은 없다. 규모가 큰 기업조차 이런 일에 시간을 투자하고 이 일을 도울 사람을 배치하는 것이 늘 쉽지 않다. 그렇다고 외부 전문가가 스스로 모든 것을 다 처리해 주면 좋겠지만 그럴 수는 없다. 남의 회사를 혼자 아무 도움 없이 돌아보면서 분석하고 대책을 만들수는 없는 일이다. 질의응답은 꼭 필요하고 그 시간이 종종 예상보다 길어지기도 한다.

　내부 전문가는 가능하면 짧은 시간 안에 일을 마치고 싶어 한다. 빨리 외부 전문가에게 임무를 모두 맡기고 자기 본연의 일로 돌아가고 싶은 마음뿐이다. 어떻게 하면 시간과 노력을 축소하면서도 성과를 낼 수 있을까? 필자는 이에 대한 답을 찾기 위해 적지 않은 노력을 기울였고 마침내 찾은 답은 'PASE'[4]이다.

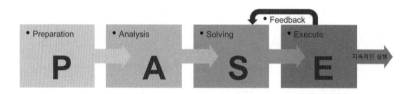

그림 2 PASE 방법론의 4단계와 개념도

　이는 프로토콜 향상 활동을 도와주는 절차와 도구로 구성되어 있다. 이 방법론을 국내는 물론 국외에서 선보이며 다양한 실험과 검증을 거쳤다. 그간의 성과와 결과는 나쁘지 않았다. 다양한 산업과 다양한 제조 환경을 지닌 개별 기업들이 자신의 실제 사례를 두고 논의하고 분석하고 솔루션을 찾아가는 과정을 지원하는 것이 가능하다는 것을 확인할 수 있었다.

　PASE는 각각의 머릿속 내용을 효과적으로 가시화한다. 그 덕에 소통에 속도가 붙고 소통의 정교함이 증가한다. 서로 더 잘 이해하게도 된다. 비록 다른 용어를 사용하였고 다른 지식체계로 살아왔다고 해도 결과적으로 이해의 폭을 빠르게 넓히고 증가시키면서 상대가 의도하고 원하는 내용을 더 깊이 또 정교하게 이해할 수 있음을 경험하는 중이다.

이런 프로토콜이 성공적으로 작동한다면 불완전한 상상에 의존하는 의사결정은 피할 수 있을 것이다. 즉, 오해를 피할 수도 있고 잘못될 수밖에 없는 미래를 미리 바로잡을 수도 있다. 좋은 프로토콜은 불완전한 상상에 의존한 의사결정이 프로젝트 최종단계에 드러나지 않고 미리 드러나게 한다. 덕분에 프로젝트 기간도 줄일 수 있고, 업무 스트레스도 줄이고, 성과는 더 좋게 낼 수 있다.

어떤 기업이든 외부의 전문가가 필요하다면 적정한 프로토콜 설정이 필요하다. 이런 프로토콜을 통해서만 목적이 있는 스마트공장 성취할 수 있다.

뚝심이 있는 기업인이 보여 주는 스마트공장

"100억 원이 드는 프로젝트를 5,000만 원에 해보라는 것이 말이 되는가?"

그간 국내의 중소 중견기업들은 자비 기준으로 최소 2,000만 원에서 2억 원 정도 안팎의 비용을 투입하며 스마트공장 프로젝트를 수행했다. 이 정도 자비 부담에 맞추어서 정부는 같은 수준의 비용을 지원하였다. 스마트공장이 처음 도입되던 2014년경 초창기에는 5,000만 원 수준이던 것이 점차 규모가 늘어나 수억 원 대의 사업을 추진할 수 있게 된 것이다.

정부 지원은 소위 '모델 공장'을 지을 때 지원금 규모가 더 커지기도 하였다. 하나의 프로젝트에 투입되는 비용의 규모가 기업의 부담금과 정부 지원금, 지방정부 보조금 등을 합쳐서 수억 원에 이르게 되는 것이다. 최근에는 K-등대공장, 컨소시엄 사업 등 다양한 형태로 지원 방식과 지원 규모가 다양해지고 있다. 기업은 자비가 들긴 해도 그 이상의 정부 지원을 받을 수 있기에 매력을 느끼지 않을 수 없을 것이다. 그런 이유로 정부 지원 사업에 참여하는 기업은 증가하였고 경쟁률은 점차 높아지고 있다.

그런 속에서도 정부 지원금을 단호히 외면하고 자기 비용으로만 스마트공장 사업을 추진하는 예도 있다. 대기업도 아닌 중소기업에서 말이다.

이 회사의 리더는 이렇게 정부에 대고 쓴소리한다.

"제조생산시스템으로 불리는 MES만 해도 10억 원이 드는데, 정부가 달랑 5,000만 원을 지원하면서 스마트공장 프로젝트를 하라는 것은 말이 안 된다."

제대로 보고, 듣는 이들은 이 말속의 깊은 의미를 알 수 있다. 제대로 비용을 책정하면 10억 원 정도 사업이 되어야 하지만 완장 차고 참견하는 정부가 나서니 1억짜리 사업, 2억짜리 사업, 또 4억짜리 사업으로 틀을 고정한 것은 사실이었다. 지난 10여 년간의 정부 주도 사업의 실제 모습이다. 참여 기업은 정부 지원금이란 단맛에 깊숙이 빠지지 않을 수 없게 되었다. 그런 환경에서는 정부 지원 없이는 무엇 하나 스스로 추진하지 못하는 결정장애 환자처럼 기업은 변화하였다. 그리고 기회만 되면 정부 지원을 외치는 모습으로 변화하고 있다.

생태계의 또 하나의 축인 스마트공장 기술 공급사도 허약 체질이 되고 있다. 정부가 정해 놓은 사업 규모와 정해진 단가 때문에 남들과 차별되는 기술이나 서비스를 개발하는 것이 거의 무의미하게 되었다. 시장에서 받을 수 있는 단위 가격이 정해져 있기에 남들과 차별되는 기술로 수주하기보다 정해진 금액에 몸을 꿰맞추되 발 빠른 영업 활동으로 살아가는 기업으로 체질이 탈바꿈할 수밖에 없게 되었다. 적게는 2~3명, 많아도 10여

명 안팎의 소규모 인력을 갖춘 공급기업은 이런 상황에 적합하게 체질을 바꾼 상태이다. 이런 기업은 제대로 성장하지 못한다. 하루 벌어 하루 먹고사는 모습으로 성장이 정체되고 매년 정부의 예산이 어떻게 변하는지 바라보며 긴장하며 살아간다.

실은 이 세계에 몸담는 모두가 다 아는 이야기이지만 모두 조용하게 제 갈 길만 가는 사람들 사이에서 한국 스마트공장 생태계의 이런 모습에 대놓고 쓴소리를 낸 기업이 있다는 것은 놀랍다. 이 회사는 자비로 국내 대기업의 계열사에 속한 솔루션 기업과 계약을 맺고 스마트공장을 추진했다. 대기업에서 사용하는 수준의 MES를 선택했고, 대기업을 지원하던 인력을 활용하였다. 분명 명분이 있는 결정이었고 그 배경에 여러 이유가 있을 것이다. 규모가 큰 IT 솔루션 기업과 일하는 것이 늘 과정이 순탄하고 성공적이지 않은 것도 사실이지만 그래도 실력을 믿고 신뢰하며 일을 추진할 수 있었으리라 생각한다.

이런 특별한 기업은 매우 예외이다. 대부분은 정부의 지원예산에 할 일의 규격을 맞춘다. 공급기업은 비용을 더 받고 싶어도 받을 수 없다. 정부의 가이드는 모든 세부 비용을 다 꿰뚫고 있다고 주장하며 엔지니어, 개발자 등의 인건비, 설비 등 모든 주요 항목의 가격을 정해 놓고 이것에 맞추지 않으면 비용 정산을 못 하게 지혜롭게(?) 모든 것을 꾸며 놓았다. 그런 조건에서는 어떤 프로젝트이든 규모를 1억 원 또는 2억 원 선에 맞춰서 추진해야 한다. 기술 수준, 더 훌륭한 프로토콜 능력이 있는 인력을 고용하여 제공할 수 있는 서비스 품질 같은 것은 관련이 없다. 정해진 예산에 맞추어 일하든가 아니면 포기해야 한다.

현장에서 필자가 오랫동안 일하며 확인한 바로는 공장에서 필요한 모든 일을 제대로 추진한다면 비용이 수십억 원은 훌쩍 넘는다. 대기업 경우 수백억 원이 넘을 수도 있다. 이런 일을 정부가 나서서 수천만 원에서 수억 원 수준으로 쪼개어 추진하라고 옥죄는 셈이다.

설계나 개발에 응용되는 PLM 같은 소프트웨어를 설치하고 사용하는 예를 보면 대기업 기준으로 수십억 원에서 수백 원이 드는 일이 비일비재했다. 예로서 CAD 프로그램 하나만 설치해도 수백만 원에서 수천만 원씩이 지불되는 세상이다. 사용자가 많은 기업에서는 수십억 원이 드는 것은 당연하다. 성능이 괜찮은 해석용 프로그램인 CAE(Computer Aided Engineering)는 더 비싸다. 팔리는 숫자가 적어서 단위 가격이 더 비싼 편이다. 제조 공장에서 현장 시뮬레이션이나 검증하는 데 사용되는 디지털 공장 검증 솔루션은 최소 수천만 원 이상이다. 이것저것 갖추기 위해 더 투자하면 수억 원 넘는 것은 잠깐이다. 이 역시 많이 팔리지 않기에 비싼 가격 구조를 가진 제품군에 속한다.

스마트공장에서 자주 사용하는 소프트웨어가 MES 또는 ERP인데, 이 역시 개발한 기업으로서는 팔리는 숫자가 많지 않은 편이다. 또 사용할 기업에 맞추어 커스터마이징을 해야 제대로 사용할 수 있다. 엔지니어를 추가 투입해야 하기에 비용은 증가한다. 또 이런 분야의 엔지니어는 타 업종의 직원보다 급여를 더 주어야 채용할 수 있다. 이런저런 조건을 모두 고려하면 수억 원은 제안해야 하지만 정부의 몹쓸 완장과 제약 때문에 왜곡된 가격이 만들어지고 있다. 일단 수주하고 적당히 마무리하는 사업이 양산되도록 한 주체는 정부였다. 기술 공급기업은 살기 위해 알아서 대응한다. 가격을 낮추어 참여하던지 사업을 그만두는 양단의 선택 속에서 오늘도 살아간다.

스마트공장 추진에는 MES 하나만 사용되는 것이 아니다. 하드웨어도 필요하다. 이것저것 합치면 수억 원이 훌쩍 넘는다. 추가로 회계나 주문 발주 관리를 위해 ERP라도 설치하고 MES와 연결하는 일이라도 벌이려면 비용이 다시 증가한다. 또 해당 기업이 특별히 원하는 기능도 있고 메뉴나 사용자 창을 맞춤으로 바꾸면 비용이 증가한다. 맞춤형 사용자 교육도 여러 번 해 줘야 한다. 사람이 움직이면 모두 돈이다. 처음 계획한 일정보다 프로젝트 시간이 길어지면 추가 인건비가 비용으로 발생한다.

시스템을 설치하고 나면 매년 일정 수준의 유지보수 비용을 내야 하지만 현실은 이와 다르다. 유지보수 비용 내는 기업도 별로 없고 그래서 제대로 유지보수를 해 줄 수 있는 기업도 많지 않다. 일단 먼저 도움을 받고 후일을 기약하자는 것은 애교 있는 협상 전략에 해당한다. 외국계 솔루션 공급회사는 본사 정책 때문에 그렇게 할 수 없다고 버틸 수라도 있다. 하지만 국내 기업은 싸우고 버티기도 어렵다. 이미 다른 일에 투입된 엔지니어를 빼내 유지보수를 해 주어야 하는 국내 솔루션 기업의 상황이 애처롭다. 결국은 '내 배 째라' 또는 '시스템 사용 중단'이란 결과로 나타난다.

실타래처럼 꼬인 이런 상황을 말끔히 해결할 주체가 있을까? 기업의 환경은 급변하고 재정 여력이 있는 기업도 손을 꼽을 만큼 상황은 어렵다. 정부 지원에만 의존하는 타성이 증가하는 것도 장애요인이다. 그래도 누군가 나서 더 나은 방안을 시도해야 한다. 정부 지원을 줄이고 대신 기업이 스스로 투자를 먼저 하도록 유도해야 한다. 나중에 정산해 주는 한이 있어도 기업이 먼저 투자하고 후 정산하는 것이 경험으로 보면 더 낫다고 본다. 기업의 일을 기업이 주도해야지 정부가 주도하면 안 된다. 시장에서는 곡소리가 나겠지만 그래야 바뀐다. 기업은 투자비를 날리지 않기 위해, 또 실패를 줄이기 위해 마음이 더 독해질 것이다. 결국 더 철저히 준비할 것이고 준비하지 않는 기업은 아예 돈을 쓰지도 않고 정부 사업도 넘보지 못할 것이다. 처음엔 어렵겠지만 이게 바람직한 방향이라 본다. 그래야 투자에도 선순환구조가 나타날 것이다.

한 번쯤은 그린필드형 스마트공장 도전을 고민하라

"우리도 그린필드형 공장을 구축할 수 있을까?"

이에 대한 답은 '예'이다. 실은 이런 그린필드형 공장이 국내 중견, 중소 기업에서 자주 등장해야 한다고 본다. 이전의 공장을 땜질해서 사용하는 것이 한계인 기업, 또 계획 없이 주문에 따라 공장을 조금씩 늘려온 기업들은 이제 그린필드형 공장을 생각해 볼 시점이다.

그린필드형 공장의 등장은 주로 제약기업, 바이오 기업들에서 자주 목격했다. 여기서 말하는 그린필드형 공장이란 말 그대로 공장을 신축하는 것을 말한다. 보통 다른 산업에 속한 기업은 수십 년째 운영하던 공장을 업그레이드하거나 설사 신축 공장을 준비하더라도 이전 공장의 설비를 가져다 사용하는 경우가 많다. 하지만 제약, 의약품, 바이오 산업 분야의 기업 중에서는 아예 공장을 새로 짓는 예를 발견하게 된다. 아예 처음부터 스마트공장 수준의 공장을 짓는 점도 특징이다. 제약 회사로서 한미약품, 보령제약, 대웅제약, 분자 진단 전문기업으로서 코젠아이오텍, 바이오 제품 제조 기업인 시지바이오가 그런 사례를 보여 준다.

이 중 한미약품은 1,500억 원 규모의 투자로 경기도 화성 팔탄에 공장을 설립한 사례로서[5] 1장에서 이미 소개했지만 좀 더 지면을 할애해서 다른 점도 살펴보자. 2017년 완공 당시로서는 국내 처음으로 수직 자동화 공정을 완성한 공장이다. 이 공장은 지하 1층과 지상 8층을 보유한 건물이다. 지하에는 컨트롤룸이 있고 지상층은 모두 공장인 셈이다. 각 층에 있는 설비와 공정은 대부분 자동화되어 있다. 또 공정과 공정의 이동, 즉 공장 건물 각 층과 층의 이동은 자동화 물류 기기가 맡고 있다. 이런 자동화 물류 기기가 제품이나 반제품을 이송하는 일을 한다.[6] 전체 제조 공정은 건

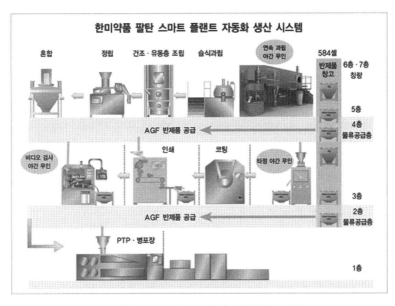

그림 3 한미약품 팔탄 공장의 제조 생산공정 흐름도
출처: 한국경제신문(2018)

물 상층에서 아래층으로 흘러가고 1층에서는 포장 후 완제품을 창고로 배송하는 일이 수행된다. 공간 활용과 생산 효율성을 높이기 위해 위에서부터 원료가 투입되어 최종 제품을 1층에서 완성하는 형식의 공장이다.

보령제약도 한미약품과 비슷한 규모의 예산인 1,600억 원을 투입해서 예산에 공장을 완공했다.[7] 이 공장도 생산, 포장, 배송 등 전 제조 공정을 자동화하는 수준의 스마트공장을 구축했다. 덕분에 생산 능력이 기존 공장 대비 3배 넘게 증가했다고 한다.

또 다른 제약기업 대웅제약도 충북 오송 공장에 2,100억 원을 투자했다. 이 공장은 2017년부터 가동했다. 제조 공정마다 사람에 의한 오류를 방지하는 시스템이 적용되고 있는데 공정 데이터를 수집하고 관리하는 품질관리시스템(QMS)을 운영한다. 자동화를 위해 무인지게차(LGV)와 수직이송 시스템(VTS) 등 로봇 등을 활용한 내부 물류 체계도 마련했다.[8]

이런 공장들은 빈 땅에 새 공장을 지으면서 스마트공장을 지향하는 것을 볼 수 있다. 주로 공정과 설비를 자동화하고 또한 필요에 따라 내부 물류를 자동화해서 생산과 관련한 대부분 공정은 사람 작업자들의 참여와 자동화된 설비로 운영된다고 보면 될 것 같다. 공정 설비관리나 공정 모니터링 정도에 적합한 수준이라고 볼 수 있다. 이런 공장은 당연하지만, 공실 내부의 냉난방, 습도, 먼지, 바이러스, 오염 등을 관리도 자동화되어 있다. 대부분 이런 공장은 GMP 인증을 받거나 유지하는 데 충분한 조건을 갖추고 있다.

만일 이런 공장의 내부 시설을 보기 위해 방문한다면 먼저 공실 방문을 위해 모자와 마스크를 착용해야 하며 하얀색의 특별한 옷으로 환의해야 한다. 에어 샤워를 거친 후 입장을 한 후 각 공실을 연결해 주는 깨끗한 복도를 걸으면서 모든 것이 완벽하게 보이는 자동화된 공실 내부를 창문을 통해 들여다보는 것이 전부일 것이다. 때에 따라 공실 내부로 들어가 볼 수도 있겠지만 역시 반짝이는 설비들을 바라보고 설비들을 연결하는 수많은 파이프와 밸브, 모니터링에 쓰이는 기기판 정도를 확인하는 것이 전부일 것이다. 그러나 이런 공장이 모두 스마트공장에서 말하는 최고 수준의 고도화 공장이라 단언할 수는 없다. 이런 공장도 스마트공장 혁신의 관점에서는 다음 단계의 도전이 필요한 때가 있다.

예를 들어 제조 데이터 또는 생산 관련 데이터를 저장하고, 분석하여 이전에는 성취하지 못하던 일의 의사결정 수준을 훨씬 수준 높게 처리하는 것이 예다. 이는 품질에 관련된 의사결정이 대부분일 것이며 문제가 발생한 후에 대응하는 것이 아니라 문제가 생기기 전에 조치하는 수준의 의사결정에 관련된 일이 다수라는 것을 알 수 있다. 일부에서는 사람의 개입 이전에 설비를 스스로 통제하는 알고리즘, 즉 AI로 불리는 소프트웨어에 의해 제어되는 일도 있다. 정리하자면 이전에는 일일이 사람이 확인하고 의사 결정하던 일에서 역할 분담이 이뤄지는 것을 볼 수 있다. 직관 능력과 경험을 지닌 전문가가 판단하고 결정하는 일이 전혀 없는 것은 아니지만 대부분 일상의 일은 정해진 세팅 조건에 의해서 데이터에 의해 판단하고 결정하는 일이 벌어지는 것이다. 이 과정에서 설비나 기계에 판단과 제어를 위탁하는 일이 생기고 있다. 물론 일부의 일은 여전히 사람 관리자의 판단과 개입을 기다리는 일로 나뉘기도 한다.

대체로 더 높은 업무 생산성을 유지하면서도 더 상향된 품질관리 수준[9]을 유지하는 일이 일사불란하게 진행되는 것을 이 같은 그린필드형 스마트공장에서 볼 수 있다. 혹여 이런 수준에 이르지 않은 공장도 점차 이런 수준의 공장에 이르기 위해 이런저런 업그레이드와 개선을 지속한다. 즉, 경험한 바에 따르면 이렇게 공장을 짓고 나서 어느 정도의 수준에 이르렀다고 하여도 혁신이란 것이 모두 끝난 것은 아님을 알 수 있다. 시장 환경은 계속 변화하고 새로운 사업 환경이 주어진다. 이에 빠르게 대응하는 것이 이런 그린필드형 공장에도 지속된 도전이다. 이전보다 더 높은 친환경 공장으로 업그레이드, ESG 경영에 부합하는 여건 마련 등이 그런 예 중의 하나일 것이다. 에너지의 사용을 이전보다 줄여 나가는 노력, 혹여 발생할 수 있는 현장의 안전 발생을 예방하는 일, 더 나아가 이를 사전에 예지적으로 감지하고 조치하는 일, 화재나 오염 물질이 주변으로 누출되는 일을 예방하는 일, 또 이를 미리 예지하는 일이 모두 좋은 도전 거리의 일이다. 이렇게 보면 혁신과 도전은 끝이 없다는 것을 알 수 있으며 이런 수준에 이르는 것이 스마트공장에서 말하는 Level 4 공장이란 것을 알 수 있다.

이런 도전은 주로 제약 산업이나 의약품 산업 등에서 먼저 등장하고 있는 것이 사실이지만 실은 모든 산업에서도 점차 따라가야 할 과제며 도전임을 부인할 수 없다. 이미 남들이 추진한 모습도 확인하면서, 수십 년 된 공장을 유지하면서 일부 필요한 것을 업그레이드하는 방식으로 혁신을 이어가는 것이 좋은지 또는 아예 신설 공장을 짓고 처음부터 고도화 스마트공장을 구축할지 고민해 보는 것도 타당한 시점이다.

규모의 경제와 범위의 경제를 모두 살피는
스마트공장을 보자

'스마트공장은 대량생산에 적합할까, 소량생산에 적합할까?'

앞 절에서 살펴본 제약 산업 또는 의료 약품 제조 산업은 다른 산업과 달리 '규모의 경제'를 확보하기 쉽다는 특징을 보인다. '소품종 대량 생산'의 여건을 갖춘 셈이다. 특히 이미 대기업 수준에 매출에 이르고 기술 수준이 높거나 또 글로벌 시장에서 인지도가 높은 기업이라면 이 같은 규모의 경제와 대량생산의 조건을 극대화하는 공장 설립이 필수 조건이 된다. 의약품 위탁생산을 수행하는 삼성바이오로직스나 셀트리온이 좋은 예이다. 이런 기업이 새로운 시장 수요에 대응해서 신규공장을 짓는다면 자동화 공장을 짓는 것은 기본이고 또 관리 역량이 스마트한 수준인 스마트공장을 처음부터 구축하는 것이 합리성과 실리 면에서 유리하다.

이런 제품에 요구되는 철저한 품질을 위해 품질을 관리하는 능력이 필수인데 스마트공장 추진이 이런 고객 요구 대응에 효과적이다. GMP(Good

Manufacturing Practice)를 인증할 때도 스마트공장은 훨씬 유리할 뿐 아니라 실질적인 관리 능력을 제공한다. 관련된 거의 모든 관리 과정을 디지털 기술로 수집, 편집, 공유, 보관, 제출 등을 할 수 있기 때문이다.

그렇다고 수요가 많은 아이템을 제조하는 기업만 스마트공장을 구축하는 것이 유리한 것은 아니다. 실제 더 많은 기업은 '다품종 소량 생산'이란 여건에 놓여 있다. 좋은 소식은 그런 기업에도 스마트공장은 필요하다는 점이고, 결과적으로 '범위의 경제'를 구현하도록 도와준다는 점이다. 바이오 제약기업인 셀트리온도 대량생산이 아닌 소량 생산 수요에 대응하는 공장을 만드는 것을 확인할 수 있다.[10]

다른 산업은 어떨까? 자동차 부품 제조 산업, 가전 전기 부품 제조 산업, 기계 제작 및 기계 부품 산업, 또 뿌리 산업으로 분류되는 가공 중심 공정을 주로 보유한 산업 등은 어떨까?

이런 기업들도 각각 상황에 따라 매우 다양한 대량생산과 소량 생산의 수요를 두루 가지고 있다. 그래서 두 가지 조건을 복합적으로 보유한 기업들도 종종 발견할 수 있다. 대량생산 아이템이라면 자동화가 적합하고 관리 흐름도 보다 연속적으로 연결하고 디지털화하여 의사결정의 상당 부분을 자동화하는 것이 유리하다는 것을 알 수 있다.

반면 다품종인데 소량 생산하는 아이템을 다뤄야 하는 기업이라면 부분 자동화 정도의 자동화가 유리하다. 그렇지만 이런 기업은 디지털화에 더 힘을 써야 한다. 즉, 더욱 정교하게 디지털 역량을 구현하는 것이 필요하다. 말 그대로 하루에도 이것저것을 생산해야 한다면 영업, 자재, 창고, 생산, 작업자, 배송 등의 전 영역의 정보가 물 흐르듯이 흐르게 하는 것이 필요하다. 이를 통해서 외부의 여건이 급변하여 필요하다면 바로 이전의 결정을 바꾸어 제조할 아이템 생산의 순서를 바꿀 수 있는 '유연한 생산' 능력도 갖출 수 있으면 더욱 좋을 것이다. 이런 수준이 되기 위해서는 모든 정보를 실시간으로 파악하고 바로 대응할 수 있을수록 해야 한다. 더 나아가 현장과 공장 주요 설비의 데이터를 실시간으로 수집하고 분석하고 관리에 사용하는 능력이 필요할 수도 있다. 이 모든 것이 디지털화로 설명되는 활동의 모습이다.

기업이란 하루 동안 투입할 수 있는 자원이 한정되어 있기에 급변하는 기업 여건, 고객의 수요 변화를 최선을 다해 반영하는 역량을 갖추는 것이 그 어느 때보다 필요하다. 무척 어려운 목표이지만 최적의 조건을 늘 능수능란하게 찾아내고 실행하는 것이 스마트공장의 추진 목표가 된다. 대략 Level 3 정도는 되어야 이런 수준에 다가서는 공장을 구축하게 될 것으로 필자는 보고 있다. Level 4 수준으로 나아간다면 말할 나위 없이 더 수준이 높아지겠지만 그 내부의 조건과 설정의 모습은 기업마다 달라질 수밖에 없다.

국내 대부분의 중소 중견기업은 이런 복합적인 여건에서 기업을 운영하기에 제한된 투자 여건 속에서 어떤 스마트공장을 어떻게 추진할 것인가에 대한 질문을 반복할 수밖에 없다고 본다. 이젠 스마트공장의 개념을 모르는 이가 거의 없다고 말해도 좋을 것 같다. 이제 주어진 질문은 여러 선택 속에서 어떤 방식을 선택할 것인가이다.

누군가는 그린필드형 공장을 추구하고 있을 수 있지만 모두 그럴 수 없을 것이다. 누군가는 여전히 그레이필드형 공장을 선택해야 할 수 있을 것이다. 그렇다면 이런 두 가지 선택을 복합하는 일은 불가능할까? 필자는 이 또한 가능하다고 본다. 대신 규모를 줄인 그린필드형 공장을 추진하는 것을 생각해 볼 수 있다. 필요하다면 확장을 염두에 둘 수도 있고, 기존의 그레이필드형 공장과 그린필드형 공장을 동시에 추진하여 운영하는 것도 가능할 것이다. 태림산업의 사례가 이와 비슷한 예를 보여 준다. 이 회사는 기존의 공장을 유지하면서 스마트한 라인을 새로 구현하였다. 이 공장이 새로운 주문을 계속 만들어 주고 미래 생존의 동력이 되고 있다.

그레이형 공장이 기존 공장과 설비를 이것저것 조금씩 업데이트하는 것이기에 투자 규모가 작아 결정이 편리할 수 있다는 것은 모두 알고 있다. 그러나 사업의 환경을 따져 보면서 필요한 새로운 도전을 모색할 수도 있을 것이다. 이때 염두에 둘 그린필드형 공장은 반드시 새 땅에 공장을 짓는 것이 아니다. 이미 보유하고 있던 생산라인이나 공장을 뜯어고쳐서 새로운 설비와 업데이트된 공정으로 새롭게 구성하는 것도 분명 그린필드형 공장이 될 수 있다는 점을 생각해보자.

점차 이전에 없던 상상과 도전이 필요한 세상에 대응해서 기존의 공장과 설비에 일부 디지털화, 일부 자동화를 적용해 약간의 개선과 조금의 효과를 보는 것도 필요할 수 있고, 또는 새로운 대안으로 더 도전해 볼 것이 있다. 이를 통해서 현장 인력의 인건비 상승, 필요한 인력 고용의 어려움, 한번 고용한 인력의 축소나 조정이 더 까다로워지는 규제와 조건, 안전 문제 발생 또는 현장 사고 발생에 대한 리스크 증대, 공장을 친환경 모드 전환의 압력 등과 같은 시대적 사업 환경 조건을 뚫고 나아가야 한다.

스마트공장을 애국심으로 착각하지 마라

"현대자동차 로고마크를 단 엑셀 승용차가 거리를 주행하는 것을 보니 마음이 뭉클하더라고요."

1990년대에 외국을 여행한 경험이 있는 이들이 이런 이야기 하는 것을 심심치 않게 들은 적이 있을 것이다. 외국 여행이 자유롭지 않던 시절 해외 출장 중 길거리에서 국산 차를 보면 마치 고향 친구라도 만난 것처럼 반가운 마음이 생기는 것은 그 당시 한국인의 공통점이었을 것 같다.

그러나 더는 아니다. 불과 30년이 지난 지금 동네 주차장은 국산 브랜드와 외국 브랜드 차가 거의 반반이다. 놀랍지 않다. 국가 경제가 발전했다는 증거이며, 애국심으로 제품을 사지 않아도 되는 수준이 되었다는 것이며, 여유가 생겨 개성과 다양성을 추구하는 것이 흉볼 일도 아닌 세상이 된 것이다. 선진국 대열에 든 우리 모습이다.

우리보다 잘살던 일본은 이미 이전에 겪은 일이란 것을 알 수 있다.

17~18년 전 근무하던 기업에서 일본 도쿄의 일본 지사장 집으로 초청되었다. 아파트 주차장에 들어서는데 그 모습이 지금 우리 모습 같았다. 프랑스 국적을 가진 일본 지사장은 일본 차 토요타를 몰고 있었다. 그런데 대부분 일본 사람인 그의 이웃들은 온통 유럽과 미국 차를 가지고 있었다. 이게 잘사는 사람들의 단면만은 아니었다. 일본 지사의 직원도 외제 차를 보유하고 있었다. 그는 돈이 없어서 오래된 GM 차를 중고로 사서 타고 있었다. 중고라서 문제가 많다고 툴툴거리면서도 일제 차 대신 외제 차를 고집하는 것을 본 적이 있다. 그 마음을 이해했다.

지금 우리 사회도 그렇다. 국산 차의 가성비가 좋아도 값이 더 비싼 외국 차를 선호하는 사람은 늘고 있다. 이들에게 "국산 차 타는 것이 애국이다!"라고 말한다면?

"국산 차 타고 애국심 발휘했다고 느~네가 해 준 게 뭔데?" 이렇게 대꾸할지도 모른다. 누가 맞고 틀리고 따질 수도 없다. 세상이 바뀌는 것이다. 같은 시대에, 같은 나라에 살아도 세대마다 가치관과 관점이 다른 것이 자연스럽다. 그런 세상에서 애국심에 기대어 뭘 좀 해 보려는 것은 달리 생각해 봐야 한다.

신기하게 '스마트공장' 활동 전면에는 애국심이 드러져 있다. '리쇼어링(Reshoring)' 정책을 보면 그런 생각이 든다. 그 정책 속에 스마트공장 유인책으로 들어가 있다. 이 정책이 잘못된 것은 아니라고 좋게 봐줄 수도 있지만, 성공한 정책은 아니며 탁상행정처럼 보이기도 한다.

스마트공장이 국내 제조 경쟁력을 끌어올려 줄 것으로 믿는 마음은 변함이 없다. 그렇다고 해서 더 나은 방안은 뒤로하고 스마트공장을 애국심으로 활용해서는 곤란하다고 본다. 일부 업종과 기업에 스마트공장보다도 더 필요한 것이 있을 수 있다. 이 점을 강조하려 한다.

여건상 제조 기업 상당수가 생존을 위해 해외로 나가야 한다. 현재의 아이템 외에 대안도 없고 현재 국내에서 제조해 봐야 더 이상 경쟁력이 없다면 다른 선택지를 찾아야 한다. 특히 조립 중심으로 제품을 만드는 업종이라면 이런 어려움이 이미 심각한 지경이다. 당장 일할 사람을 구할 수 없는데 인건비는 계속 오르고 있다. 이렇게 버티다가는 5년 이내에 문을 닫아야 할 기업이 적지 않다. 이런 기업은 가능하다면 외국으로라도 나아가 살 방법을 마련해야 한다.

이미 외국에 나가 있는 기업을 국내로 들어오도록 유도하는 것은 좋은 의도이지만 제조 기업으로서 선뜻 응할 기업은 많지 않은 것을 알 수 있다. 지원금을 몇 푼 쥐어 주며 국내로 돌아오라는 정부 정책을 말 그대로 믿고 돌아올 기업도 없겠지만, 만일 그렇게 행동하는 기업이 있다면 다른 깊은 의도가 저변에 있음을 보게 된다.

국내의 제조 기업 운영 여건은 이전에 비해 훨씬 유연하지 않으며 새로운 규제를 지키기 어렵다는 것을 누구나 경험하는 바이다. 이런 변화에 대해서 이 책의 지면에서 갑론을박할 이유는 없다. 기업의 냉철한 판단이 유일한 답이다. 스마트공장을 통해 버티고 생존할 수 있다면 국내에서 머무르는 것이 좋을 것이다. 만일 그렇게 해도 안 된다면 '외국으로 더 나은 조건을 찾아 떠나라'가 답이다. 이때 국내에서 배운 '스마트공장도 함께 가지고 떠나라'가 두 번째 제안이다.

정부도 생각을 바꿔야 한다. 스마트공장을 국내 제조 공장에만 지원해서는 안 된다. 스마트공장은 국내이든 해외든 어디든지 국내 제조 기업이 활동하면서 도움이 절실하게 필요해서 요청하면 지원하는 것이 맞는다고 본다. 그 기업이 한국기업이고 세금도 한국에 내고 있으며 우리 국민을 고용하는 한 그들이 전 세계 어디로 나가든 더 경쟁력 있는 모습으로 발전할 수 있다면 도와주는 것이 타당하다고 생각한다. 그간 국내 스마트공장 지원에 역점을 두었다면 이제는 해외 진출기업의 스마트공장도 지원할 때가 된 것이다.

기업은 해외 진출할 시 수만 가지 고민을 안고 나간다. 반대로 되돌아올 때도 그렇게 고민한다. 정부의 리쇼어링 정책의 유인책으로서 스마트공장 지원은 그런 고민을 덜어주는 작은 조건이 될 수는 있다. 그런데 이젠 좀 더 크게 봐야 한다. 단순한 이분법적인 생각은 바꾸어야 한다. 리쇼어링이 애국이고, 그 반대는 애국이 아니다가 아니란 말을 하고 싶다.

해외로 나갈 수밖에 없는 중소 중견기업에도 정부 스마트공장 지원을 생각해 볼 때가 되었다. 국내에서는 이미 4대 대기업이 돈 보따리를 메고 미국에서만 40조 원이 넘는 투자를 하는 시대이다. 해외 진출을 할 수밖에 없는 중견 제조 기업의 경쟁력 향상을 위해 스마트공장을 정부가 지원하지 말아야 할 이유가 있을까?

'지원이 필요한 기업은 스스로 준비하고, 분석하고, 대안을 찾고, 제대로 기획하라!'

만일 지원하게 된다면 이런 조건을 단단히 붙였으면 한다. 준비된 기업만 지원하자는 것이다. 그렇게 꼼꼼히 준비하고 요청하는 기업에 대해 정부가 엄격하게 심사해서 필요한 지원을 하자. 기업도 그렇게 준비하고 도움을 요청하자.

세상의 모든 스마트공장은 목적이 있다

ESG 경영도 선도할 스마트공장

"새로운 세계 비즈니스 규범이 된 ESG 규제를 선도하는 스마트공장 사례가 있을까요?"

ESG는 환경(environment), 소셜(Social), 거버넌스(Governance)의 앞 글자로 만든 신조어로 기업에게 요구되는 새로운 글로벌 규범이다. 잘 살펴보면 이런 논의가 처음은 아니었음을 알 수 있다. 이전에는 '지속 가능 경영', '기업의 사회적 책임(CSR)'과 '기후변화' 또는 '친환경', '녹색경영' 등과 같은 주제로 개별적으로 논의된 것을 볼 수 있다. 그러다가 코로나19 팬데믹의 등장과 미국 바이든 정부의 출범, 미중 경제 전쟁과 같은 영향으로 'ESG 경영'이란 통합 개념이 나온 것으로 보게 된다.

ESG의 추진 압력은 결국 기업의 돈줄을 틀어쥐는 방식이란 것을 알 수 있다. ESG에 참여하지 않으면 기업에는 투자자의 투자를 받지 못하도록 하는 것이 요지다. 그간 아무리 멋진 명분으로 시대적 혁신 요구를 포장

해도 꿈적 않던 기업이 화들짝 놀라고 있다. 세상 이치가 먹고사는 문제 란 것을 보게 한다. 기업은 투자가 막히면 더 이상 생존이나 발전을 이야 기할 수 없다. 그러자 기업은 너도나도 ESG 경영에 관심을 두고 있고 동 참한다고 하기도 한다. 'ESG가 뭔데?' 하던 기업이 빠르게 학습하고 변 하고 있다. 신조어에 부응하는 기업의 모습은 전광석화 같아 보인다. 회 사 정관도 바꾸고 캠페인도 하고 광고도 하느라 분주하다. 그 속이 보이 는 ESG의 진정성에 대한 검증 차원의 공격받는 사례도 늘고 있다. 이른바 ESG 워싱(ESG washing) 현상이 등장 중이다. 무늬만 ESG인 기업 행태를 벌써 경계하고 있다.

수많은 혁신을 경험했지만 이처럼 단기간에 국내 대표기업이 너나없이 기업 내부에 'ESG 위원회'를 설치하고 ESG 경영을 최우선 가치로 하겠다 고 한 적을 본 적이 없다. 발 빠른 대응능력은 신문사, 대학, 컨설팅 기관 에서도 나타난다. 이들은 ESG 전문 컨설팅 기관, 전문 교육기관을 자임하 고 나서고 있다. ESG 전문잡지도 등장했다. 전문교육 과정에 대한 홍보 문자를 거의 매일 접하고 있다. ESG 평가 기관도 해외는 물론이고 국내에 서 빠르게 늘고 있다. 수십 개가 난립 중이다. 각자 내세우는 기준도 제각 각이라 이미 이를 우려하는 지적이 등장한다.

이런 행동은 '4차 산업혁명 가속 현상'으로도 볼 수 있다. 점차 혁명 촉 진 요소들이 변화를 가속하고 있다. 혁신 기술, 코로나19 현상, 큰 정부 출 현 등이 모두 촉진 요소가 되고 있다. 그 결과 변화의 속도가 기하급수 모 습을 하고 있다. 기업 대응 속도도 예외가 아니다. 전광석화가 따로 없다. 스마트공장이 10여 년이 걸려서 한 일을 ESG 관련 혁신이라는 이름으로 는 1년여도 안 되는 시간 동안 기업이 스스로 대응하는 것을 볼 수 있기도 하다. 혁신에 대한 반복된 학습 속도도 빨라지고 정보 자체도 매우 빠르게 확산하기 때문인 것 같다.

그런데 이 속에서 중요한 것이 간과되고 있다. 잠시만 돌아보면 제조 공장은 스마트공장 활동이 ESG의 적통 활동이란 것을 기업은 잘 보지 못하는 것이다. 스마트공장은 '4M+2E+1S'를 통해 활동을 추진하고 있어 이를 제대로 하면 ESG 경영은 거저 얻어지는 것을 잘 모르고 있다. 이 장의 앞 절에서 이미 소개한 내용이다.

중소 중견기업은 이미 4M 중심의 개선과 혁신을 하고 있다. 대기업도 물론 그렇게 해 왔고 상당한 4M 수준 향상, 2E 대응, 1S 대비를 해 왔다. 스마트공장 혁신 활동을 이를 좀 더 세련되고 체계적으로 끌어올리는 과정이다.

스마트공장의 대표기업이던 포스코는 현장 작업자 안전사고와 사망 사건이 반복되자 1조 원을 투자해 현장의 안전을 높이겠다고 선언하기도 했다. 대기업도 계속 노력해야 하며, 실은 스마트공장을 잘하면 이런 성과를 얻을 것이 틀림없다. ESG 경영은 탄소배출 축소, 탄소 중립도 요구하는데 이것도 스마트공장 활동에서 지원하는 범위에 속한다. 신성이엔지 같은 기업은 태양광을 활용해서 공장의 전기를 스스로 공급해서 'RE100'[11] 기준을 이미 성취했다. 다른 기업도 점차 이런 대열에 함께하고 있다. 중소 화장품 제조 기업들은 연구실이나 실험실에서 발생하는 화학물질을 폐기하는 일을 투명하게 처리하는 활동으로 역시 ESG 경영에 참여 중이다. 그 외의 사례가 스마트공장의 예에서 많이 확인된다.

이 모든 활동이 스마트공장과 관련되고 있음을 ESG 분야의 활동가들이 잘 알지 못할 뿐이다. ESG 경영을 추구하는 이들은 대체로 힘이 있는 위치에 있어서 이들이 스마트공장에 관심을 둔다는 것은 스마트공장을 추진하는 이들에게는 큰 도움이 될 것이다.

앞으로도 지속해서 스마트공장이라 쓰고 ESG 경영으로 읽는 사례를 주변에서 확인하는 일이 늘어날 것이다. 'ESG 워싱' 오명을 듣지 않고도 제대로 된 ESG 경영을 추진하고자 하는 기업에게 스마트공장은 큰 도움이 될 것이다. 기업 정관을 바꾸고 ESG 위원회만 설치할 것이 아니라 제조 현장의 스마트공장을 주목할 때이다. 선도 기업에게 스마트공장은 ESG 경영에 대응하는 방법이다.

리더는 외롭다. 그래도 소통하고 솔선수범하라

'성공적인 기업이 되기 위해 어떤 리더십이 적합할까?'

이는 경영학계는 물론 여러 영역에서 다룬 오래된 논의 주제이다. 그간 세상에 등장한 리더십의 종류 수만 해도 상당하다. 리더십은 점차 시대와 당시 사회 현상을 반영하며 새로운 변종을 만들어 내기도 한다. 영웅적 리더십, 카리스마 리더십, 서번트 리더십, 민주적 리더십 등이 바탕을 이룬다고 하면 여기서 파생되는 변종 리더십이 등장하는 식이다. 존중 리더십, 멀티 리더십, 포용 리더십 등이 그런 예다. 이런 리더십을 스타일, 성격, 조건이나 방법이란 분류로 나누어 보면 그림 4처럼 다양해진다. 회사마다 어떤 리더십이 필요할까? 답이 다를 수 있을 것이다.

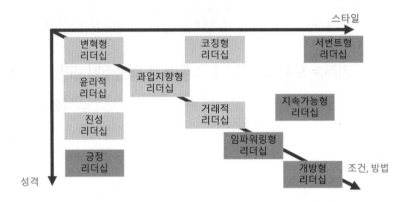

그림 4 성격, 스타일, 조건, 방법으로 구분한 다양한 리더십의 종류

그렇다면 스마트공장을 추진하는 현장에 필요한 리더십이 특별하게 정해질 수 있을까? 스마트공장이 추진되는 환경이 서로 다르다 보면 한 가지 리더십만이 선택되기보다는 더 다양한 선택지도 있지 않을까? 필자의 경험은 스마트공장이 추진되는 현장에도 다양한 리더십이 존재해야 한다고 믿게 한다. 어떤 한두 가지 리더십만 옳고, 다른 것은 그르다는 식의 이분법은 들어맞지 않는다고 본다. 회사마다 상황과 여건이 다르고, 리더의 개성, 성격, 조직, 문화 등이 모두 다르기에 그렇다.

그러나 제조업이란 특성과 중소기업이라는 규모의 기업 또는 공장으로 범위를 좁히면 스마트공장의 성과를 일궈 내는 곳의 리더에는 어떤 공통점도 있어 보인다. '긍정', '믿고 위임함', '열림', '지속 가능', '떠받들기' 등과 같은 공통적인 방향성이 보인다. 누구에게는 쉬워 보일지 모르나, 어떤 이에게는 무척 생소한 것처럼 보일 것이다. 그러나 이런 방향성은 이미 성취를 이루는 기업의 리더들의 공통점이란 점에서 한번 살펴보기를 권한다. 이는 학술적으로 체계화된 방법론으로 분석한 것이라기보다 직관적으로 경영자들과 인터뷰하면서 얻은 관찰의 결과라는 점을 이해해 주기 바란다.

필자도 산업화 시대를 관통하는 삶을 살면서 제조 산업 현장의 모습이 변화하는 것을 지켜볼 수 있었다. 그간 어떤 일이 벌어졌는지, 또 어떤 변화가 있었는지 나름 알고 있다. 체험으로 이런 일을 직접 또는 간접적으로 경험해 왔다. 예를 들어 공장 울타리 내부의 연구소에서 근무한 때 노사 분쟁이 일어나는 일을 직접 경험하기도 하였다. 현장과 거리가 있는 연구소 일을 하고 있지만, 사무직이란 이유로 노사 분쟁 기간에는 사측의 일원이 되어 교대로 밤에도 공장 주변을 순찰(?)하는 일도 경험했다. 같은 공장 울타리에서 기술부서, 관리 부서, 품질 관련 부서에서 현장 근로자들을 어떻게 대우하는지도 지켜볼 수 있었다. 그 이후로도 전국의 수많은 기업 현장을 방문하면서 그곳에서 벌어지는 현장 사례 속의 노조 그리고 사측의 변화를 지켜볼 수 있었다. 최근의 기업 환경 변화에 대해서는 굳이 설명하거나 부연할 필요 없다고 본다. 주 52시간 근무 환경, MZ세대의 등장 등 기업 현장은 늘 크고 작은 새로운 변화 속에 놓여 있다.

이 모두를 감안하면서 찾은 제조 현장의 리더들, 특히 스마트공장을 추진하고 성과를 만들어 내는 작은 규모의 제조 기업의 리더들은 한결같이 솔선하고, 수범한다는 유사함을 보인다. 공장의 세세한 곳까지 스스로 챙기고 보살피는 것도 볼 수 있다. 예를 들면, 공장의 물 빠져나가는 곳의 물을 막은 나뭇잎을 리더들은 손을 넣어 주저 없이 치운다. 공장 한구석에 필요한 나무 한 그루도 자신이 구해 와서 심는다. 직원들에 대한 교육도 스스로 준비하고 처리한다. '이렇게 해라'가 아니고 '나를 따르라'라고 한다. 지시자와 리더의 차이가 나타난다. 자신이 리더라고 힘을 주는 법이 별로 없고 몸소 나서고 실천한다.

　스마트공장 추진 성공 리더 중에는 창업 1세대 경영자도 있고, 2세 경영자도 있다. 대체로 겸손한 자세가 몸에 익은 것도 공통점인데 과거처럼 '회사가 내 것이니 내 맘대로 한다'는 자세나 모습을 볼 수 없다. 솔선수범 그리고 겸손함이 공통점이다. 스마트공장이 리더 혼자 추진하는 일이 아니라 종업원이 함께 참여하는 혁신 활동이란 시각으로 보면 이런 공통점이 이해가 된다. 즉, 디지털 기술이니 센서, 사물인터넷, 빅데이터라고 하는 기술혁신만으로 스마트공장이 만들어지는 것이 아니라 조직 구성원이 리더를 믿고 따르며 기꺼이 참여할 때 스마트공장이 진일보하고 성과를 낸다는 사실을 알고 보면 리더의 솔선수범과 겸손함이 공통점인 이유를 알 수 있다.

"공장은 그럭저럭 돌아가지만 저는 외롭고도 고독합니다."

　자문했던 기업의 어떤 임원이 한 말이다. 리더의 모습이 본래 그렇고 앞으로도 점점 더 그럴 것 같다는 생각이 든다. 그래도 지금 상황이 힘들지만 한 걸음 더 나아가야 한다며 위로한다.

"한 걸음만 더 해라. 포기하고 싶지만 한 걸음만 더 하면 된다."

　무지개 원리를 제시한 차동엽 신부도 이렇게 말했다. 이런 말을 의지하며 리더는 앞으로 나간다.

"작은 것을 추진하라. 습관적으로 해라. 큰 것을 하지 말고 작은 것, 쉬운 것을 반복해서 해라. 그렇게 자신감을 확보해라."[12]

《습관의 디테일》의 저자인 BJ 포그는 이렇게 말했다. 스마트공장을 너무 어렵게 대하지 말고 큰 것보다는 작은 것부터 추진하는 다른 세상의 이치와 통하는 것을 강조하며 인용하는 글귀다.

리더도 사람이기에 함께하는 동료나 부하직원들이 야속할 때도 있을 것이다. 그래도 소통하고 공감을 끌어내고 또 비전을 다시 세우라고 말하고 있다. 리더의 어깨는 무겁지만 그런 무게를 이겨내는 리더만이 성취의 기쁨도 누리는 것 같다. 스마트공장을 이끄는 리더에게 박수를 보낸다.

일 잘하는 리더는 '일반화'로 감을 잡고, '개별화'로 성취한다

"스마트공장이라고 해서 다 같은 줄 알아? 우리 회사는 남들 스마트공장과 분명 다르지!"

이렇게 말하는 스마트공장의 리더는 고수다. 이런 사람은 혁신이 말하는 '일반화'와 '개별화' 차이를 안다고 말한다. 이런 이는 남들처럼 일반화된 메시지를 옮기는 것을 자제한다. 예를 들어 '스마트공장을 했더니 회사가 정말 좋아졌다'라는 식의 두루뭉술한 표현을 잘 사용하지 않는다. 일반적으로 기대하는 것과 달리 스마트공장 성과는 여러 조건이 맞아야 비로소 원하는 결과를 만들 수 있다. 그 조건이 바로 개별적이라 본다. 스마트공장 추진은 매우 구체적인 준비 활동하고 실행할 때만 그 결과가 손에 잡히게 나타난다. 따라서 단순히 일반화된 메시지만 믿고 순진하게 접근하면 스마트공장 추진 활동은 방향을 잃을 수도 있다.

경남 양산에 있는 코렌스의 젊은 스마트공장 리더의 입에서 나온

CPS(Cyber Physical System) 사례는 이를 잘 설명한다.

"우리 회사는 CPS를 구축해서 품질 문제를 상당하게 개선했습니다."

　코렌스는 CPS를 통해서 기존에 발생하던 높은 수준의 공정 품질 문제를 해결하였고 그 결과 품질 비용도 대폭 절감한 것으로 알려져 있다. 여기서 등장하는 CPS는 일반적인 표현으로 '물리 공장'과 디지털 모델링을 통해 만든 '디지털 공장'이 연동된다는 것이다. 쉽게 말해 실제 공장을 컴퓨터 속에 그려 넣고 실제 데이터를 이용하여 시뮬레이션하고 검증하는 것이다. 이런 활동으로 생산 조건들을 조정하여 제품의 품질을 개선한다는 것이다. 가상 공장에서 더 나은 좋은 생산 조건을 찾아내고 이를 물리적인 공장에서 실제 적용하고 그 결과를 확인하는 것이다. 이런 결과를 다시 피드백하면서 점차 더 나은 조건을 찾고 만들고 하는 것이다. 이는 일반화된 설명이다.

　이런 설명을 들으면서 고개를 끄덕인다고 해서 CPS가 자신의 회사에서도 쉽게 구축되거나 성과를 내지는 않는다. 그렇게 생각하면 오산이다. 경부 고속도로 주변에 새로 세워진 '디지털트윈' 대형 광고를 보면서 우리 사회가 디지털트윈의 세계로 바로 들어갈 수 있을 것과 같은 상상을 할 수 있다. 이런 상상은 대부분 일반화를 말하는 것이다.

　다시 코렌스 사례를 살펴보자. 코렌스의 CPS가 얼마나 특별하고 유별난 것인지 알 수 있다. 진공로에서 브레이징이란 용접작업을 하는 공정을 CPS로 만들어서 이론적인 시뮬레이션과 현장의 적용을 번갈아 하면서 지속하여 최적 조건을 점차 만들어 가는 것을 보면 CPS가 그리 간단한 일이 아닌 것을 알 수 있다. 이 회사가 꾸민 CPS는 개별적인 수준이며 특별하다. '개별화'란 이런 구체적인 수준의 활동을 하면서 의도한 효과를 얻어내는 것을 말한다.

CPS는 2000년대부터 세계적인 자동차 기업, 항공사 등에서 빈번하게 사용하던 용어였다. 예를 들어, 보잉이나 에어버스와 같은 기업이 항공기 신제품을 개발하고, 설계하여 첫 생산품을 생산할 때쯤 예상하지 못한 일을 개선하기 위해 사용하던 용어이자 개념이었다. 항공기와 같은 거대한 제품도 몇 개의 조각으로 나누어 조립되곤 하는데 어떤 때는 몸체 조립 자체가 되지 않는 일이 벌어졌다. 또 항공기 내부 배선에 중요한 와이어 하니스(Wire harness)를 연결해야 하는데 터무니없이 길이가 짧아 전혀 연결할 수 없는 일이 일어나기도 했다. CPS는 이런 문제를 해결해 주었다.

그런 CPS가 점차 제품 개발단계를 넘어, 제조 영역으로 넘어온 것이다. 스마트제조가 주목받으면서 다시 등장하는 셈이다. '디지털화'라는 이름으로 또는 DX라는 유행어에 끼어 다시금 주목받고도 있다. 물론 이전보다 더 성숙하고 발전된 모습으로 말이다. 과거처럼 한 방향 시뮬레이션이 아닌 양방향 시뮬레이션으로 무장하고 가상의 세계에서 데이터를 스스로 만들어 학습하는 일까지 가능한 모습으로 진화하고 있다. 일반화 개념으로는 CPS라는 것을 가상과 실제 세계를 말하는 정도로 이야기하면 충분해 보이지만 실제 이를 응용하여 성과를 만드는 것은 그 방향과 세부 수준에서 매우 달라진다. 그래서 일반화와 개별화를 구별하여 봐야 한다.

스마트공장 활동에서 나타나는 수많은 논의 속에서 일반화와 개별화를 어떻게 구분할까? 이에 답을 찾는 주역이 실은 스마트공장 리더이다. 리더는 일반화된 개념 속에서 개별화된 자신만의 이야기를 찾아낼 수 있어야 한다.

'우리 회사, 우리 공장에서는 저런 것을 어떻게 구현할 수 있을까? 무엇을 준비해야 저런 일이 실제 성취될 수 있을까? 저런 일을 통해서 우리는 무엇을 얻을 수 있을까?'

일 잘하는 리더는 스스로 이런 질문을 던지고 이에 대한 답을 개별적으로 찾아낸다.

마음속에서 피어오르는 좀비 근성을 다스려라

"힘들다. 어떻게 해야 할지 모르겠다."

중소 제조 기업 CEO를 만나면 이런 말을 하는 기업이 한둘이 아니다. 하루 벌어 하루 먹고사는 제조 기업이 자주 등장한다. 최저 인건비 인상, 주 52시간 근무 등을 원인으로 지적한다. 엎친 데 덮친 격으로 코로나19 팬데믹 여파도 그간 많은 중소기업을 어렵게 하였다. 코로나19 속에서 득을 본 기업이 있지만 극히 일부이고 대부분은 어느 때보다 어려운 시기를 보냈다. 득을 본 기업들도 엔데믹이 도래하자 무너지는 예도 있다. 주로 코로나19 특수를 노리고 투자했던 기업들이 그렇다. 이런 빠른 롤러코스터와 같은 변화를 감당하지 못하는 기업이 주변에 널려 있다.

제조업체로서 가장 어려운 것은 사업으로 돈을 벌어서 인건비를 지급하는 것조차 어려운 수익 구조이다. 우선 제품이 팔려야 하는데 적게 팔린다. 팔리는 제품마저 가격이 낮아지니 수익은 나빠진다. 기업의 체력이 허약해지는 것이다. 어떻든 살아남으려 하는데 정부가 지원하는 과제나 지원 프로그램으로 연명하려고 애쓰는 모습도 보인다. 대표이사나 직원의 급료 일부라도 현물로 인정받으면 현금 투자 없이 정부 자금을 받아 쓸 수 있기에 묘안을 짜내는 것을 볼 수 있다.

이 과정에서 슬며시 등장하는 것이 좀비 속성이다. 이미 스마트공장 생태계에서는 좀비 근성이 널리 팽배해 있었다. 제품을 만드는 제조 기업은 물론이고 이들에게 솔루션이나 컨설팅을 제공하는 주체들도 그렇다. 생태계 전체를 위해 이를 잘 다스리는 것이 중요하다.

'큰 정부'의 역할을 하는 정부는 어느 때보다 돈을 많이 푼 바 있다. 그런데도 스마트공장 현장에는 돈이 제대로 흐르지 않았다. 지연과 정체현상이 생겼기 때문이다. 예산은 분명히 있는데 행정 지원 능력이 정체되어 수요 공급의 요구의 물꼬를 트지 못하는 탓이다. 스마트공장을 지원하는 기관의 모습 속에도 정체가 보인다. 그들의 일하는 모습도 경직되어 있다. 나름 합당한 이유가 있을 것이다. 투명해야 하고, 공정해야 하고, 나중에 감사도 받을 것을 감안해야 하기 때문일 것이다. 핵심은 정책 내용의 현실성인데 생태계 현장이나 현실에 맞지 않는 정책이 부지기수다. 그런 정책마저도 자주 바뀌고 있다. 그때마다 생태계는 신음한다.

이름만 바꾸는 비슷한 정부 사업도 여기저기 등장한다. 정부에 있는 여러 부처가 제각각 경쟁적으로 사업을 펼치기 때문이다. 이들이 한국판 뉴딜, 스마트공장, 산업 DX, 소상공인 지원 등 이름만 바꾸어 그럴듯하게 프로그램을 고시하고 집행 중이다. 눈치 있고 발 빠른 기업은 곶감 빼 먹듯 정부 사업 참여에 몰빵한다. 정보를 나누는 곳에는 배려나 균형은 없다. 여기도 실력에 따라 갈린다. 어떤 기업은 상당히 앞서고 또 그런 정보만

뒤지는 기업도 있다. 그렇지 않은 기업은 늘 뒷북만 친다. 그런 틈을 비집고 컨설팅을 자처하는 기업도 등장한다. 과외를 해 주는 기관이 생겨나는 것이다.

이런 일이 벌어지는 일의 원인을 규명하고 '이렇게 하자' 또는 '저렇게 하자'고 제안할 생각은 없다. 다만 생태계가 악화하고 지쳐가는 것은 말하고 싶다. 또 그 사이로 좀비 속성의 유혹이 늘어가는 것을 전하고자 한다. 이들은 이미 한계 상황에 이른 기업이다. 좀비를 상대로 또 다른 좀비가 공급한다. 좀비는 좀비를 부른다.

본래 생태계 내에서 '기업은 사람과 사람이 힘을 합해 더 큰 시너지를 만들며 일하는 곳'이다. 그러나 현재의 환경은 이렇게 사람이 모여 시너지를 내는 것이 쉽지 않다. 고용이 고정비로만 작용하는 세상이다. 고정비가 좀처럼 유연하지 않으니 기업은 버티지 못하고 문을 닫거나 좀비로 나선다.

아파트형 공장에서 부부가 함께 기계를 조립하고 납품을 준비하는 것을 보는 것이 낯설지 않다. 고용을 유연하게 하는 방법이 부부가 일하는 것이라니 한국의 제조업이 건강하다고만 할 수는 없다. 생각 없는 정부와 치졸하고 근시적인 정치인들이 똘똘 뭉쳐 규제만 만들어 내고 있으니 기업은 제 갈 길을 찾아 살기 위해 별의별 지혜를 다 짜내는 중이다. 결국 부부가 일하면서 '고정비를 변동비로 바꾸는 방법'을 강구하고 있다. 부부간에는 수익이 없더라도 지급하지 않으면 그만이다. 어쩔 수 없으니 그렇게라도 하는 것이다.

더 세련되고 더 나은 방법이 있다. 고정비를 변동비로 바꾸는 더 나은 방법은 '스마트공장'이나 '스마트워크'다. 그러려고 스마트공장이나 스마트워크 또는 DX를 하는 것이다. 요즘 이런 내용을 담아 소상공인 지원 사업이니, 산업 DX니 하는 사업이 자주 등장하고 있다.[13]

다만 이런 제도는 양날의 검과 같아서 취지에 벗어나는 일이 생기면 지원하는 쪽이나 지원받는 쪽 체면을 구기고 어렵게 마련한 예산을 준비한 정부의 세금만 값없이 날리게 된다. 누구나 동의하겠지만 본래 지원금이 투입되어 2배, 3배 또는 그 이상의 레버리지를 만들어야 한다. 그러나 어떤 이유로 지원하는 기관, 참여한 컨설턴트, 일부의 소프트웨어 기업, 장비 공급기업의 주머니만 채워 주고 마는 일 정도에만 머무는 것이다. 물론 예외적으로 좋은 성과를 만들고 잘하는 곳도 있을 것으로 기대한다. 그런 것을 찾아내고 더 격려하는 것이 필요하다.

좀비 마음가짐으로 스마트워크, 스마트공장, DX를 적용한들 성과가 나오기 어렵다. 고정비를 변동비로 만드는 방법은 결과적으로 투자 대비 효과를 키워서(즉, 생산성을 높여) 고정비를 분산하는 것이다. 구체적인 방법은 해당 기업이 가장 잘 안다. 잘 안다고 해서 성과가 그냥 얻어진다는 뜻은 물론 아니다. 기업이 그것을 현장 속에서 찾아내고 실제로 송편 빚어내듯 정성을 들여 준비하고 일을 제대로 수행해야 한다. 정부는 그런 노력하는 기업을 유연하게 또 투명하게 도우면 된다. 그 주변에 떠도는 또 다른 좀비들을 치료도 하고 구제가 안 되는 좀비는 멀리 쫓아내야 한다.

수요기업이든 공급기업이든 좀비 기업은 살아날 수 없다고 본다. 어렵지만 기업은 창업할 때의 열정과 창업 마인드를 자주 되돌아봐야 한다. 또 자신만의 '기업가정신'을 다시 가다듬어야 한다. '내가 왜 창업하는지' 마음을 다듬어야 한다는 뜻이다. '회사가 내 것이다'라고 생각하는 순간, 그 기업은 이미 위험하다. 주변에서 그런 기업의 소식을 접하고 있다. 20

년, 30년 전에나 통하던 생각을 아직도 지닌 것을 본다.

정부가 기업가정신을 다듬고 지원하라고 할 생각은 추호도 없다. 하는 일이나 제대로 하라고 말하고 싶다. 대신 이런 일은 민간에서 추진하는 것이 좋아 보인다. 마침 김기찬 교수 같은 분이 K-기업가정신을 정리하고[14] 여기저기에 알리는 모습을 접하면서 더 많은 이들이 중견기업, 중소기업의 K-기업가정신을 정립하는 데 참여하기를 기대한다. 이제는 사회 전체가 이런 새로운 K-기업가정신을 격려하고 지원하는 방식으로 생태계가 건강하게 살아나도록 도와주어야 한다.

세상의 모든 스마트공장은 목적이 있다

멋지고 품위 있는 공장에 인재가 모인다

"보기 좋은 음식이 더 맛있네요."

같은 음식도 예쁘게 세팅하면 찾는 손이 더 많다. 요즘은 이런 세팅된 음식을 SNS를 통해 공개하는 모습을 자주 본다. 멋지고 맛있어 보이는 음식을 여기저기에 소개하는 일이 일상이다. 자연스러운 이치이다. 이런 이치가 실은 공장에도 적용되어야 한다. 왜? 그래야 직원이 신이 나고, 그곳을 방문하는 고객들도 좋은 인상을 지니고 돌아간다.

'공장을 예쁘게 꾸미라는 말인가?'

큰돈을 들여 예쁘게 꾸미라는 뜻은 아니다. 다만 같은 공장이라도 나름대로 잘 차려입은 사람의 모습처럼 품위 있게 업그레이드해야 한다고 말하는 것이다.

가장 기본은 '5S3정(정품, 정량, 정위치, 정리, 정돈, 청소, 청결, 습관)'이다. '5S3정'이 기본으로 적용되는 공장이나 공실을 만드는 것이다. 일하는 사람이든 그곳을 방문하는 이들이든 이런 환경이 '편안함'과 '안정감'을 제공한다.

그리고 나서 공장의 다른 구성 요소도 돌아보고 업그레이드해야 한다. 꼭 설비나 라인을 말하는 것이 아니라 그 외의 요소를 말하는 것이다. 공장을 담고 있는 공실의 실내장식, 예를 들어 벽면이나 기둥의 색상, 디자인, 조명, 채광 등이 조화롭고 품위 있도록 바꾸어야 한다. 특히 직원이 사용하는 휴게 장소나 외부 손님이 이용하는 미팅 공간은 이런 맥락에서 자신들만의 차별 요소를 추가하여 업그레이드하자는 말이다.

'하루하루 먹고살기 힘든데 무슨 호사스러운 색상 소리?'

이렇게 볼멘소리하는 경영자가 있다고 하면 그는 분명 '하수'다. 더는 희망이 없는 기업이다. '고수'는 머리를 써서 점차 이런 것으로 차별하고 앞서간다. 그래야 내가 원하는 인재가 공장에 온다. 또 방문한 고객이 조금 다른 감흥을 기억하고 돌아간다.

'MZ세대'의 생각은 월급 주고 작업복 입히고 공장 밥만 잘 제공하면 된다는 '베이비 붐 세대'와는 전혀 다르다. 이들은 일은 고되어도 카페와 같은 휴식 공간이 있고 그곳에서 고급 냉커피를 마시기를 원한다. 휴식 시간에 좋아하는 음악도 듣기를 원한다. 그렇게 휴식하고 정서적으로도 안정감을 느끼고 싶어 한다.

경남에서 방문한 한 기업은 공장 출입구는 물론이고 벽면 등을 특별하게 선택한 색상으로 칠을 했다. 경영자에게 물어보니 '색상 경영'을 한다는 답이 돌아왔다. 색상을 통해 공장 근로자들에게 메시지를 주는 것이다. 해당 장소의 의미를 환기하기도 하고, 특히 위험 장소는 주의를 환기하는 목적도 있다고 했다.

보통 공장은 회색 천지다. 때가 타도 비슷하니 관리가 쉬워 그렇게 한다. 바닥도 녹색이 대부분이다. 그렇다 보니 이 공장 저 공장 다르지 않다. 바닥이 녹색인 공장은 차분함은 없다. 고급 호텔 연회실에서 과거에 사용하던 색상이 녹색이었다. 지금은 모두 차분한 짙은 남색 계열의 색으로 바뀌었다. 훨씬 고급스럽다. 공장도 공장에 더 적합한 색상을 선택하는 노력이 필요하다. 더 나아가서 공장 분위기를 자신만의 차별화된 분위기로 바꾸고 업그레이드하는 것이 경쟁력이 된다. 부분부분 벽을 다른 색상으로 칠하고 디자인도 가미하자. 그렇게 해서 그곳을 방문하는 사람들에게 신선함과 차이 나는 이미지를 만들어 주자.

이미 대기업은 공장 현장 곳곳의 휴게실에 작은 공원 등을 꾸미고 있다. 연못도 만들고 나무도 가져다 심어 놓았다. 휴식 시간에 직원들에게 안락함을 제공하는 공간임은 말할 나위 없다. 어떤 공장은 채광을 신경 쓴 곳도 있다. 특히 식당 공간에 자연 채광이 되도록 배려한 곳도 있다. 점심이든 저녁을 먹는 시간이라도 직원들이 더 안락하고 재충전되도록 배려하는 것이다. 중소기업에도 이런 변화를 만드는 기업이 하나둘 나타나고 있다.

중소 중견기업에 이런 투자 여력이 제대로 있을 리 없다. 스마트공장과 더불어 이런 공장 환경 업그레이드 사업이 필요하다고 생각하고 있다. 이렇게 하면 당장 매출이 늘고 이익이 늘지 않아도 필요한 사람을 유치할 수는 있을 것이다. 사람, 즉 인재가 중요하고 그들이 올 수 있도록 환경을 꾸며 주어야 한다. 그런 인재가 매출 증가를 도울 때 선순환이 만들어진다.

근본적으로는 공장을 지을 때도 점차 주변의 지형물이나 환경, 또 다른 건물과 조화를 이루도록 해야 한다. 값싼 샌드위치 패널로 적당히 지은 싸구려 건물 속 공장은 난개발의 상징이다. '바쁘다 바뻐'를 외친 세대의 생각으로는 MZ세대의 인재를 불러올 수 없다. 산업공단에 가 보면 그런 곳에서 일하고 싶은 마음이 별로 생기지 않는다. 그런데도 기업인들은 연신 '사람을 구할 수 없다'라는 자조만 늘어놓는다.

특히 관리가 잘 안되는 곳인 화장실이나 식당 등의 환경을 개선할 필요도 있다. 직원 숙소가 있다면 그곳도 제대로 꾸미고 관리해야 한다. 특히 외국인 직원들이 숙소에 머무른다면 더욱 관심을 가질 필요가 있다. 결과적으로는 화장실, 식당, 숙소도 5S3정 관리 대상이다. 1970년대나 1980년대식 싸구려 여인숙이나 여관방이 연상되는 그런 환경의 숙소에 과연 얼마나 직원이 오래 머물까 생각해 보라.

그곳에서 일할 젊은이의 시선과 마음으로 일터의 환경, 건물, 공간을 만들어야 한다. 진짜 역지사지가 필요하다.

추진하고픈 스마트공장 모습을 RFP에 담아라

"알아서 해 주세요."

최근 국내 굴지의 대기업의 광고 방송에 등장하는 문구다. 인공지능의
시대에는 이처럼 알아서 해 주는 일이 늘어날 것을 예상하게 한다.

그러나, 스마트공장에서 이 말이 제일 위험하다. 과거에도, 현재에도 그
리고 미래에도 스마트공장 추진을 하면서 누군가에게 '알아서 해 주세요'
라고 말하면 안 된다. 스마트공장은 앞서 예로 든 광고 문구와 전혀 다르
다. 스마트공장 추진은 아무리 번거로워도 내가 알고 준비하고 추진해야
한다. 내가 스스로 체크하면서 추진해야 하는 일이란 뜻이다. 누군가 알
아서 해 줄 수 있는 일이 전혀 아니다. 그럴 수도 없고 그래서도 안 된다.

스마트공장 추진 현장에서 가장 어려운 걸림돌은 이미 여러 차례 이야
기한 바와 같이 '소통'이다. 안타깝지만 정부 지원 기관, 공급기업, 제조 기
업의 언어는 조금씩 다르다. 겉보기에는 같은 것 같지만 실은 다르다. 그

래서 사업이 끝나갈 즈음 서로 언성을 높이는 일이 생긴다. 분명 소통하였지만 서로 다르게 받아들이고 해석한 탓에 기대한 것과 다른 결과가 나오자 실망과 변명 그리고 적당한 타협의 이야기가 오가게 된다. 돈을 주는 정부는 이런저런 사정도 모른 채 으름장만 놓고 잘못이 있으면 돈을 회수한다고만 큰소리친다.

정부가 쏟아내는, 예를 들어 스마트공장 관련 용어에는 개념이 불분명하기도 하고 내용이 엇비슷한 것이 한둘이 아니다. 소위 전문가라고 하는 이도 헷갈리는 것이 많다. 여러 번 읽고 재차 확인해야 할 정도이다. 공급기업의 용어 중에도 그런 것이 많다. 자신들에는 일상의 용어지만 듣는 이에게는 생소한 말을 생각 없이 써 댄다. 이때 스마트공장을 추진하는 제조 기업 역시 자신들이 사용하는 일상의 용어로 상대와 소통한다.

정작 정부 기관이나 공급기업은 각각의 사정과 이유가 있어서 굳이 잘 들으려 특별히 노력을 기울이지 않는다. 정부 기관이 특히 그렇다. 돈줄을 쥐고 있기 때문이다. '싫으면 관두시라. 모르고 한 것은 내 탓이 아니고, 잘 알아듣지 못한 것은 당신들 탓이지' 정부 기관은 늘 이렇다.

공급기업도 선정되고 나면 태도가 바뀌는 일이 많다. 아쉬운 쪽은 늘 제조 기업이다. 결국 제조 기업이 제대로 알아들으려 노력해야 한다. 모르면 붙들고 다시 물어야 한다. 다시 물으면 답을 잘해 주지 않아도 다시 물어야 한다. 그런데 어떤 기업은 '그냥 알아서 해 주세요'라고 말한다. 왜? 잘 모르겠고 당장 급한 다른 일 처리로 너무 바쁘기 때문이다. 이렇게 해서 실은 모두 낭패를 겪는다. 그런 일이 적지 않았다. 어떻게 해야 할까?

단기간 내에 돈이란 '칼자루 쥔 사람'의 생각을 바꾸는 것은 기대하기 어려워 보인다. 누가 정부를 운영하여도 이런저런 시도 후에는 결국 별로 바꾸지 못하는 것을 보아 왔다. 경험이 그렇다. 늘공(늘 공무원의 약어)은 오직 자신들을 관리하는 상사나 윗선이 관심사다.

지난 2~3년 전부터 대학에서 제조 기업 임직원을 10여 명 안팎을 모아 놓고 하루 또는 이틀간 스마트공장 워크숍을 진행하고 있다. 이런 워크숍의 목표는 스스로 요구 조건을 찾고 정리하는 능력을 실습과 함께 배우도록 하는 것이다. 워크숍을 통해 각 중소기업의 상황이 서로 얼마나 다른지 알 수 있다. 또 기업마다 실제 해야 할 일이 어떻게 다른지도 확인하게 된다. 참가한 기업들도 이런 차이를 통해 서로 배운다. 필자의 워크숍이 제공하는 장점이며 차별점이다. 실은 이런 워크숍을 아무나 수행할 수 없다. 필자도 준비하면서 스트레스 지수가 높아지는 것을 느낀다. 많은 경험과 다양한 자료, 그리고 체계화된 지식 틀을 잘 동원해야 하기 때문이다. 알아서 해 달라는 말 대신 '스스로 할 일을 찾고, 남으로부터도 배우며 준비한다'라는 간단한 이치를 배우도록 기회를 만드는 워크숍을 다른 곳에서는 아직 본 적이 없다.

기업들은 워크숍을 통해서 적어도 RFP(Request for Proposal)를 준비해야 하는 것을 알고 돌아간다. 더 구체적으로 실습과 연습을 하면 좋겠지만 종종 시간이 충분하지 않은 것은 아쉬움이다. 참가자들은 회사 일도 바쁜데 하루나 이틀의 시간을 내어 참가하는 것이 적지 않은 도전이라 말한다. 실제 이런저런 급한 사정이 생기면 참석 중간에도 워크숍 공간을 떠나는 일도 있다. 이상과 현실은 늘 이처럼 녹록하지 않고 차이가 있다.

RFP는 아직도 일부 기업만 스스로 준비하고 챙기는 것으로 봐야 한다. RFP를 챙기면 시행착오를 줄이고 더 나은 성과를 얻을 것이 분명하지만 현실은 그렇지 않다.

기업이 스스로 준비하도록 돕는 제도가 없는 것은 아니다. '스마트 마이스터'나 '코디네이터'와 같은 제도가 그런 것이다. 그러나 상당수 제조 기업은 이 제도를 제대로 활용하지 못한다. 매일 벌어지는 급한 일 처리 때문에 신청은 하지만 성과는 얻지 못한다. 이해가 간다. 세상에 손 안 대고 코를 풀 방법은 없다. 일부는 자문 비용 거의 정부가 대주고 있으니 뭔가 얻어도 그만, 얻지 못해도 그만이라고 생각하는 듯하다.

거저 주어지는 것과 찾아서 얻는 것이 주는 성과 차이를 조직 심리학자 아담 그랜트는 사례에서 밝힌 바가 있다.[15] 찾을 때 성과가 높다. 스마트공장도 그렇다. 거저 주는 제도는 성과가 별로 없다. 자신이 찾아 무엇인가 스스로 준비할 때 성과도 더 나오고 더 발전한다.

그런 점에서 RFP는 스마트공장을 추진하는 기업이 갖추어야 하는 최소한의 준비물이며 과제이다. 이것이 없다면 실은 아무것도 준비하지 않은 것이나 마찬가지다. 그냥 '알아서 해 주세요'라고 말하는 것과 같다. 안타깝게도 '알아서 해 달라'는 이 말은 듣는 쪽과 말하는 쪽의 의미가 대부분 다르며, 모든 갈등과 실패의 씨앗이 잉태되는 시작점이 된다.

RFP는 스마트공장의 추진과정에서 공식 소통 도구가 될 수 있다. RFP가 있으면 정부에 제출하는 사업신청서도 잘 작성할 수 있다. 또 다음 단계의 사업계획서도 제대로 빠짐없이 작성할 수 있다. 주의를 기울이지 않던 공급기업도 RFP를 받아 들면 태도가 바뀐다. 요구 조건이 이해 안 되면 질문이라도 할 것이다. 소통이 열리는 것이다. 나중에 생길 문제가 줄어드는 것이다.

지금 새로운 정부는 2만 5천 개 정도의 기업을 디지털 제조 기업을 육성하고 지원할 계획이라고 한다.[16] 실은 스마트공장 지원의 연장선이다. 그

세상의 모든 스마트공장은 목적이 있다

렇다면 향후 5.5만 개 스마트공장 시대를 연다는 것인데, 이전의 3만 개와 다른 앞으로의 2만 5천 개를 원한다면 RFP를 쓰는 능력을 먼저 키우도록 독려해야 한다.

R&D와 스마트공장, 투트랙 전략이 필요하다

"2010년부터 추진한 스마트공장 사업을 통해서 '과연 될까?'하며 의구심을 갖던 일을 하나둘씩 구현해 왔습니다."

P 주물의 스마트공장을 추진한 담당자의 말이다. P 주물은 전형적인 뿌리 산업에 속하는 기업으로서 버리는 재생 철을 이용한 주물을 제작한다. 이 회사는 정부가 스마트공장 지원 사업을 시작하기 이전인 2010년경부터 스마트공장 활동을 시작했다고 밝히고 있다. 시작한 시점이 남들보다 앞서는 것으로 보이는 회사 사례이다. 이 회사경영자가 대단한 선견지명이 있거나 설명되는 과정에서 약간 과장된 정도로 여겨진다. 어쨌든 다른 기업보다 앞서 혁신에 관심을 가진 것은 맞는 것 같다. 이게 차별된 모습이다. 가족회사인 P 주물은 종업원 수가 많지 않고 30여 명 안팎이다. 이 회사 주물 제품은 국내 외 자동차 기업에 꼭 필요한 부품이다.

그러나 P 주물의 과거와 현재를 보면 미래가 낙관적은 아니기에 여러 시나리오가 등장한다. 이 P 주물의 스마트공장 추진사례를 분석하면 2가지 중요한 시사점을 얻을 수 있다.

첫째, 진짜 선도적인 기업은 스스로 살아남기 위해 정부가 스마트공장이란 사업을 하기 전부터 혁신 활동을 추진하였다. 누가 이래라저래라 하기 전에 혁신 활동을 한 것을 알 수 있다. 이런 사례가 P 주물만의 이야기는 아니다. 그래서 정부가 스마트공장 보급확산 사업하기 이전에 이미 유사한 활동을 했다고 보이는 기업이 있다. 많지 않지만, 가끔 그런 기업이 나타나고 있다.

둘째, 스마트공장 추진이 P 주물의 기존 포트폴리오의 성공을 미래에도 보장하지 않는다는 점이다. P 주물이 생산 공급하는 자동차 부품은 대개 자동차의 구동계에 투입된다. 엔진이나 구동장치의 프레임 등에 부품이 투입되기에 전기자동차 시장이 증가하는 트렌드를 감안하면 P 주물의 기존 포트폴리오는 위기를 맞을 수 있다. 점차 주철로 만드는 주물 제품을 다른 제품으로 바꾸지 않는다면 말이다. 전기자동차 시대가 성큼 다가왔기 때문이다. 이런 위기는 P 주물만의 문제가 아니라 엔진이나 구동용 기기에 부품을 공급하는 자동차 부품 제조 기업 모두에서 예견되는 일이다.

P 주물이 취할 수 있는 단기 전략은 다른 주물 공급기업이 모두 문을 닫아도 살아남을 수 있는 수준의 '제조 원가'와 '품질관리' 수준을 확보하는 것이다. 자동차용 주물 제품 수요가 하루아침에 모두 사라지는 것은 아닐 것이기 때문에 이 전략은 유효할 수 있다. 현재 P 주물의 지난 4~5년간의 매출을 분석하면 대체로 성장이 정체된 듯하다. 단, 영업이익률이 증가하고 있다. 그간의 혁신 활동이 이익으로 전환된 것으로 해석해 볼 수 있다. 스마트공장 활동 성과라고 할 수도 있다.

근거로서 품질 불량 수준이 5% 대에서 1% 대로 올라섰다. 품질 원가는 본래 잘 보이지 않지만, 재무제표에서는 절대 빠지지 않고 결국 손익에 영향을 준다. 품질이 좋아지면 원가가 좋아지고 결국 영업이익률의 개선으로 이어 나타난다. P 주물의 스마트공장 성과는 한마디로 품질 불량률을 축소한 비용개선이다.

이런 품질 개선을 퍼센트(%) 수준이 아닌 PPM 수준으로 낮추면 다른 기업은 문을 닫을 지경이 되어도 P 주물은 당분간 살아남을 가능성이 있다. 기업의 문을 닫는 숫자와 시장 수요 감소가 비슷하면 현상 유지가 될 것이고, 수요 감소가 기업 문을 닫는 속도보다 낮다면 P 주물이 생존전략으로서 제조 원가 경쟁력은 유효하다. 이를 위해 당장 품질안정과 제조 원가를 낮추는 일이 필요하다.

그러나 근본적인 장기 시나리오는 여전히 불안하다. 회피 업종, 젊은 근로자가 싫어하는 현장 조건, 올라가는 인건비, 정부의 규제 증가, ESG 경영의 압박과 같은 새로운 글로벌 규제 등장 등의 파고를 넘을 수 있을지 장담하기 어렵다.

P 주물은 이런 미래를 알고 있어 최근 더욱 바짝 허리를 졸라매는 모습을 보인다. 품질관리를 위해 인공지능 기술을 활용하는 방안도 연구하는 것을 볼 수 있다. 공정의 핵심 조건과 품질의 '인과관계'를 데이터를 모아 분석하는 수준을 갖추려 한다. 그런 데이터가 모이면 이를 통해서 품질 문제가 생기지 않도록 제어하고 관리하겠다고 생각하는 것을 엿볼 수 있다. 이런 일이 성공하면 Level 3 수준 이상의 스마트공장이 구현되는 것이다. 앞서 말한 품질관리를 통한 품질 원가를 낮추는 활동의 연속이다. 이를 통해 PPM 수준의 품질관리를 더 낮추도록 도전하려는 것이다. 뿌리

기업 중에서는 상당히 선도적인 기술 입지를 구축할 수 있을 것이다. 굳이 비유하자면 '작은 포스코 사례'가 될 수도 있을 것이다.

그러나 장기적인 산업 변화 트렌드를 본다면 스마트공장만이 아닌 또 다른 도전에 나서야 한다. 어떤 기업은 자신의 스마트공장 경험을 사업화해서 기술 공급기업이 되기도 한다. 해외에서 지멘스, 보쉬가 이런 사례이고 한국에서는 삼천산업, 동광사우 같은 기업이 이런 예를 보여 준다.

또 다른 전략은 기존의 기술 역량을 토대로 사업을 확대하거나 넓게 펼치거나 또 전환하는 것이다. 이 전략을 위해 R&D 활동은 기본이다. 제품 R&D, 공정 또는 공법 R&D 강화에 투자가 필요하다. 물론 스마트공장이 기본이며 병행해야 한다. 제조 분야만 떼어 놓고 보면 제조 기업의 성공을 위한 투트랙(Two Track) 전략인 '제품 및 공법 R&D'와 '스마트공장'이 필요한 이유다.

한국 대부분의 제조 기업에서 투트랙 전략은 필수 조건이 되는 셈이다.

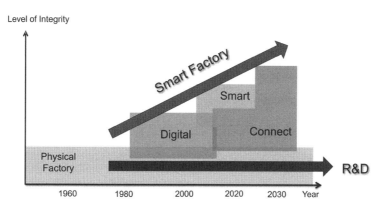

그림 5 시간 축 위에 표시한 투트랙 전략 개념도

포트폴리오를 점검하고 재정립하라

'현재의 아이템을 스마트공장에서 제조하더라도 기업의 미래 생존을 보장하지 못한다면 대안은 무엇일까?'

이 질문에 자유로운 국내 제조 기업은 현재 그리 많아 보이지는 않는다. 앞 절에서 언급한 P 주물은 자동차 산업의 대전환을 맞아 포트폴리오를 개선할 상황을 마주하고 있다. 이런 상황이 P 주물만의 이야기는 아닐 것이다. 스마트공장 추진 활동 초기에 모델 공장을 구축한 동양피스톤과 같은 기업도 이런 도전을 맞고 있다. 동양피스톤이 수소 관련 사업을 탐색하고 새로운 신규 사업 아이템을 찾느라 분주한 이유다. 스마트공장을 수준 높게 구축하였다고 해서 장래가 항상 밝은 것은 아니다.

다시 말하지만 자동차 산업에서는 화석 연료를 사용하는 엔진이 빠르게 줄어드는 것은 확실하다. 대신 전기 모터나 배터리 관련 부품 수요가 늘어나는 것이 또한 추세이다. 이런 전환의 시기에 엔진 부품을 만드는

세상의 모든 스마트공장은 목적이 있다

동양피스톤은 앞으로도 그럭저럭 버틸 수는 있겠지만 5년, 10년 후의 모습이 어떻게 될지 가늠하기 쉽지 않을 것이다. 빠르게 포트폴리오를 재점검해야 하는 상황에 놓여 있다.

코로나19 시절에는 잘나가던 기업들도 비슷한 상황에 빠져 있다. 주로 마스크를 제조하는 기업의 상황이 그러하다. 한때 매출이 2배, 3배 급성장하고 수익 구조가 획기적으로 증가하는 현상을 경험했지만 불과 한두 해 사이에 이 기업들은 공장 가동을 멈추고 보유한 설비를 처분해야 할지 말지 고민하는 처지가 되었다. 스마트공장 혁신 활동으로 높아진 생산성도 절대 시장 규모나 수요 축소 앞에서는 무용지물이 된 셈이다. 전염병 진단 세트를 제조하던 기업들도 비슷한 상황이다. 물론 마스크 제조업체들보다는 상황이 좋은 편이지만 늘어난 매출이 제자리 수준으로 돌아오는 모습에 다시 긴장감이 돌고 있다.

R&D의 중요성이 다시 강조되는 이유이다. 속한 산업과 제조 아이템 등에 따라서 시급성은 다르지만, 기업의 미래는 새로운 기술의 개발, 새로운 제품이나 서비스를 만드는 능력, 안정된 생산과 품질관리 능력 등에 골고루 의존하는 것을 알 수 있다. 시장 여건이나 경쟁상황에 따라서 제조 역량이 더욱 주목받을 때도 있지만 남들이 내놓지 않은 새로운 제품이나 서비스를 통해 포트폴리오를 새롭게 정비하는 것이 더 근본적인 생존전략이란 것을 대부분 기업은 체감하고 있다.

문제는 새로운 포트폴리오를 찾아 발굴하고 육성하여 상업화하는 것이 말처럼 간단하지 않다는 점이다. 기존 기업 역량을 횡으로 확대하는 방법이 좋기는 하지만 그런 수준으로는 남들과 차별되지 않는 경우가 많은 것 또한 기업이 마주한 현실이다. 제일 바람직한 것은 남들이 아직 진입하지 않은 영역에서 선도적으로 새로운 아이템으로 새 시장을 만들고 성장하는 것인데, 그런 아이템이 나만 기다리고 있을 리가 없다.

부단히 노력하고 시행착오를 두려워하지 않고 독창성을 갈고 닦아 도전하는 기업에게만 그런 행운과 기회가 주어진다. 만일 잠재성이 있는 새 포트폴리오를 추가할 수 있다면 장래는 밝아질 것이다. 기존의 아이템은 스마트공장 추진을 통해 최대한 경쟁력을 끌어올리고, 새로운 아이템으로 신규 시장에서 새로운 사업을 추진하는 것이 모두가 바라는 모습일 것이다.

현장을 다녀 보면 대부분의 국내 중소중견 제조 기업들이 이런 꿈을 꾸며 앞일을 고민하는 것을 볼 수 있다. 그러나 실제 행동으로 옮기는 기업은 그리 많지 않아 보인다. 그저 현상을 유지하거나 어떻게든 버티고 생존하는 것을 최선으로 여기는 모습이다.

선도기업이 되고픈 기업은 벌써 움직이고 있다. 이들의 목표는 '최강 기업'이 되는 것이다. 자체적으로 신규 사업 아이템을 발굴하거나 사업 모델을 찾는 그것이 필수이다. 때에 따라서는 타 기업의 인수합병도 고려할 일이다. 한두 개 대안이 정답일 수는 없을 것이다. 자신들에게 적합할 다양한 선택을 찾아 앞에 놓고 선택하거나 융합하는 것이 필요한 시점이다.

세상의 모든 스마트공장은 목적이 있다

2장을 마치며

　결국은 리더의 리더십이다. 스마트공장은 리더의 결심과 결단 그리고 끌어가는 방향에 따라 산으로도 올라가고 강이나 바다로도 가는 것을 알 수 있다.

　혹자는 '무엇을 어떻게 추진하나?' 하고 어렵게 생각하는 스마트공장의 추진이 실은 현장을 새로운 시선으로 돌아보는 것으로부터 시작하는 것임을 확인하였다. 4M(재료, 설비, 공법, 사람), 2E(에너지, 환경), 1S(안전)와 같은 틀로 기존 공장을 들여다보면 '무엇', '왜', '어떻게'에 대한 답이 손에 잡히는 것을 알 수 있다. 남들이 하니까 나도 하는 것이 아니고, 정부의 지원금 활용해서 설비하나 더 사는 것이 목적이 아니라, 회사의 생존을 먼저 확보하고 더 나아가 지속 발전을 모색하는 것이 리더의 바른 리더십인 것을 알 수 있다.

　좀비는 좀비일 뿐 절대 정상이 될 수 없다는 것을 스마트공장 과업을 통해 리더들은 확인할 수 있었다. 사업의 업무 흐름을 '횡적'으로 살피는 눈을 키우고, 개별 업무와 관련한 수직적인 활동들이 기업 내부와 기업 외부까지 연결되는 '수직적' 안목으로 높이면 스마트공장은 어렵지 않은, 한두 번이 아니라 지속해서 추진해야 할 혁신에 불과하다는 것을 바른 리더들은 깨닫는다.

이런 비전과 목표를 마치 위시리스트(Wish List) 작성하듯 'RFP'를 만들어 내부와 외부의 조언자들, 공급기업들과 소통하기 시작하면 스마트공장은 절반은 성공한 것이란 것도 알게 되었다. 그간 남에게 맡기고 남에 끌려가면서 얻은 것은 시행착오와 반복된 의구심뿐이었다는 것도 확인할 수 있다.

외롭고 힘겹지만, 리더의 어깨는 무겁다는 것을 인정하고 새로 변화하는 환경에 맞서서 앞으로 나아가는 리더에 사람들 특히, 젊은이가 다가올 것이다. 이전의 세대와 새로운 세대를 이어가는 리더로서 기업은 적어도 5년 단위로 포트폴리오를 재점검하면서 새로운 포트폴리오에 대한 도전도 이어가야 한다. 기존의 사업은 'R&D'와 '스마트공장'으로 역량을 유지하거나 키워나가고 새로운 사업과 비즈니스 모델의 기회를 살펴 기업의 미래를 밝히는 것이 이 시대 바른 리더가 할 일이다.

성경의 모든 내용을 한 구절로 요약해 보니 '공짜는 없다'가 보인다. 이를 다시 한 단어로 줄이고 보니 '사랑'만이 남는다. 스마트공장도 '공짜는 없으니 리더가 나서라!'로 요약된다. 회사가 내 것이란 생각은 줄이고, 한 걸음 더 나아가라. 결국은 '사람 믿음', '사람에 대한 애정'이 필요하다. 그런 사람들과 함께 스마트공장, 더 나아가 그 기업을 '최강 기업'으로 만드는 길에 나서라.

이런 리더가 많아질수록 K-스마트공장의 꿈은 현실이 될 것이다.

2장 미주

1   이름이 불린 기업은 대부분 스마트공장을 운영하고 있으며 대기업 그룹에 속한다.

2   기초 수준이란 제조 현장에서 생산 관련 데이터를 수집해서 보통 생산 결과를 집계하는 능력을 보유한 것을 말한다. 이를 모니터에 올려놓고 목표 대비 생산, 품질 상황 등의 정보 등을 표시하는 수준을 말한다.

3   윤석철 (1994). 기업의 흥망을 설명하는 경영학 이론. 경영학 연구, 23(2), 57-70.

4   준비(Preparation), 분석(Analysis), 해결(Solving), 실행(Execute)을 의미하는 각 영문 각 구절 앞 글자로 구성된 'PASE'는 각 단계에서 필요한 도구와 함께 사용되면 체크리스트처럼 스마트공장 추진을 위한 '프로토콜' 역할을 한다.

5   최은석, 연구에서 생산까지 '원스톱', 한미약품 스마트공장, 한국경제신문(2018. 5. 22.) https://magazine.hankyung.com/business/article/2018052101173000201

6   보통 LGV(Lazer Guided Vehicle)라고 불리는 자동 운송기기가 활용된다.

7   조선일보(2020. 1. 20.) https://biz.chosun.com/site/data/html_dir/2020/01/20/2020012001217.html

8   대웅제약 뉴스룸 사이트(2023), https://newsroom.daewoong.co.kr/archives/15052

9   사람의 실수에 의한 혼입이나 문제 발생을 원천적으로 방지하는 설비나 운영 시스템 등의 도입과 같은 방법이 응용되고 있음.

10 김찬혁(2022. 9. 2.), 셀트리온 제3공장 완공 지연, 프로젝트 생산 차질 없다, 청년의 사 http://www.docdocdoc.co.kr/news/articleView.html?idxno=2026782

11 재생에너지를 100% 사용하여 제품을 제조하는 조건을 말한다.

12 BJ 포그의 행동 설계 7단계 법칙에서 등장하는 내용으로서 아주 작게 시작하며, 성공을 축하하고, 반복하고 확장하는 것도 중요하다고 주장함. 포그행동모형(B=MAP)을 통해 행동(Behavior)이 동기(Motivation), 능력(Ability), 그리고 자극(Prompt)의 결합으로 발생한다는 개념을 제시함. 작은 행동을 시작하고 일상의 자극에 연결한 후, 그 행동을 수행할 때마다 자신을 축하함으로써 습관을 완성하는 방법을 제시하고 있음.

13 표준협회의 2021년 7월부터 11월까지 디지털전환 지원 사업이 사례임. 중소기업, 비

영리기관, 소상공인을 지원하기 위해 수백 명의 전문가를 선발하고 이들을 통해 지원 대상 업체를 찾고 이들이 찾은 기업을 지원하는 일이 대대적으로 수행된 바 있음.

14 김기찬 교수는 소셜미디어를 통해 지속해서 한국의 기업가정신에 관한 다양한 연구와 분석 내용을 공유하고 있다. 최근의 이와 관련된 저서 '김기찬, 서용구 외(2023), 《대한민국을 선진국으로 이끈 K-경영: 세계 넘버원 향한 K-기업가정신》, 드림셀러' 를 출간했다.

15 《오리지널스》라는 저서에서 애덤 스미스는 마이크로소프트 윈도우에 내장되어 사용하는 익스플로러를 사용하는 사람과 크롬이나 화이어폭스를 사용하는 사람들의 차이점을 광범위한 검증을 통해 설명하고 있다. 스스로 노력해서 크롬을 깔아 설치하여 사용하는 사람들이 여러 기준에서 더 나은 성과를 보인다.

16 마이다스 2027로 명명된 한국 중기부의 새로운 정부 주도 신디지털 제조혁신 사업을 말하며 2027년까지 2만 5천 개의 기업을 디지털 기업이 되도록 지원한다고 함.

3장

—

생태계 속의 기술
공급기업과 컨설턴트
그리고 정부

진짜 공급기업을 살리자

"10년 후 지금 활동하는 스마트공장 공급기업의 70~80%는 사라질 것이다."

이런 말을 하면 가슴이 철렁하고 질색하는 사람들이 있겠지만 필자가 보기엔 그렇게 될 것 같다. 정부 지원 사업만 바라보면서 다음 해 정부 예산이 어떻게 책정되는가에 관심이 집중되는 것이 이쪽 업계의 일상이라면 이런 예상이 그리 터무니없는 것이 아니다. 이렇게 정부 사업에 목을 매는 공급기업의 수가 수년 전 1,400여 개였지만 야금야금 늘어 2022년 말 기준으로 1,800여 개로 늘어났다. 지금쯤은 2,000여 개가 넘었다는 이야기도 들린다. 안타깝지만 지금 한국의 스마트공장 생태계는 비정상이다.

그렇지만 이런 정보를 접하는 누군가는 역설적으로 용기를 얻는다. '이렇게 많은 기업이 스마트공장 사업에 참여한다면 나도 참여할 수 있지 않을까?'

이 순간에도 기술 공급사가 될 수 있다고 꿈을 키우는 사람도 있다. 얼마 전 전시행사장을 찾은 어떤 이는 현재 다니는 회사를 그만두고 창업을 준비하고 있다고 했다. 자신이 다니는 회사에서 사용하는 MES가 너무 형편이 없어서 회사를 그만두고 나가서 새로운 MES를 개발하고자 한다고 했다. 필자는 어떤 점에서 차별점이 있을 것인지 등을 물었지만 별 큰 차이점을 확인할 수는 없었다. 그래서 그런 일로 창업하는 것이 그리 비전이 있지 않다고 조언했다. 그러나 그는 1~2명이 힘을 합쳐 창업해서 정부 지원 사업에서만 활동해도 먹고살 만하다고 했다. 그를 말리고 싶었다. 그의 현재 모습이 궁금하다.

대세가 창업인 세상에서 스마트공장 기술 솔루션 사업으로 창업하지 말라는 법은 없다. 이렇게 말리는 이는 세상 물정을 모르는 것일까? 그렇지 않다. 필자는 스타트업의 적극 후원자로서 오래전부터 이 분야에서 활동 중이다. 스타트업을 나라의 미래와 일자리에 필요하다고 보는 사람이다. 그렇다고 해도 MES로 창업하는 사람은 말리고 싶다. 왜냐하면 이미 완전 레드오션 상태이기 때문이다. 국내에는 적어도 800여 개 넘는 회사가 MES를 공급 중이다. 경쟁이 심해도 이렇게 심한 시장이 없다. 그런데 이런 시장에 새로 뛰어든다고 하면 우려된다. 특별한 차별점도 없는데 말이다.

냉정하게 돌아보면 이런 MES 공급사의 상당수는 10여 년 이내에 사라질 가능성이 크다. 더 이상 새로운 수요가 없기 때문이다. 기존 공급된 MES도 현장에서 사용하지 못하면 폐기해야 하는데 이러지도 저러지도 못하는 사용자의 숫자도 늘어날 것은 불 보듯 뻔하다. 게다가 정부가 지원하는 기초 수준의 스마트공장 혜택을 받을 만한 기업은 이미 구축해 놓은 뒤라 새로 지원하는 일은 줄어드는 것이 당연하다. 기업이 자기 비용으로 새로 투자하지 않는 한 기초 수준의 새로운 수요는 빠르게 줄어드는 것이 명확하다. 이 분야에서 20여 년 넘는 시간동안 활동한 경험에 비추어 보면 그렇다.

이들 공급기업의 생존 방법은 더 말할 것도 없이 국내 시장에서 새 고객을 찾는 것이다. 또 다른 하나는 해외로 나가 신시장을 개척하는 것이다. 첫째 방법인 국내 시장에서 새로운 고객 찾기는 이미 고단한 일이 되었다. 대부분 지인 소개로 사업을 영위하고 있는데 이미 활용할 기회는 거의 다 활용한 상황이다. 신규로 수요가 있을 기업은 재무 상태가 좋지 않아 단돈 100만 원의 투자도 실은 엄두를 내지 못할 기업 정도가 남아 있다. 누가 무료로 해 주지 않으면 마음은 있어도 몸은 움직이지 못하는 기업이 상당하다. 이런 시장을 상대로 새 수요를 찾아다니는 공급기업의 모습은 누가 보아도 고달프다.

스마트공장 수요가 자신의 주머니에서 나올 만한 곳은 대기업 그룹에 소속된 기업뿐이다. 그런데 이들은 자회사 중에 기술 공급회사가 있다. 또 이런 대기업 시장만 보고 기술을 제공하여 평판을 얻은 괜찮은 기업도 딱 버티고 있다. 대기업의 자회사가 직원 20명 안팎의 MES, ERP를 공급하는 작은 규모의 회사와는 거래하는 일은 그리 흔하지 않을 것이다. 필자 같으면 기업을 선택하기 전에 먼저 그 회사의 엔지니어 숫자부터 확인할 것이다. AI나 빅데이터 영역과 같이 예외적인 차별된 기술을 보유하고 있다면 다른 이야기이지만 일반 기술인 MES와 ERP만 공급하는 회사라면 주저하는 일이 많을 것이다.

기술을 사서 사용할 수요기업의 리스크는 지원이 필요할 때 제대로 지원받지 못하는 상황이다. 회사의 시스템이 작동하지 않고 있는데 공급기업이 사람이 없어 지원을 못 하는 상황이라면 낭패스러울 것이다. 이런 일은 규모가 큰 공급기업에서도 종종 일어나는 일이다. 규모가 큰 기업도 이런 일이 생긴다. 국내 대표 화장품 OEM 제조 기업에서도 최근 비싸게 구축한 ERP가 작동하지 않아 애먹는 사례 이야기를 전해 들은 적이 있다. 시스템이 멈추니 오래전처럼 이메일과 FAX, 전화 등의 방법으로 주문하고 수주하는 일이 생긴 것을 들었다. 얼마나 힘들고 어려울지 짐작이 간다. 큰돈을 들여서 좋다고 하는 디지털화를 추진하는 기업에서 누가 이런 상황이 일어날까 걱정하겠는가마는 실제 일어나는 일이다. 경험이 있는 사람은 아는 내용이며 종종 피할 수 없는 일이기도 하다. 얼마나 빨리 이런 상황을 정상으로 만들어 주는가에 민감할 수밖에 없다.

영세한 기술 공급기업은 어려운 상황이 엎친 데 덮친 격이다. 부족한 기술 인력, 상승하는 인건비, 낮은 수주율 등이 공급업체의 목을 조이는 형국이다. 이런데도 IT 엔지니어의 수급 상황은 점점 더 나빠지고 있다. AI, 챗 GPT, 메타버스 등 새로운 기술 영역과 스타트업의 수요가 계속 등장하기 때문이다. 같이 일하는 엔지니어가 떠나는 것을 당장 막아야 사는 회사도 적지 않다.

결국 기술 공급기업도 규모를 갖추어야 하고 브랜드도 있어야 살아남는 것을 모두 안다. 대기업 IT 공급기업도 브랜드 만들기가 쉽지는 않지만, 사세도 확장하고 브랜드도 만들어야 하는 등 여러 가지 일에 중소 공급기업은 도전해야 한다.

다른 방안은 해외 진출이다. 해외 시장 진출 전략을 청취해 본 일부 공급기업 중에서 남보다 발 빠르게 해외 시장 진출을 행동으로 옮기는 기업도 있다. 아직은 성공보다 시행착오법에 따른 경험과 실적을 만들어 가는 것으로 보인다. 진출 국가에 대한 이해와 준비가 완벽해야 하며 해외 진출이란 것이 그리 간단하지 않다는 교훈을 직접 몸으로 경험하고 되돌아오는 기업이 주변에 한둘 보인다. 준비 없이 뛰어들면 출장비와 소소한 투자 비용만 날린다. 신문 기삿거리는 만들어 낼 수 있겠지만 사업의 실속은 없다. 아직 제대로 된 기업 사례를 거의 발견하지 못했다. 이런 도전도 치밀한 시장 조사를 통해 목표 고객을 선정하고 전략적으로 진입해야 한다는 것을 잘 보여 준다. 스타트업 활동에서 배우는 기본 중의 기본인 이런 준비를 공급기업들은 잊고 있는 듯하다. 정부 주도 국내 스마트공장 시장에서 돈 좀 벌어 봤다는 자신감 때문일까? 이런 근거 없는 자신감이 혹시 해외 시장 진출을 쉽게 생각하게 하는 것은 아닌지 궁금하다.

해외 진출은 근본적으로 국내 시장의 고객발굴과 상황이 다르다는 것을 필자도 직접 확인하고 경험한 바가 있다. 코로나19가 발생하기 전이니 벌써 여러 해 전의 일이다. 그래서 누구 못지않게 해외 시장의 개발의 어려움을 이해하고 있다. 시장은 넓고 할 일은 많지만, 그렇다고 그런 시장이 한국의 기술 공급기업의 대상이 거저 된다는 근거는 어디에도 없다.

이런 해외 진출을 두고 혹여 정부나 정부 산하 기관이 지원을 나선다면 어떤 일이 벌어질까? 이런 논의는 실제 또 이미 있었다. 물론 이는 가능한 시나리오이다. 실은 벌써 외국 시장 개척을 명분으로 해외 전시행사에 참여하는 일에 정부가 지원을 명목으로 여기저기 약방 감초처럼 참여하고 있다. 그런데 효과는 거의 없어 보인다. 대개 알고 있지만, 메뉴 변경이 없는 이런 식의 정부 지원은 앞으로도 지속될 것 같다. 아무리 말린다고 한들 들을 정부는 아니다. 그렇게 지원된 현장에 직접 가보면 '한국관'이라는 이름의 전시 공간은 볼 수 있다. 그뿐이다. 그곳을 들리는 현지 기업의 발걸음은 늘 제한적이다. 또 지갑이 열리는 경우는 거의 없다.

해외 시장 진출은 더 많은 변수와 여건을 충분하게 살펴보는 정교한 전략이 필요하다는 것으로 이 주제는 마무리하고자 한다. 더 세부적인 논의는 어차피 책 지면으로 다룰 수 없다. 자문이나 컨설팅의 영역이다. 이 정도로 마무리한다. 대신 이 절의 내용을 간단히 정리한다. 그 내용은 다음과 같다.

기술 공급기업은 국내 스마트공장 보급의 기본 자산이다. 역량이 없는 기업은 점차 도태되도록 놔두어야 하고 역량 있는 진짜 공급기업이 성장하고 발전하면 좋겠다. 그래야 생태계가 살아난다. 그래야만 국내 스마트공장이 건강하게 발전한다고 본다. 수요기업과 정부, 또 주변의 지원하는 주체 모두 이 점에 대해서 더 고민하고 진지한 논의를 시작할 시점이다.

국내 스마트공장이 지속 발전하려면 공급기업이 강해져야 한다

"한국의 스마트공장 솔루션 공급기업은 총체적으로 좀비 상황에 빠졌다."

스마트공장 또는 IT 전문가들이 모이면 이런 말을 자주 한다. IT 강국, 제조업 강국을 자부하는 한국의 솔루션 시장에 대해 내부의 전문가라는 이들이 이런 평가를 한다는 것을 두고 놀라는 이도 있고 동의하기 어려워 하는 이도 있다. 그러나 잘 살펴보면 이는 과장이 아닌 사실이다.

구체적으로 거론하자면 MES 또는 ERP, SCM 등으로 구분되는 디지털 솔루션 공급기업들은 겉모습과 달리 내부 상태가 그리 건강하지 않다.

우선 수요에 비해 공급기업 숫자가 너무 많다. 누가 봐도 레드오션이 다. 20년 이상 활동한 기업도 이런 환경에서는 살아가는 것이 만만치 않을 것이다. 또 대부분 정부가 중소중견 제조 기업을 위해 지원하는 스마트공장 사업에 목매는 형국이다.

스마트공장 대표 솔루션인 MES 사업 환경을 예로써 그 실상을 들여다

볼 기회가 있었다. 정부가 지원한 사업 건수가 MES와 관련해서 2020년 말 기준으로 대략 7,000여 건이 있었다. 2014년부터 2020년까지 추진된 사업 건수가 이 정도였다. 그런데 같은 기간 제조 기업이 자신의 주머닛돈을 털어 정부 도움 없이 시행한 활동도 있었다. 이것이 약 2,700여 건이었다. 두 숫자를 합치면 약 1만여 건의 사업이 MES 공급기업에 일거리로 제공되었다.

첫 번째로 눈여겨볼 것은 이 1만여 건의 사업에 참여한 기업 숫자다. 약 800여 개의 MES 솔루션 공급기업이 참여했다. 1만여 건의 사업을 두고 치열한 경쟁을 한 셈이다. 단순 계산으로 한 기업당 12건 정도 수주를 한 셈이다. 7년간이란 기간을 감안하면 그 숫자는 매년 업체당 평균 1.7건 정도가 된다. 누가 봐도 기업이 생존하기에 충분한 숫자는 아니다.

분석을 좀 더 해 보면 상황이 더 심각함을 알 수 있다. 그간 여러 차례 칼럼을 통해 경고한 모습이 드러난 것이다. 치우침 현상이다. 즉, 상위 50개 기업이 3,700여 건의 사업을 처리했다. 거의 37%에 이르는 숫자다. 나머지 6,300여 건이 750개 기업의 몫이 되었다. 기업당 평균 8.4건이고 매년 평균 1.2건 정도 처리한 셈이다. 앞서 인용한 '1.7'이란 숫자도 말할 것 없지만 '1.2'란 숫자는 기업이 존재하는 이유를 설명하기 어렵게 한다.

정부 사업에 참여하려고 모두 애는 쓰지만, 그간 정부 사업을 단 한 건도 수주하지 못한 기업이 무려 233개나 되는 점이다. 800개 업체의 30%가 정부 사업을 수주하지 못한 것이다. 이들은 첫 사업 수주를 목표로 현재 땀 흘리고 노력 중이다. 그러나 상황은 녹록하지 않다. 빈익빈 부익부 현상이다. 이들 기업의 영세함도 원인이다. 이들은 조직 내 사람도 별로 없다. 개발자나 엔지니어의 숫자를 합쳐서 5명이 안 되는 기업이 수두룩하다. 2020년 말 현재 290여 개 기업이 5명 이하의 엔지니어를 보유하고 있다. 그중 상당수는 이미 오래전에 대중화된 기술인 MES를 만들어서 공급하려고 IT 기업이라 이름을 올리고 있다. 이런 기업의 숫자와 아직 첫 수주를 하지 못한 기업의 숫자가 잘 대비 된다. '일거리'가 없으니 '일자리'도 만들 수 없는 것이다.

아찔한 것은 상위 50여 개 기업의 모습도 그리 건강하지 않은 점이다. 이들도 현재는 물론, 미래가 불안하기 짝이 없다. 연간 매출 규모는 50억원 안팎에 머물고 있다. 하드웨어를 판매하지 않는 한 소프트웨어 공급기업으로서 그 정도 매출 만드는 것이 국내 사정을 볼 때 선방하는 것이라 말하는 사람도 많다. 이들 기업의 매출 트렌드는 '우하향'이거나 '들쭉날쭉한' 모습이다. 영업이익은 '마이너스'가 아니면 숫자 '영'에 가깝다. 당기 순이익은 말할 것도 없다. 새로운 기술 개발이고 뭐고 당장 생존이 급하다.

'사람을 구할 수 없다, 적임자를 찾을 수 없다' 등 아우성도 친다. 그런데 가만 보면 실상은 일이 생길 때만 이런 목소리가 나온다. 일이 없을 때는 그나마 조용하다. 이들은 일이 생기면 바로 뽑아 바로 쓸 사람을 구하길 원하는 것이다. 기업이 마냥 사람을 뽑아두고 육성하고 수주할 일을 찾아다니는 것은 현실적으로 리스크가 되는 것이 사실이다.

어쩌란 말인가? 이 현상을 지금 정부가 나서서 돕거나 해결할 것이 별로 없다고 본다. 일부 정치인들이 정부 예산을 늘려야 한다고 주장하는 것을 볼 수 있기는 하지만 그들은 더 큰 것을 보지 못하는 것이 사실이다. 실은 이런 정치인들은 처음부터 스마트제조 생태계란 것을 모른다. 어쩌다 뒤에 숨어 목소리 높이는 한두 명의 공급기업 이야기만 듣고 잘 모르면서 정부 예산 운운하는 것이다. 이런 총체적 어려움 속에서 어쩔 수 없이 기업은 '각자도생'을 하며 생존하고 스스로 강해져야 한다.

아무리 낙관적으로 양보하여 보더라도 스마트공장 생태계가 건강해지도록 국가의 지혜가 필요한 시점이다. 정부는 물론이고 전문가들도 제대로 도와야 하고 도우려 하면 정말 잘 도와야 한다. 즉, 기업이 자신에게 맞는 차별적인 전략과 전술을 찾도록 도와야 한다.

예를 들어, 상위 50개 공급기업이 사용했던 차별적인 전략과 전술을 어떻게 50위 아래에 머무는 공급기업도 참고하고 활용하도록 할지를 살피면서 도와야 한다. 아예 수주가 안 되는 기업들에는 다른 방법을 마련해야 한다.

상위 50개 공급기업도 장기적인 생존을 장담할 수는 없다. 정부 지원 사업 추진 상황이 바뀌면 언제든지 영향을 받게 되어 있다. 해당 기업이 더 잘 알고 있는 사항일 것이다. 이들에게도 이를 근본적으로 벗어날 타당한 전략과 전술이 필요한 시점이다.

유행어로 투자 유치 성공하는 공급기업 솎아서 보기

"스마트공장 솔루션 기업으로 IPO(기업 주식공개)를 했다면 '따상(연속으로 두 번 상한가에 이르는 것)'은커녕 제시한 목표 가격 수준에도 이르지 못했을 것입니다."

　투자 전문가들의 논의에서 최근 AR(Augemented Reality, 증강 현실)기술 전문기업인 M 기업의 IPO 진행 내용을 분석하며 이런 말이 나오는 것을 보았다. M 기업이 IPO 할 시점에 이 회사 연 매출은 수십억 원에 불과했다. 그런데 메타버스라는 유행이 마침 뜨겁게 불어왔다. 이런 키워드에 힘입어 이 회사는 소위 따상을 경험했다. 기업의 실제 기술 내용이 어떻든 이 회사는 메타버스 관련 기술 기업으로 분류되었고 그렇게 인식되어 행운을 맛본 것 같다. 부러워하는 이들이 많았다. 또 단기 투자한 이에게는 좋은 돈벌이 기회가 되었을 수도 있다.
　문제는 기업의 실체이다. 이 회사의 실체는 메타버스와 거리가 있다. 이 회사의 실적은 기대와 달리 저조하다. 그래서 그런지 한때 높게 치솟은 주가는 바닥을 모르고 하락 중이다. 나중에 참여한 투자자는 손실을 보았을 것 같다. 투자라는 것이 모두 본인의 책임이니 뭐라 할 바는 아니다.

이 회사가 앞으로 어떤 모습으로 메타버스 시장에서 활동할지 필자는 아직 모르겠다. 그냥 AR 기업이라고 보면 딱 좋은 수준이다. 그렇다고 스마트공장 쪽에서 크게 역할을 할 수 있을지도 아직은 잘 모르겠다. 이미 메타버스라는 카테고리에서 활약하는 국내외 게임회사나 플랫폼 회사의 이야기가 성공적으로 들린다고 해서 M 기업도 그렇게 될 것으로 예상하는 것도 맞지 않고, 그렇다고 스마트공장 영역에서 사업을 확대할 수 있을지 잘 모르겠다.

보유 기술이 AR인데 이 AR을 살펴보자. AR은 '실제 세상의 모습 위에 가상의 어떤 것을 겹치게 하는 기술'이다. 이를 위해서는 특별한 안경이나 기기를 공급할 수도 있을 것이다. 또는 남들이 만든 스마트글라스나 고글, 휴대폰, 모바일 디스플레이를 잘 사용하도록 지원하는 일을 할 수 있을 것이다. 스마트 안경을 끼면 실제 세상에는 없는 정보가 나타나고 형상도 보이는 것이 이 기술의 핵심 개념이다.

그런데 잘 보면 알겠지만, 이는 이미 오래전에 개발된 기술이다. 스마트폰이나 휴대용 모바일 기기의 카메라로 사물을 비추면서도 같은 원리로 실제로는 눈에 보이지 않는 이미지나 형상, 정보를 겹쳐 보이게 할 수 있는 기술이다. 다른 기업들도 너나없이 뛰어들었고 관련 기술을 선보이는 곳이 국내외에서 어림잡아 30~50개는 되는 것 같다.

M 기업은 그런 기업 중 하나다. 이 기업이 스마트공장 분야에서 자신들의 기술을 홍보하기 위해 전시회에도 나왔다. 이 기업의 노력을 모르는

바는 아니지만, 스마트공장의 생태계와 시장의 수요 공급의 원리를 모르는 것 같아 안타깝게 보였다. 이런 시장 접근법만으로는 당분간 실제 비즈니스 성과를 내는 것이 어렵지 않을까? 조심스러운 전망을 하게 된다.

좀 더 기술을 정리해 보자. AR(Augmented Reality, 증강현실), VR(Virtual Reality, 가상현실), MR(Mixed Reality, 혼합현실)은 최근 유행하는 4차 산업혁명 촉진 혁신 기술 중 하나다. 보통 이를 통틀어서 XR 기술이라 부른다. 전반적으로 제조 산업 현장보다는 일반 현장에서의 기술 수용과 응용이 더 폭넓고 빠른 모습을 보인다. 즉, 집이나 사무실과 같은 환경에서 혁신 기술은 보통 먼저 수용되고 응용된다. 예로서 교육, 엔터테인먼트, 게임, 소통 등의 영역이 이런 일반 수요를 만들어 내는 곳이다. 이후 제조 현장으로 수요가 옮겨 가고 있다.

제조 산업 현장에서 XR이 응용되는 예는 생산 조립 작업의 지시나 지원, 작업자를 위한 훈련, 전문가의 원격 지원, 설비관리 등에서 확인할 수 있다. 이 정도 응용은 이미 상업적으로 기술이 구현되고 있고, 일부 기업은 실제 현장에서 응용하고 있다.

남보다 앞서 응용한 기업의 예를 보자. GE의 일본 법인인 'GE 헬스케어'는 자신들의 제품을 제조하는 공장에서 AR기술을 적용하는 것을 공개하고 있다. 유연 생산을 지향하면서 이런 기술을 사용한다. 이보다 먼저 사례를 공개한 곳은 독일의 폭스바겐, 아우디, BMW 등과 같은 기업이었다. 그 외에도 자동차 부품 제조 기업인 보쉬에서 AR의 응용 사례를 확인할 수 있었다.

이웃 일본 산업 현장에서 AR을 응용하는 사례는 한국보다 훨씬 활발하다는 것을 이미 일본 전시장에서 확인할 수도 있는데 그게 2015년경이다.

세상의 모든 스마트공장은 목적이 있다

우리보다는 AR 응용이 5~6년 앞서고 빠르다는 것을 알 수 있다.

국내는 최근 한두 해 사이 제조 영역의 AR 응용이 빨라지고 있다. 디지털 앱을 개발하는 기업이 기존 활동 영역을 넓혀 XR로 사업 영역을 확대하는 사례도 있고 아예 XR을 바라보고 창업한 기업 사례도 등장하고 있다.

'디지테크', '차우', '익스트리폴', '맥스트'와 같은 기업이 전자의 예다. 또 '버넥트', '심지', 'VR임펙트', '디엔씨티', '유토피즈', '딥파인'과 같은 기업은 후자의 예에 해당한다. 이런 기업들은 XR의 시장 수요가 충분하지 않은 탓에 현재 매출 수준은 대부분 낮은 편이다. 그리고 XR을 응용한 목표 고객 설정도 조금씩 다르다. 따라서 제조 기업을 목표 고객으로 정한 것으로 보이지만 제공하는 기술의 응용 영역은 서로 다르다.

어떤 기업은 교육 훈련용으로, 어떤 기업은 홍보 지원용으로, 어떤 기업은 이벤트용으로 사용될 XR 상품을 만들고 있다. 이와 달리 어떤 기업은 스마트제조 고유 영역에서 활약한다. 설비관리, 이와 관련된 신속한 의사결정, 현장의 원격 지원 등에 초점을 맞추고 있다. 버넥트가 그 주인공이다.

KAIST 출신의 창업자가 리더로 활약하는 버넥트 그간의 행보와 성취는 글로벌 외국기업에 못지않아 보인다. 다른 기업과 달리 버넥트는 현장의 목소리와 요구 조건을 반영하는 노력을 지속해서 보여 왔다고 이해하고 있다. 이런 노력의 성과로서 버넥트도 최근인 2023년에 IPO에 성공하였다.

자금 수혈이 충분히 이루어진 버넥트가 제조 현장에서 앞으로 어떤 활동을 하게 될지 큰 기대를 하게 된다. 흥미롭게도 버넥트는 그 흔한 정부 지원 스마트공장 보급사업에 참여한 실적이 없다. MES나 ERP 중심으로 시행된 기초 수준의 스마트공장 구축에 버넥트의 기술은 들러리처럼 여겨질 수밖에 없었을 것이다. 실제 정부 지원 스마트공장 사업 중에서 XR

기술이 중심으로 추진된 예는 거의 찾아볼 수 없다. 스마트공장 사업의 일부로만 참여하는 것이 대부분이었다.

버넥트는 정부 주도 스마트공장 시장 환경에 연연하지 않고 처음부터 대기업이나 글로벌 시장 진출을 목표로 하는 것을 볼 수 있다. XR이 산업 현장에서 충분한 수요를 만드는 시점이 되어 더 많은 잠재 사용자들이 눈을 돌리면 버넥트와 같은 기업은 스마트제조의 주인공 역할을 하게 될 것이다. 마침 정부가 고도화 사업 중심으로 스마트공장을 몰고 간다고 하면 버넥트와 같은 기업의 기술이 응용되는 일이 중소기업이나 중견기업에서도 가능할 것으로 예상된다.

현재 글로벌 기업이 제공하는 XR 기술보다 버넥트가 국내 제조 기업에는 더 적합할 것 같다는 것은 필자만의 생각은 아닐 것이다. 스타트업 기업의 창의력이 이런 차별점을 만들어 낸 것을 볼 수 있다.

그러나 이런 칭찬과 달리 버넥트와 같은 비교적 선방하는 스타트업에게 어려움도 많이 예상된다. 설명한 것처럼 XR 기술만으로 스마트제조를 구현하는 일은 거의 없다. XR 기술은 '가시화 기술'에 속하는데 '디지털화' 또는 '스마트화'와 협업이 되어야 하는 것이다.

버넥트 사례를 집중해서 논의하였지만, 이는 한 기업의 미래에 관한 것만은 아니다. 국내 스마트제조의 도약이 점차 MES와 ERP에서 타 솔루션과 협업하는 모습으로 고도화되는 것을 말하는 것이다. 이런 협업이 가능한 생태계가 잘 만들어져야 한다고 보고 있는데 여기서 정부가 너무 나서지 않으면 좋겠다. 정부는 그저 건강한 생태계 조성에만 힘을 쓰면 된다.

이제 주역은 사용자이다. 또 XR을 공급하는 기업과 같은 다음 단계 기술을 보유한 회사가 주역이다. 기존의 주역과 새로운 주역이 서로 협업하는 환경이 어떻게 만들어질 것인가? 한국 스마트공장 기술 공급기업의 생태계의 미래가 걸린 일이다.

새로운 솔루션 기업 탄생 과정을 혁신하자

"창업은 숭고한 과정이긴 하지만 좀비가 되기 위해 창업을 할 수는 없지요."

'개천에서 용이 나는 것'이 옛말이 된 지금이다. 대신 '창업에서 용이 난다'로 바꾸면 말이 되는 것 같다. 실제 그런 사례를 주변에서 적지 않게 찾을 수 있다. XR(AR, VR, MR 등의 기술을 의미함), AI, 빅데이터, 로봇, 바이오와 같은 기술을 응용해서 새로운 기업을 만드는 일이 나날이 늘어나고 있다. 창고 공간의 효율을 높이는 자율 주행 지게차 로봇과 관련된 소프트웨어를 개발하는 '알오지스틱스',[1] 실내 물류 모빌리티 로봇을 개발하는 '와트(WATT)',[2] 달리는 차량에서 버려지는 에너지를 수확하여 활용하는 기술을 개발하는 '더감',[3] 도시나 건물을 스캔하여 3D 환경을 만들어서 디지털 트윈 기술을 완성하도록 지원하는 기술을 보유한 '모빌테크',[4] 설비의 가동을 모니터링하면서 이상 현상을 발견하는 기술을 보유한 '마키

아낙스[5] 등이 필자가 관심을 두는 제조 또는 DX와 관련된 기술창업 기업의 몇 가지 예다. 이런 기업 중에는 이미 IPO에 이른 기업도 일부 있다. 앞서 소개한 '버넥트'가 좋은 예다. 아직 IPO에 이르지 않았지만 전도양양한 기업도 종종 발견된다. ESG 기술 공급기업이라고 구분할 수 있는 '수퍼빈'도 그런 기업 중 하나이다.

일반 창업과 구분되는 기술창업(Tech. Startup) 또는 혁신 창업(Inno. Startup)은 확실히 전 세계 모든 세대를 위한 신분 상승 사다리라고 해야 할 것 같다. 이런 기술혁신 창업에서 제공되는 일자리에 청년들이 몰린다. 청년들에게는 급료 이상의 비전이 보이기에 대기업 일자리를 마다하고 똑똑한 청년들의 발길이 이쪽으로 몰리는 것이다. 삼성, 현대, LG와 같은 대기업보다도 기술혁신 창업된 신생 성장 가능성 있는 창업 기업을 선호하는 신세대 청년들의 모습을 보면 창업의 중요성은 아무리 강조해도 부족함이 없다. 대기업 못지않은 청년이 좋아하는 좋은 일자리를 만들고자 하는 정부의 의지와 도전을 두려워하지 않는 창업가의 이런 역할이 서로 잘 들어맞아 보인다. 창업의 역할이 숭고하다는 말이 아깝지 않다.

그런데 창업 현상을 현장에 가까이 가서 들여다보면 볼수록 창업은 선진국과 개발도상국 그리고 후진국을 가리지 않는 것도 알 수 있다. 후진국 환경에서 태어나고 활동하는 사람도 다른 나라의 창업 지원 프로그램이나 정책을 활용하여 창업 기회에 도전할 수 있다.

한국 정부가 지원하는 'K-Grand Startup' 프로그램이 그런 예다. 전 세계 국가에서 수천 명의 창업가가 이 프로그램에 참여 신청을 한다. 수천만 원의 지원금과 한국에서 사업을 할 기회를 받는 프로그램이다. 매년 수십 개의 전도양양한 기업이 탄생한다. 한국 정부는 이런 사업을 통해 국가의 이미지도 끌어올리고 동시에 성공한 창업 기업이 국내에서 자리 잡도록 해서 좋은 일자리가 국내에 생기는 것을 기대한다. 적지 않은 예산과 지원인력이 투입하고 있는 이유이다.

이런 프로그램이 한국에만 있는 것은 아니다. 다른 나라에도 비슷한 프로그램이 있고 국가 간 선의의 경쟁도 있다. 더 나은 브랜드로 지원 프로그램이 만들어지고 있다. 프랑스 파리의 기차 역사를 개조해서 '스타시옹 에프(Station F)[16]가 그런 예다. 중앙 정부, 지자체가 나서 지원하는 한국의 프로그램도 수천, 수만 명이 지원하는 모습으로 진화 중이다. 이는 점차 K-Pops의 신인가수 선발의 치열한 공개경쟁 원리가 작동하는 것을 보게 된다. 과거에는 적당히 고민하고, 적당히 신선한 아이디어가 가미된 계획서를 내면 선발되는 수준이었지만 이제는 그 정도로는 서류 전형 통과도 어렵다. 경쟁률이 올라가 수십 대 1의 경쟁을 거쳐야 하는 구조로 변화되었다. '베스트오브베스트'가 아니면 창업 지원 등용문을 통과하기 어려운 구조로 되어 가고 있다.

그런 분위기를 반영하듯이 창업 관련 아이템은 4차 산업혁명에 등장하는 혁신 기술을 활용하는 '혁신 기술창업'이 대세를 이루고 있다. AI를 응용하거나, 빅데이터를 활용하는 것, 디지털 기술을 바탕에 두는 것은 기본이다. 그렇지 않으면 서류 전형에서 탈락할 가능성이 크다.

창업가들 사업 계획의 사업 모델(Business Model)은 실제로 그다지 새로운 것이 없다. 대부분 세상에 이미 존재하고 있는 것이 많다는 뜻이다. 차이점은 기존 모델을 새로운 혁신 기술로 끌어올리는 작은 차이점이다. 이를 위해 상상력, 창의력, 독창성 그리고 도전 정신으로 버무려서 새로운 사업 모델을 만드는 것이다. 그렇게 새로운 기업 탄생의 대열에 합류한다.

선발 과정의 국가 간 차이도 점차 줄어들고 있다. 아프리카, 동남아시아, 북미나 유럽 등에서 창업 경쟁 원리가 차이가 없다는 뜻이다. 한마디로 말하면 기술창업도 치열한 경쟁 환경에 빠지고 있다고 말할 수 있다. 자기 주머닛돈으로 창업하든, 정부 지원 또는 투자자의 지원으로 창업하든 상관없다. 그저 치열하다. 이제는 기술창업을 시도한다면 기본적으로 글로벌 세상에서 이겨야 하는 시대가 된 셈이다.

그런데 신기하게도 한국의 스마트공장 생태계는 이런 창업 원리와 거리가 있었다. 그런 일이 종종 벌어진 것을 종종 보았다. 오래전에 남이 만들어 놓은 길 위에 적당히 올라타 돈벌이하려는 수상한 일이 등장한다. 필자는 이런 창업을 기술창업과 구분하여 일반 창업이라 말한다.

'저렇게 해서 과연 몇 년이나 갈까?'

남들이 이미 시도해 본 차이가 거의 없는 기술로 창업을 준비하는 사람들이 모인 곳에서 드는 생각이다. 걱정이 앞서곤 했다. 그런데 스마트제조 생태계에서는 이런 일이 실제로 많이 일어났다. 카페, 치킨집이 넘치지만, 문을 닫기 무섭게 새로운 카페와 치킨집이 생기는 것과 같은 일이 스마트제조 생태계에서 일어나는 것을 볼 수 있었다.

이는 정부 지원 '스마트공장 사업'이 한몫한 것임을 알 수 있다. 현장에서 잔뼈가 좀 굵은 자칭 전문가와 IT 기술을 좀 아는 또 다른 자칭 전문가가 만나면 의기투합하여 이렇게 MES라는 것을 만들어 공급하는 회사를 만들 수 있었다. 그간 확보한 몇몇 인맥과 지인을 통해 매년 서너 개 사업을 확보하면 먹고살 수 있다고 본 것이다. 실제 이런 부류의 신설 기업이 정부가 예산을 뿌려댈 때 몇 년간은 먹고살 수 있었다. 새로운 스마트공장 기술 공급기업이 이처럼 수없이 탄생하였다.

그런데 그뿐이다. 그런 기업 중 상당수는 이제 더 이상 갈 길을 몰라서 당황한다. 차별이 없는 기술로 만든 상품으로 정부 지원정책에 목매다 보니 좀비 수준으로 빠져드는 것이다. 2014년 이래로 등장한 이런 기업의 수가 얼마나 될까? 매출은 좀 있으나 영업이익이 부실한 기업이 한둘이 아니다. 놀라운 점은 이 경험이 반복해서 되풀이된다.

창업의 숭고함을 아무리 높이 평가한다고 하더라고 뻔히 보이는 좀비의 길로 들어서는 이들에게 어떻게 조언해야 할 지 종종 고민이다. 이런 좀비 기업이 어림잡아 수백 개다. 이들이 생태계를 교란하는 역할도 했다. 엉성한 제품과 불안한 서비스를 제공한다. 어렵사리 구축한 스마트공장 시스템은 작동하기도 전에 무용지물이 되었다. 그런 제조 기업이 어디 한두 개일까?

아무리 좋은 성과를 내는 스마트공장 기업 사례를 발굴하고 홍보를 한다고 해도 이런 사례가 끼어 있다면 한국의 스마트공장이 제대로 갈 길을 갈 수 없다. 스마트공장 솔루션 공급기업의 탄생 과정에 큰 변화와 혁신이 필요한 이유이다.

그림 6 프랑스 파리의 글로벌 스타트업 플랫폼 스타시옹 에프에서의 필자(2019)

산학연이 진심으로 협업해야 성공한다

"4차 산업혁명의 시대에는 협업이 필연이라고 하는데 정말 우리 협업할 수 있을까요?"

몇 해 전의 일이다. 정부 산하 모 연구소에서 '모듈형 AI 기반 자율작업 로봇'이란 이름의 신기술을 선보였던 적이 있다.[7] 이 기관은 세미나를 개최도 하고 동영상 공개 등도 하며 매스컴에 연구 성과와 소식을 알리는 것을 보았다.

공개된 동영상은 2가지였다. 첫 번째 동영상은 상당히 멋진 내용을 담고 있었다. 실제 모습을 촬영한 것은 아니고 애니메이션이었다. 인공지능이 응용된 자율작업의 현장 모습을 보여 주는 시나리오였다. 아직 구현하지 못한 로봇의 미래를 보여 주기에 충분하였다. 자동차 산업에서 대표로 활약하는 아우디자동차, 폭스바겐, BWM 등의 시나리오를 본 적이 있었는데 상당한 유사한 점이 있었다. 마치 미래 자동차 산업의 스마트공장의 모습을 보여 주는 듯하였다. 핵심 활용 기술에는 비전 기술, 라이다 기술, 자동 이송 기술, 협동 로봇 기술 등 이었다. 라이다(LiDAR)를 장착한 이송 장치가 자율 이동을 하며, 비전 센서가 부착된 로봇이 사물을 분석하여 팔과 그리퍼를 움직여 원하는 부품을 집어 들고 옮겨 담아 필요한 장소에 전달하는 시나리오였다. 당시 이 동영상에서 보여 주는 시나리오가 실제 실현된다면 이전의 기술과는 차별화될 것으로 보아도 문제가 없어 보였다. 이 연구원에서 왜 이런 연구를 해야 하는지 잘 이해할 수 있었다. 해당 연구원은 국내에서 많은 훌륭한 인재가 모여들고 많은 연구예산을 활용하는 곳이다. 그런 곳에서 이런 연구를 하는 것은 전혀 기관의 역할에 손색이 없고 타당해 보였다. 그런데 앞에서 설명한 것처럼 공개된 동영상은 실물을 촬영한 것이 아니라 모두 그래픽으로 만든 애니메이션이었다. 쉽게 말하면 한편의 멋진 영화였다.

멋진 영화와 달리 실물로 촬영한 연구 수준의 결과는 앞선 기대와 전혀 다른 다소 황당한 수준이었다. 시연에 사용된 로봇과 이송대는 모두 실물이었는데 등장한 로봇은 이송대 위에 놓여 있기는 하지만 로봇 팔이 심하게 떨리거나 흔들리고 있었다.[8] 무엇인가 문제가 있다는 것을 누가 보아도 알 수 있었다.

'이거 제대로 된 로봇 맞아?'
'왜 이런 로봇을 사용했을까?'

이런 질문이 바로 떠올랐다. 한발 양보해서 보더라도 동영상을 촬영할 당시, 즉 연구했던 시점에서는 이미 상당히 발전한 협동 로봇이 주변에 널려 있었다. 시장에서 돈을 내고 구매한 상업용 로봇을 사용했다면 앞에서 보여 준 시나리오를 구현하기에 훨씬 더 자연스러울 터인데 어째서 세상 처음 보는 이상한 로봇을 사용해서 덜덜 떨리며 움직이는 동작을 보여 준 것일까? 이 기관은 왜 흔한 주변 로봇 제조 기업과 협업을 하지 않았을까? 당시 국내에는 협동 로봇 공급하는 기업이 5개 정도 있었던 것을 알고 있다.

이런 연구의 배경과 우리가 모르는 속사정이 있었을 것이다. 속사정이 무엇이든 동영상 속 시연 모습은 무척 실망스러웠다. 로봇이 부품 상자에서 부품을 집어 드는 모습은 느리고 어설펐다. 부품 상자에 놓은 부품도 겨우 3~4개만 놓았다. 현실과 매우 다른 조건인 간단한 환경을 설정한 셈이다. 부품 간의 공간도 널찍하고 부품을 잡기도 쉬워 보였다. 만일 실제 현장처럼 부품이 상자 속에서 서로 엉겨 있다면 로봇은 부품을 집어 들 수 있었을까? 아마도 그렇지 못했을 것이다.

'인공지능 기반 로봇'이란 이름을 사용했다면 그 정도로 연구 결과를 보여서는 안 될 것이란 생각이 들었다. 보여 준 연구 결과가 10년 전이었다면 이해가 되지만 수년 전인 2020년에 그런 결과를 연구 성과로 보여 주었다면 어딘가에 문제가 있어 보였다. 지능형 카메라가 설치되어 카메라가 스스로 부품을 분별하고 판단하고 로봇 그리퍼를 작동하는 시나리오는 현재 여기저기에서 상용화된 기술로서 확인할 수 있다. 그 정도는 되어야 인공지능이란 이름이 붙어도 이해할 수 있다. 동영상 속 모습은 그렇지 않았다.

왜 해당 연구소는 시장에서 이미 구현한 것보다 뒤처진 엉성한 연구 결과를 보여 주었을까? 왜 이미 활약하게 활동하는 스타트업 또 기업체나

대학 등과 협업하지 않은 것일까? 만일 협업을 염두에 두었다면 훨씬 좋은 성과를 보여 줄 수 있지 않았을까?

혼자 이런 질문에 빠지면서 더 여러 해 전인 2016년 덴마크를 방문할 때 경험이 떠올랐다.

"덴마크는 산학연의 협력 모델을 기존의 방식을 바꾸어 학교 중심으로 클러스터로 만들어 운영하고 있습니다. 기술 개발이나 연구 활동이 중복되는 것을 피하고 연구와 개발역량을 모으기 위해서 대학 중심의 클러스터를 운영하고 있습니다."

필자를 만나 안내한 로봇개발 센터장도 실제 대학 건물에 있는 연구센터에서 일하고 있었다. 당시 유니버설 로봇에서 제공한 것으로 보이는 수많은 협동 로봇을 학교 연구실의 창문을 통해 살펴볼 수 있었던 것을 기억한다. 학교가 연구 공간과 연구 인력을 제공하고, 기업과 연구소가 전문 인력과 기술, 연구 비용을 제공하는 모델은 서로 상생하고 협업하는 모델로서 신선하다는 생각을 한 적이 있었다. 이런 모델은 독일 경우에서도 수많은 지역 프라운호퍼를 중심으로 산학연 협업 모델이 추진되는 것을 본 적이 있었다. 기업이 비용과 관련 인력으로 참여하고, 프라운호퍼는 연구를 총괄하고 주변의 대학에서 인력 인력을 보내 함께 연구하는 독일의 산학연 협업 모델은 더 이상 먼 나라의 이야기는 아니다. 실은 국내에서도 이런 예를 전하는 사람이 한둘이 아니다. 또 입만 열면 우리도 스스로 이런 활동을 주장하고 제안한다. 그러나 성과가 이렇다면 말과 행동이 달랐다는 것 말고는 설명이 되지 않는다.

물론 이해한다. 나라마다 환경과 문화 배경이 다를 수 있어 일하는 모습과 절차가 같을 수는 없다고 본다. 또 말 못 할 이유와 배경이 있음도 이해된다. 그렇게 양보한다고 해도 더 나은 방법과 절차가 옆에 있어도 외면하고 자기들의 밥그릇만 챙기는 것은 이해하기 어렵다. 현장에서 실제 더 쉽고 빠르게 응용할 성과를 만드는 방법이 있다면 협업을 선택하는 것이 4차 산업혁명의 시대정신이 아닌가?

그런 이유로 덴마크가 수행했던 대학 중심의 산학연 모델이 좋은 예로 보였다. 한정된 예산과 인력 등의 자원과 자산을 효과적으로 사용하는 방법은 의외로 간단한 곳에서 답을 찾을 수 있다고 생각했다 열린 마음, 협업이 그것임은 두말할 필요가 없다.

기술 개발 또는 연구 활동을 연구소, 대학, 기업이 각기 따로 운용하는 것은 국가로서는 불행한 일이며 한정된 예산을 비효율적으로 사용하는 일이다. 종종 기술개발과 연구 개발 과정에서 중복된 예산 집행을 본 것이 한두 번이 아니다. 이름만 조금 달리할 뿐, 내용이 같은 연구개발과 기술 개발이 이 순간에도 정부 예산을 쓰고 있다.

의도적으로 복수의 기관이 선의의 기술 개발 경쟁을 하도록 연구비를 여러 기관에 제공하는 것과 이처럼 원칙 없이 유사한 연구개발을 지원하고 수행하는 것은 차원이 다르다고 본다. 혈세로 만들어진 국가재정을 효율적으로 활용하여야 할 이유를 다시 설명할 필요는 없다고 본다. 4차 산업혁명 시대로 일컬어지는 이 시대에는 협업과 열린 소통으로 함께 성공하는 일을 모색해야 한다. 우리만 3차 산업혁명 시대로 후진할 수는 없지 않은가?

세상의 모든 스마트공장은 목적이 있다

협동 로봇의 미래를 국내 기업이 선도할 수 있을까?

"우리 회사 협동 로봇의 누적 보급 대수가 5만 대가 넘었습니다."

협동 로봇의 선두 주자인 덴마크의 유니버설은 전 세계 시장에서 5만 대를 공급한 축하 행사를 열었다(그림7 참고). 그게 2020년 12월쯤의 일이었다. 그런데 최근 이 숫자가 바뀌어 80,000대 이상의 로봇을 공급했다는 정보를 접하고 있다.

이런 가파른 성장은 말뿐이 아닌 행동으로 보여 주는 '산학연 협업'이 얼마나 필요한가를 잘 보여 준다. 유니버설의 초격차 성과는 산학연 협업의 산물이라고 감히 말할 수 있을 것 같다.

이미 전 세계 시장에서 협동 로봇의 수요 증가가 가파르다. 거품을 빼고 본다고 해도 스마트제조 진화 여정에서 협동 로봇은 점차 필연적인 기술로 등장하는 중이다. 특히 한국과 같은 제조 중심 국가에서 협동 로봇은 매우 중요한 기술이 될 것 같다. 인건비의 증가, 인력 수급의 어려움과 같은 현상이 자주 등장하는 사회일수록 그럴 것이다.

　구체적으로 본다면 반복적인 일이 발생하는 가공 공정에서 협동 로봇은 필수가 될 것 같다. 예를 들어 사람이 기계가 일을 마치기를 대기하는 공정이 있다면 협동 로봇은 좋은 대안이 될 수 있다. 조립 공정이 중심인 기업에서도 협동 로봇은 대안의 가능성이 증가하는 중이다. 즉, 협동 로봇이 사람과 함께 일을 나누는 방법에 대해 살펴볼 수 있을 것이다. 조립 공정에서 협동 로봇의 응용은 좀 더 가까운 선택지가 될 것이란 뜻이며 이런 가능성을 점차 고민해 봐야 하는 것 같다.

　이제 협동 로봇에 대해 좀 더 살펴보자. 간단히 코봇(Cobot)이라고도 부른다. 협동 로봇은 2008년경 동화에서 나올만한 아름다운 풍경을 가진 덴마크의 오덴세(Odense)에서 탄생했다. 이 도시에 있는 덴마크 남부대

그림 7 5만 번째 유니버설 로봇을 축하하는 모습
출처: 유니버설 로봇

　세상의 모든 스마트공장은 목적이 있다

학(University of Southern Denmark)의 지하실이 협동 로봇의 고향이다. 이 대학 박사 과정 학생이던 에스번 오스터가드(Esben Østergaard)와 다른 동료가 3년여 노력 끝에 만든 것이 협동 로봇이다.

이들은 협동 로봇을 대량생산하고 공급하기 위해 덴마크 오덴세 지역에 회사를 차렸다. 그것이 유니버설 로봇(Universal Robot)의 기원이다. 초기 창업 기업이 종종 그렇듯이 이들은 중간에 경영의 어려움을 겪었다. 재무적인 어려움이 그것인데 시장이 생기지 않고 돈이 쓰이는 곳만 증가하는 상황이 발생하였다. 이때 미국의 반도체 기업인 테라다인(Teradyne)이 통 크게 투자했다. 거의 3억 달러 가까이 투자하며 유니버설은 테라다인의 품으로 인수되었다. 그러나 이후에도 모든 생산과 운영은 여전히 덴마크 본사에서 운용되고 있다.

그간 협동 로봇은 한국에서 불모지였다. 세상에 없는 새로운 제품이었고 시장이 거의 없었다고도 볼 수 있었다. 산업용 로봇이 주로 널려 있는 한국 시장에 유니버설의 제품이 어느 날 등장하였고 그 모습을 내보였다. 주로 전시장에서 이런 신제품이 선을 보이곤 했는데 수많은 행사장 방문객에게 호기심을 불러일으킬 만하였다. 이런 한 팔만 있는 로봇은 한국 시장에서 서서히 확산하였다. 이런 모습을 보고 있던 여러 기업과 기업가들이 이 시장의 가능성을 보고 뛰어들기 시작했다. 한국은 이 협동 로봇에서도 '압축성장'이란 이전의 1970~2000년대의 산업화 과정에서 배운 능력을 여지없이 발휘하였다. 눈 깜짝할 사이 제조 기업이 10여 개로 늘었다. 일본, 대만, 중국에서도 이런 현상은 비슷하였다. 제조업체가 우후죽순으로 설립되는 것을 볼 수 있었다.

그 결과 현재 국내 협동 로봇 제조 기업의 활동은 벌써 경쟁이 치열할 정도로 활발하다. 협동 로봇을 생산하는 기업의 숫자도 꽤 늘었다. 뉴로메카, 두산, 한화, 레인보우, 현대 등이 있고 중소기업 중에도 그런 시도를 하는 기업이 여럿 있다. 그런 기업 중에는 나우로보틱스, 티로보틱스, 푸른기술 등이 있다.

한국은 정부 지원 스마트공장 사업에서 로봇 활용을 포함하면서 협동 로봇의 활용이 빠르게 증가하는 것을 볼 수 있다. 정부 지원 사업에 대한 공지가 되면 바로 신청이 마감될 정도로 로봇에 대한 수요가 높은 특징이 있다. 국내 제조 현장 인력에 대한 인건비 부담 문제와 인력 수급 문제 등에 그 근본 원인이 있다고 보고 있다.

현재 협동 로봇은 공장 자동화의 길목에서 유연 생산을 추구하는 기업의 스마트공장 가교 구실을 하고 있다. 이미 많은 제조 현장은 여러 형태로 대부분 공정이 자동화되고 있는데 이런 곳에서 소소하게 협동 로봇이 더 나은 자동화 환경을 위해 활용된다는 뜻이다.

실제 한국의 공장은 중소기업이든 대기업이든 원자재 처리, 가공 이런 공정에서 거의 설비나 기계를 활용하는 수준의 자동화는 성취된 것으로 보인다. 설사 자동화가 안 된 곳이 있어도 투자비 여력만 있으면 언제든지 자동화할 수 있기도 하다. 관련 기술과 개념이 이미 확인된 상태라는 뜻이다. 그러나 조립 공정, 또는 이송 공정 분야는 그렇지 않았다. 여전히 사람 작업자의 역할이 필요하였다. 그런데 이런 곳에서도 솔솔 일어나는 변화가 있다. 그 주역이 바로 협동 로봇이 되고 있다.

협동 로봇의 이해를 깊이 있게 하려고 로봇을 사용하는 방법과 프로그래밍을 잠시 배운 적이 있다. 이론뿐 아니라 현장을 통해 확인하고 싶었다. 이때 얻은 경험과 지식에 따르면 협동 로봇은 생각보다 적용과 실제 활용이 그리 어렵지 않아 보인다. 그 점에 의미가 있다. 그러나 누구나 사용할 정도로 응용이 쉽고 적용이 무궁무진하단 뜻은 아니다. 넘어야 할 산이 많아 보인다.

현재는 협동 로봇을 사용할 곳과 사용하지 못할 곳을 분명하게 구분해야 한다. 예를 들어 대량생산이 필요한 아이템 제조 현장보다는 중량 생산의 환경이 있는 느린 사이클 타임의 제조 현장에 적합하다는 것을 알 수 있다. 그렇지 않은 곳에서는 좀 더 상황을 지켜보면서 결정해야 한다. 사람 작업자의 유연성과 산업용 로봇의 빠르고 신속한 성능의 중간 어느 선 즈음에서 협동 로봇의 할 일이 정해지는 중이다. 역설적으로 말하면 협동 로봇이 앞으로도 개선되고 발전할 여지도 많다고 볼 수 있다.

이런 협동 로봇을 기존 스마트폰의 발전 과정과 비교해 보면 편리하다고 본다. 스마트폰은 하드웨어로 볼 때 무척 복잡하고 고난도 기술이 개발단계에서부터 요구되었다. 또 제조에서도 다양하고 깊이 있는 기술이 요구되었다. 이때 스마트폰을 구성하는 부품들은 대부분 유닛으로 만들어져 있고 통합된 상태이다. 서로 붙이고 꽂고 10여 개의 패스너로 체결하면 된다. 물론 시험하고 검증하는 등의 시간은 별개이고 오랜 시간이 필요하다.

반면 협동 로봇은 기술의 깊이가 스마트폰에 비해 단순하다. 기계 내구성이 요구되는 정밀 기계 부품인 감속기, 모터, 베어링, 센서, 그리고 몸체가 있으면 기본 기능은 대부분 구현된다. 나머지는 PCB(Printed Circuit Board)와 소프트웨어에 의존한다. 조립만 잘하면 협동 로봇은 완성된다. 물론 협동 로봇도 시험과 검증의 시간이 오래 걸리는 특징을 보인다. 스마트폰보다 더 검증하는 시간이 걸리는 것이 특징이다.

상황을 종합하면 협동 로봇의 성공과 실패는 하드웨어보다는 소프트웨어 실력에 좌지우지될 가능성이 크다고 본다. 사용자 편의성이 대표적인 예다. 로봇 제어와 실행이 스마트폰처럼 쉽게 개선되도록 계속 요구받을 것으로 본다. 로봇 회사라고 해서 기계공학과 출신 기술자만 고용하고 기술 개발에 참여해서는 안 되는 이유다. 소프트웨어 분야의 천재들이 협동 로봇개발에도 즐겁게 참여할 수 있는 여건이 필요하다. 그런 일이 가능하게 하려면 로봇 업계 내부에서 마인드셋 변화가 필요한데 쉽지 않아 보인다. 아직은 기계공학을 전공한 이들이 주역이다. 이것이 자연스럽긴 한데 이런 이들의 운명을 결정해 줄 사람은 역설적으로 소프트웨어 공학을 전공한 사람이란 것을 이해해야 할 것 같다. 그런 변화가 빨리 업계 내에서 일어날지는 의문이지만 생존의 조건은 이미 정해진 셈이다.

스마트폰은 확인된 바와 같이 어른, 아이 할 것 없이 누구라도 사용할 수 있다. 사용자 환경이 직관적이고 편리하다. 현재 협동 로봇도 언젠가는 그렇게 되어야 하는데 아직은 그렇지 못하다. 스마트제조 트렌드 속에서 협동 로봇 수요가 크게 늘려고 한다면 이런 조건이 달성되어야 한다.

결국 협동 로봇 영역에서 선두로 나가기 위해서 먼저 할 일은 사용자 중심의 기술 개선인 셈이다. 즉, 협동 로봇을 몸집이 커진 스마트폰처럼 바라보길 기대한다. 그렇게만 되면 스마트공장 속에서의 협동 로봇 역할이 지금보다 훨씬 커질 것이다. 또 협동 로봇이 만드는 세상의 모습이 크게 변화할 것이라 본다.

이런 기대와 빠른 변화 속에서 최근 국내 협동 로봇 선두 업체인 두산로보틱스의 IPO가 최근에 있었다. 시가 총액 2조 운운과 같은 주가 띄우기 현상이 있어 약간 우려가 되기도 했다. 33조 원의 투자금이 몰린 것까지는 좋았다. 그러나 실제 두산로보틱스가 어떤 협동 로봇의 미래를 바라볼지 또 어떻게 전략적으로 모은 상당한 투자금을 활용할지 벌써 궁금하다. 매스컴에서 들리는 바로는 치킨 프랜차이즈 쪽을 공략하는 것을 볼 수 있는데 흥미롭다. 본래 주 무대에 해당하는 스마트공장 시장을 포기한다고 보이지는 않지만, 스마트공장 시장을 너무 단순하게 보고 있지는 않은지, 또 기존의 다른 스마트공장 솔루션과 어떻게 협업 또는 연결하는 시나리오를 발굴하고는 있는지 궁금하다. 어차피 주사위는 던져졌는데 한국 로봇 기업들이 유니버설 로봇의 꽁무니나 쫓아갈 생각이라면 희망은 별로 없어 보인다.

협동 로봇이나 AMR이
스마트공장 수준을 어떻게 끌어올릴까?

"디지털 기술이 스마트공장의 우선 지원 대상입니다. 로봇 활용 같은 자동화 기술은 스마트공장 사업의 1차 지원 범위에 속하지 않습니다."

스마트공장을 방문하는 VIP들은 공장 방문을 기념하면서 사진을 찍기 가장 좋은 배경이 협동 로봇이었다. MES니, SCM이니 하는 것들은 디지털 기술을 배경에 담을 수는 없기 때문이다. 그러나 VIP들이 사진 찍기 배경으로 가장 좋아하는 것과 달리 한때 한국의 스마트공장 정부 지원 범위에서 협동 로봇은 비켜나 있었다.

스마트공장 지원 창구에서는 로봇보다는 디지털 기술 적용이 우선이기에 지원 대상에서 뺀다고 말하곤 하였다. 기업에서는 정부 지원 사업을 통해서 MES도 설치하고 남는 돈으로 로봇도 사고 싶은데 정부가 안 된다고 막아선 것이다.

"대체 이런 정책의 근거가 무엇입니까? 누가 이런 바보 같은 정책을 만들었나요?"

불만이 현장에서 높았다. 원성이 높아지고 실제로 예산이 정부 당국자는 모르게 그쪽으로 돈이 일부 흘러 들어가기도 했다. 시간이 지나 해가 바뀌자 정부는 이전의 정책을 수정해서 별도의 로봇 지원 사업을 만들기에 이르렀다. 정부가 현장의 목소리를 들으며 이렇게라도 반영하는 모습을 보이는 것은 좋은 징조이고 희망적이다.

실은 협동 로봇과 같은 하드웨어의 구매를 지원하는 사업은 스마트공장 수준 여부와 별개로 응용되는 기술로 볼 수 있다. 즉, Level 1, Level 2 등과 같은 수준과 별개로 봐야 하고 또 그렇게 해도 문제는 없다. 그렇다고 공장에서 사용하는 시스템과 완전히 따로 노는 기술이란 뜻은 아니다. Level 1이나 Level 2에서는 시스템과 응용의 접점은 약하지만, Level의 숫자가 올라가 수준이 높아지면 제어와 반응이란 영역에서 협동 로봇이 MES 시스템과 연동될 수 있다. 예를 들어 'A라는 제품을 만들 때는 A라는 위치에서 A라는 행동을 취하고, B라는 제품을 만들도록 지시하면 협동 로봇과 AMR이 알아서 B라는 위치에서 B라는 활동하게 한다'는 시나리오가 구현할 수 있다. 또 다음 절에서 소개하는 자료수집의 방법 관점에서 시스템과 연결되어 제어 활동으로 연결해 사용할 수도 있다. 그러나 데이터를 수집하고 분석하고 조치하는 수준에 이른 기업일지라도 협동 로봇이나 AMR을 따로 운영해야 한다면 꼭 시스템과 연결되어 사용하지 않아도 되는 것이다. 그러니 협동 로봇이 꼭 시스템이랑 연결되어야 한다고 주장하는 것도 맞지 않는다는 뜻이다. 이론적으로는 시스템과 하드웨어인 로봇, AMR(자율 주행 모빌리티 로봇), AGV(정해진 곳만 이동하는 모빌리티 로봇)가 서로 연결되어 작업지시나 현장의 상황에 대응하는 것이 더 나아 보이지만 현장 상황이 그런 연결까지 필요하지 않으면 그럴 수도 있다. 실제 로봇은 로봇관리시스템(Robot Management System)이란 것으로 별도로 관리하는 방안이 벌써 제시되거나 실현되고 있다. 주로 창고 등에서 그런 활동이 벌어지고 있는데 이런 별도 관리 시스템이 제조 현장과 연결되는 것은 시간문제로 보인다. 따라서 Level 1은 안 되고, Level 2 이상은 되고 하는 식의 정부 지원의 설명은 별로 설득력이 없다.

본래 산업 로봇은 속도가 빠르고 사용하는 힘이 커서 사람을 다치게 할 수 있어 사람과 따로 놀았다. 즉, 늘 튼튼한 펜스에 가두어 두고 로봇의 발은 바닥 콘크리트에 단단히 고정한 후에 일을 시키곤 하였다. 사람과 함께 일하는 구조도 아니다. 정해진 일만 처리하는 것에 효과가 있는 로봇이다. 그런 로봇을 펜스 밖으로 끌고 나온 것이 협동 로봇이다. 그리고 지금 이 협동 로봇은 제조 영역에서 자신이 할 수 있는 일을 찾아가는 중이다.

우선은 사람이 하던 일의 한두 가지를 혼자 하는 방식으로 일을 배우고 있다. 사람과 같은 공간에서 일한다. 위험하지 않을뿐더러, 혹시 접촉하거나 부딪히면 바로 정지한다. 협동 로봇이 사람을 다치게 했다는 이야기를 들어본 적이 없다. 이것이 차이점이다. 협동 로봇은 일을 가르치기도 상대적으로 쉽다. 산업용 로봇은 오직 전문가만 가르칠 수 있지만 협동 로봇은 현장 작업자도 일하도록 가르칠 수 있다.

현재 협동 로봇은 혼자 조립 공정에서 해야 할 일을 완벽하게 완성할 수는 없다. 그래서 가끔 사람이 다가와서 이것저것 도와주어야 한다. 예를 들면 원재를 가져다 일정한 곳에 놓아 주거나, 완성품이 정해진 공간에

꽉 차면 다른 곳으로 치우는 일이 필요하다. 대신 사람이 하던 다소 복잡하고 반복적인 일을 협동 로봇은 잘 처리할 수 있다. 사람 작업자는 협동 로봇이 잘 못하는 일을 살피고 협동 로봇은 사람이 힘들어하는 일을 처리하는 중이다.

지금 제조 기업의 현장에서는 이렇게 변화의 모습이 조금씩 일어나고 있다. 협동 로봇에게 일을 내준 작업자는 얻게 된 시간의 여유를 검사나 측정과 같은 다른 일에 사용하고 있다. 추가로 사람을 더 늘리지 않고 기존의 하던 일을 나누어서 효과를 올리는 방법을 찾는 것이다. 협동 로봇을 하나둘씩 숫자를 늘리는 곳도 있다. 그렇게 되면 작업자 한 명과 협동 로봇 3~4대가 같은 공간에서 일할 수 있다. 소위 'U자형 라인'을 만들어 놓고 로봇에게 일을 시키면서 로봇이 하지 못하는 일을 도와주는 형태로 라인이 바뀌는 것이다. 셀 방식 생산으로 부르기도 하는데 이런 일에서 효과가 있다는 사례가 하나둘 등장하는 것을 보고 있다.

물론 좀 더 다른 수준의 변화도 생기는 중이다. 일부 작업장에서는 협동 로봇과 사람이 같은 작업을 함께 처리한다. 사람이 도구를 들고 있으면, 협동 로봇이 작업자를 위해 얼른 부품을 제공하는 식이다. 사람이 부품 챙기고 도구 움직이고 하던 일을 분업으로 함께 처리하는 것이다.

그다음 단계가 어떻게 변화될 것인지 우리는 대개 알고 있다. 사람과 협동 로봇이 서로 상황을 보면서 알아서 척척 일을 찾아 주거니 받거니 할 것으로 기대된다. 아직은 기술이 그 단계에 이르지 못했다. 그러나 그런 단계에 이르게 될 것이라 보인다. 당분간은 협동 로봇 여러 대가 사람 작업자 없이도 일을 주거니 받거니 할 수도 있을 것이다. 사실은 일부에서 추진되는 방식이기도 하다. 사람 작업자는 이런 협동 로봇들의 일을 관리하거나 도와주는 정도의 일을 하게 될 것으로 보인다.

현재는 대부분의 협동 로봇이 제자리에 멈추어 서서 일을 주로 한다. 그런데 점차 협동 로봇이 움직이는 자동 로봇 대차(AMR 또는 AGV)에 올라타고 돌아다니면서 일하는 모습을 보이게 될 것이다. 이미 부품을 옮기는 일 등에서 이런 모습을 보게 된다. 협동 로봇이 돌아다니면 배터리에서 전달되는 직류 전기를 이용하게 된다. 서서 일할 때는 교류 전기로 일하다가도 전류 방식을 전환한다는 뜻이다. 비용면에서 가성비를 따져보고 있지만 투자가 타당할 것이라고 보는 기업이 하나둘 나타날 것을 예상해 볼 수 있다. 이런 기술이 구현되기까지 넘어서야 하는 일이 적지 않은 것을 알 수 있기는 한데 결국은 모두 해결될 것으로 보인다. 이송 로봇의 다양한 기술 인증과 같은 것이 예다. 이런 것은 주로 안전과도 관련이 있기에 규제 조건을 잘 넘어서는 것이 필요하다는 것이 전문가들의 의견이다.

어쨌든 모든 것의 준비가 현장과 규제가 요구하는 조건에 가까워지면 공장은 소수의 작업자 또는 관리자와 함께 수십 대의 협동 로봇, 그리고 자동화 기계와 공정이 움직이는 공장, 말 그대로 대부분 공정이 자동화된 수준의 스마트공장을 구현하게 될 것이다. 이런 일의 주체가 협동 로봇이 될 것으로 예상된다. 이 대목에서 한 가지 더 기대할 것은 AI 기능이 있는 카메라이다. 이런 카메라를 로봇에 설치하면 협동 로봇은 눈앞에서 펼쳐지는 상황에 맞추어 스스로 일을 선택하여 처리하는 일을 하게 될 것이다. 아직은 일부에서만 시험적으로 추진하는 시나리오이다. 그런데 여기에서 그치지 않고 협동 로봇이 스스로 데이터를 학습하면서 배워서 일하는 일도 이론적으로는 가능할 것으로 보인다. 그렇게 되면 로봇 관리자의 일도 훨씬 가벼워질 것으로 본다. 이런 수준이 Level 4 공장의 모습이 될 것으로 보인다.

혹자는 이쯤 되면 다음 단계인 Level 5를 만들자고 할지 모른다. 말로 앞서가는 것을 좋아하는 사람들이 있는데 대부분 그런 사람들이 이런 주장을 좋아한다. 세부적인 것은 그들에게 알 바가 아니니 강연 등에서 이렇게 치고 빠진다. 그러나 필자는 Level 4로도 충분하다고 본다. 필자의 눈에는 Level 5라고 하는 이상적인 수준보다는 사람이 잘하는 일은 사람이 처리하고, 나머지는 기계에 일을 시키는 그런 Level 4가 우리에게 더 적합하다고 생각한다. 이런 Level 4 수준의 공장 시대는 언제쯤 보편적으로 성취될까?

데이터 시대, '제조 빅데이터' 활약을 기대하는 이유

"귀사는 'Level 1' 수준입니다."

누군가 이렇게 여러분 회사의 스마트공장 수준을 평가했다면 여러분 공장에서는 현장에서 벌어지는 생산 활동에 대한 집계가 어느 정도 이루어지고 있다는 뜻이다. 디지털 기술을 활용해서 말이다. Level 1 대신 Level 2 수준이라고 말했다면 이런 집계가 거의 '실시간' 수준에서 처리되고, 더 나아가 데이터가 분석되고 있으며, 분석한 내용이 PC든, 모니터든, 휴대폰의 화면 어딘가에 표시될 수 있다는 뜻이다. 표시된다는 말은 '가시화'라는 말로 바꾸어 사용할 수도 있다.

여기서 '실시간'이란 용어에는 약간의 해석 차이가 있을 수도 있다. 생산 당일 이내에 집계만 되어도 실시간으로 볼 수 있고, 진짜 단어 뜻대로 순간순간의 결과를 실시간이라 말할 수 있다. 후자의 조건이라면 대부분 한국의 스마트공장은 이런 실시간 정보를 다룰 수 있지 않다. 실제 그럴

세상의 모든 스마트공장은 목적이 있다

수 있는 기업은 많지 않다. 즉, 아무리 실시간 정보를 집계하는 능력이 갖추어져 있다고 주장해도 데이터 입력 지연은 언제 어디서나 나타날 수 있다.

데이터를 바로 입력한다고 해도 바로 시스템이 업데이트할 수 있는 것은 또 다른 역량이다. 생산 현장 옆에 서버가 있다면 바로 데이터가 업데이트될 수 있지만 클라우드에 데이터를 저장하는 경우라면 업데이트 시간에 크고 작은 지연 현상이 발생한다. 이 글을 쓰는 순간에도 내 글은 내 컴퓨터와 어디 있는지 모르는 클라우드에서 서로 다른 버전을 가지고 있다. 이런 점을 인정한다면 필자의 설명이 좀 더 쉽게 이해될 것이다.

필자는 PC에 저장한 글을 놔두고 실수로 클라우드로 바로 가서 해당 글을 열 때 당혹감을 느낀다. 기껏 수정한 글의 내용이 보이지 않고 이전의 글이 여전히 버티고 있기 때문이다. 아직 파일이 업데이트되지 않을 것을 깜박하면 이런 당혹감에 빠져 스트레스가 빠르게 증가하곤 한다. 수명이 단축된다는 농담이 절로 나온다. 모두 데이터 업데이트가 지연되면서 생기는 현상이다.

이런 이유로 실시간이란 용어는 현장에서 유연하게 받아들여진다. 많은 기업에서는 이런 입력 지연이나 데이터 업데이트 지연에 신경을 쓰지 않는다. 그러나 이런 일은 현실 세계에서 자주 발생한다. 그래서 현실과 시스템 속 데이터가 서로 다를 수 있다. 일시적으로 다를 수도 있고 아예 누군가 수정을 하기 전까지 계속 다를 수도 있다.

어쨌든 이런 용어 속에 깊이 담긴 내용은 잠시 무시하고 본다면 현장 상황의 집계가 잘되는 기업은 Level 1 수준이며, 더 나아가 집계된 정보를 잘 가시화하여 분석하는 능력이 있거나 모니터링이 가능하다고 하면

Level 2로 보아도 무관하다. 이때 이런 데이터 집계에 사용하는 기술이 수동이든 자동이든 상관이 없다. 즉, 가끔은 PC나 키오스크 화면으로 사람이 데이터를 입력할 수도 있고, 설비나 센서, 기기 등에서 자동으로도 데이터가 입력되기도 한다. 데이터 입력은 이런 두 가지 기술이 병행되고 있다.

칼로 무를 베듯 정할 수 없는 스마트공장 수준 진단을 아주 쉽게 설명하는 중이다. 그러나 한국에서 스마트공장의 전문가라는 사람들이 모두 이렇게 간단하게 수준 진단을 생각하는 것은 아니다. 그간 평가하는 사람마다 수준을 달리 보는 일이 많기에 평가를 점수로 바꾸는 방법도 마련했지만[9] 그런 것조차 그리 정교하지 않다는 것을 알 사람은 안다. 더 나아가 이처럼 주관적으로 움직일 개연성이 높은 수준 진단 방법을 사용하면서도 점수 하나에 목숨을 걸 것처럼 대할 필요는 없다는 것을 고수는 안다. 점수가 550점이든, 600점이든 별로 큰 차이가 없고 근거도 희박한데 1점 때문에 Level 1이냐, Level 2이냐 따지는 것은 덧없다. 그래서 이 책을 읽는 사람들은 수준 진단이란 것에 대해 너무 걱정하거나 겁먹지 말고 편하게 필자의 설명을 읽어 주기 바란다. 우리의 목표는 학교에서 시험 보는 것이 아니다. 오히려 자신의 회사에 맞는 일을 스스로 찾는 것이 목적이다. 그렇다면 '수준 진단 어쩌고저쩌고하는 속절없는 이야기'는 잠시 잊고 필자의 설명을 읽어 주기 바란다.

우선 Level 0 기업의 상황을 보자. '아직도 종이를 사용하는 기업이 있을까?' 하고 물을 수 있지만 현장에 가보면 적지 않은 기업이 그런 수준에 있다. 엄밀하게 말하면 그런 기업에도 PC는 있고 디지털 기술은 가까이 있다. PC에서 워드나 엑셀 시트 프로그램을 이용해서 정보를 작성한다. 이

세상의 모든 스마트공장은 목적이 있다

를 종이로 출력해서 승인 사인도 하고 현장에 전달하고 작업자가 이를 사용한다. 이런 기업을 두고 Level 0이라 하는 것이다.

이보다 높은 단계가 Level 1, Level 2이다. 대한민국의 대부분 제조 기업이 달성한 수준이기도 하다. 생산 관리 업무를 지원하는 전문적인 소프트웨어가 사용되는 수준이다. 현장 곳곳에서 사람 또는 기기가 데이터를 입력하거나 수집하여 원하는 정보를 모아 사용하는 수준이다. 이 경우 수준은 십중팔구 Level 1이거나 Level 2이다. 로봇을 얼마나 사용하던, 자동화 기기가 있든 없든, 창고가 수동이든 자동창고이든 중요하지 않다. 핵심은 데이터의 범위와 사용하는 수준이다. 이런 Level 1 또는 Level 2 수준에서는 생산하는 제품이 완성된 숫자, 또는 아직 미완성으로 대기 중인 재공품의 수, 생산에 투입된 부품 수 등의 집계가 가능하다. 이게 Level 1 수준이다. 여기서 더 나아가서 앞서 말한 '실시간' 집계와 분석, 모니터링을 할 수 있다면 Level 2 단계에 이르렀다고 봐도 무방할 것이다. 다시 말하지만 이런 수준에서도 데이터 수집은 사람의 손, 센서, 기계에 붙어 있는 기기 등을 통해서 실현된다.

Level 2 이후의 다음 단계 즉, Level 3부터는 공장에서 나오는 더 다양한 범위의 데이터를 분석하고 활용하는 것을 지향한다. 참고로 이런 수준에 이른 기업은 대한민국에서 대기업 정도이며 중견기업에서 일부 이런 수준에 이른 것으로 보인다. 중소기업에서는 거의 이런 사례를 찾기 어렵다.

Level 3 이상이 되면 세부적인 데이터가 늘어나는데 그 모습은 공장마다 다르다. 다만 데이터의 분류가 생산 관련한 데이터에서 품질과 관련된 데이터, 설비와 공구, 도구와 관련된 데이터, 심지어 투입된 작업자와 관련된 데이터로 넓어진다. 이런 데이터의 예를 들어보자. 품질 평가 결과,

검사 결과, 설비나 기기의 상태, 설비 운용의 조건, 작업자 이름, 작업자 성별, 작업자 컨디션, 특정 사물의 온도, 주변의 습도, 특정 기기나 사물의 진동수, 어느 장치의 압력, 기기 속의 전류, 기기의 전압, 기기의 회전수, 기기의 움직이는 속도, 부품 무게, 부품 형상, 주변 먼지 농도, 작업 공실 단위 면적당 세균 수 등 그 종류를 일일이 다 열거하기 어려울 만큼 다양하다.

어떤 데이터를 선택할 것인지, 또 어떤 데이터가 중요한지는 분석 목적에 따라 다르다. 즉, '왜 데이터를 수집하는가?'라는 목적에 따라 필요한 변수인 수집 데이터가 달라지는 것일 뿐이므로 데이터의 종류와 그 가짓수에 대한 제한은 없다고 봐야 한다.

이런 데이터를 다루는 단계에 이르면 데이터의 분석, 데이터를 사용하기 쉽게 전처리하는 일, 데이터 분석 결과를 가시화하는 일, 이런 가시화 정보를 해석하고 활용하는 능력과 대응하고 제어하는 수준에 따라 해당하는 기업의 스마트공장 수준 단계가 Level 3 또는 Level 4 등으로 나뉘기 시작한다. 여기서 Level 3은 Level 2와 달리 데이터를 분석한 결과에서 앞으로 일어날 일에 대한 예측을 일부 할 수 있게 된다. 그런 능력에 따라서 필요한 곳에 경보를 울리거나 관련된 정보를 필요한 곳으로 보낼 수 있다. 정보를 받는 곳은 사람이 될 수도 있고 기계나 로봇이 될 수도 있다. 이렇게 앞으로 일어날 일을 예측할 능력을 갖춘 공장을 Level 3 공장이라 부르면 문제가 없다.

다음 단계에서는 이 수준을 넘어 현장의 상태와 예측되는 상황에 따라 필요한 조치를 하게 된다. 이때 최선의 방안이라는 안을 찾아 필요한 조치를 하게 되는데 누군가는 시뮬레이션이라는 활동을 할 수도 있다. 물론 사람이 이런 일을 하지는 않을 것이며 기계 즉 컴퓨터의 도움을 받게 될 것이다. 그런 활동으로 얻은 최선의 안이라고 생각되는 것을 가지고 필요한 '조치'를 하게 되는데 이를 '제어'라고도 말할 수 있다. 이런 제어를 사람이 또는 기계가 할 수도 있다. 서로 잘하는 방식으로 처리하는 수준이 Level 4이다. 이때 사람의 참여가 점차 기계에 처리를 넘기는 수준에 따라 Level 3 또는 Level 4로 구분할 수 있다. 사람의 참여 비중이 높다면 Level 3이 더 타당하다고 보고, 기계의 참여가 높다면 Level 4로 보아도 무방할 것 같다.

물론 이런 설명을 다르게 하려는 사람이 나타날 수 있다고 본다. 아직 이런 수준의 사례 자체가 국내외에 거의 없어 여전히 이론적인 논란 수준이긴 하다. 어쨌든 이런 논란의 중심에는 '어떻게 더 최적화한 조건에 근접하는가?' 또는 '누가 다음 필요한 조치를 할 것인가?'라는 질문이 남아 있다. 쉬운 예로서 조치라는 것은 밸브를 닫는 일이나 스위치를 내리는 일이 될 수도 있다. 또는 차량의 투입 대수를 늘리는 일과 같은 것도 조치의 예가 될 수 있다. 밸브를 조작하는 일이나 스위치를 켜고 끄는 일은 기계가 할 수 있을 것 같다. 그러나 아무리 양보하여도 물류 차량의 투입 대수를 늘리는 것, 기업 간에 이해관계가 발생하는 것의 조율과 같은 것은 결국 사람이 결정할 것이라 본다. 설사 대부분 사전적인 검토와 시뮬레이션을 기계(기계 속에 담긴 AI를 말하게 됨)가 수행하였다고 해도 그 결과를 받아들이거나 거부하는 역할은 사람이 참여할 것이라고 본다. 다만 소소한 반응과 제어의 일에서 기계가 참여하는 비중이 높아지는 것은 추세로 보인다. 이런 수준에 이르면 Level 4라 부르는 것 또한 자연스러울 것이다.

스마트공장 수준을 이렇게 설명하는 것을 본 적이 있는가? 이런 설명이 어렵게 느껴지나? 아마 그렇지 않을 것이다. 실은 이처럼 별것 아니고 뻔한 내용을 그동안 우리 사회는 아주 큰 비용과 시간을 들여 설명하고 규정하려고 애를 썼었다. 그간 성과도 별로 없이 비용과 시간만 허비한 것은 아닌지 씁쓸하다. 필자만의 생각일까?[10]

이렇게 데이터로 공장이란 세상을 살펴보면 재미있는 사실이 드러난다. 즉, 스마트공장 활동이란 것도 단순화하면 '데이터를 수집하는 수준'과 이를 '활용 수준'의 높낮이 정도로 말할 수 있다고 본다. 데이터 수도 단출하고 간단히 데이터를 통계 내 사용하는 용도의 수준이라면 Level 1, Level 2로 설명이 충분하다. 그러나 데이터 종류와 양이 많아지면서 활용 용도가 복잡하고 다양해지면 Level 3, Level 4로 부르게 되는 것이다. 또 Level 3 이후에 데이터는 비로소 '빅데이터'로서의 면모를 갖추는 것을 볼 수 있다.

그래서 이제부터 '빅데이터'라는 용어로 설명을 이어갈 생각이다. 기업에서 데이터의 활용은 사업의 전체 수명 주기 전반의 여러 영역에서 그 특징에 맞게 사용되는 것을 이미 여기저기서 충분하게 경험하였다. 마케팅, 영업, 기획, 개발, 고객 지원 등 다양한 영역에서 데이터 활용은 점점 전문화되고 깊어지고 있다. 반면 생산과 제조 영역에서는 데이터의 활용 수준이 여전히 상대적으로 느린 편이다. 굳이 설명하자면 기초단계에서 머문다고 말할 수 있다. 정부 지원 스마트공장 사업에 참여한 기업의 수준을 분석한 결과도 그런 사실을 뒷받침한다. 이 내용을 살펴보면 Level 1 수준이 76%이고 Level 2가 23%라고 한다.[11] 스마트공장을 추진한 3만 개의 76%가 기초인 셈이고, 그 위 수준인 Level 2라는 것도 실은 기초에 가깝다고 보면 대한민국의 스마트공장은 대부분 집계를 수행할 수 있는 정도의 데이터 활용을 하는 수준이라 볼 수 있다. 한국의 중소중견 제조 기업에서 데이터를 활용하는 수준은 거의 초보 단계라고 말할 수 있다. 이는 현장에서 직접 관찰하는 내용과도 크게 다르지 않다.

그런 점에서 대한민국 제조 현장에서 기대할 제조 빅데이터의 활약은 이제부터이다. 실은 제조 영역에서도 빅데이터 시대를 열 여건이 점차 만들어지는 것 같다. 즉, 센서, HMI(Human Machine Interface) 기술, 데이터 수집 기술 등의 발전과 응용 능력이 업그레이드되는 변화를 볼 수 있다. 이런 기술의 응용을 통해 수집하는 데이터의 종류(Variety)가 늘어날 수 있다. 또 데이터의 양(Volume)은 원하기만 하면 얼마든지 수집할 수 있게도 되었다. 또한 간헐적이든 실시간 속도(Velocity)의 관점으로 연속적인 자료수집이 가능하게 되고 있다. 바야흐로 빅데이터의 조건인 '3V' 또는 '5V'가 구현 가능하다는 시그널이 다가오고 있다.

흥미롭게도 현재 논의하는 이런 모든 제조 데이터는 이전에도 이미 존재하던 것들이다. 그러나 여러 이유로 수집하지 못하거나 수집하지 않고 버려둔 것들이다. 대부분 데이터는 수집하기도 쉽지 않고 저장하기도 어려웠으며 설사 저장하여도 사용할 용도를 제대로 찾지 못해서 버려둔 것이다. 당시 제조 현장은 데이터의 잠재적 가치를 잘 알지도 못했다. 오히려 경험이 있는 사람의 직관을 믿고 활용하곤 했다. 이들의 직관은 중요한 기업의 가치로서 지금처럼 이어져 왔다. 이런 가치는 주로 '품질관리', '설비관리' 등에서 잘 활용되었다. 그러나 현재 우리가 마주하는 문제는 이런 경험자가 점차 은퇴하거나 줄어드는 현상이다. 더 나아가 이런 경험자도 이전에 성취하지 못한 더 높은 수준의 관리 능력이 기업에는 생존을 위해 필요하다. 이런 인식이 있는 기업이 제조 데이터의 중요성을 다시 살펴보고 있다.

그간 대부분 공장에서 공정의 품질관리는 단순한 데이터의 집계와 통계처리로 나름대로 이뤄지곤 했다. 통상 SPC(Statistical Process Control)로 일컫는 통계적인 관리기법이 활용되곤 있다. 이는 꽤 오래된 기법이지만 어떤 기업은 이런 기법을 아직 활용하지 못해 품질관리에 애를 먹는 것도 사실이다. 기업 현장은 이처럼 앞서가는 기업과 그렇지 않은 기업이 혼재한 모습을 보이기도 한다.

이런 기업이 혼재한 한국의 중소 중견기업은 품질관리 활동에서 그 근본을 바꾸는 변화를 현재 마주하고 있다. 이전 방법으로는 더 이상 생존이 안 되거나 경쟁에서 뒤처질 걱정이 현실로 다가오는 것을 보는 기업이 늘어나는 것이다. 이 새로운 스마트제조 기법은 거저 주어지지 않는다. 상당한 준비를 한 기업에서만 가능한 일이다. 즉, 앞으로 요구되는 품질관리는 더 복잡한 조건과 다변량변수(Multi Variable)의 세부 관계를 이해하고 통찰하여 필요할 때 적기에 관련된 변수를 통제하는 방법으로 정교한 품질관리를 하는 것을 목표로 하고 있다. 이론적으로는 단순해 보이는 시나리오이지만 현장에서 실제 이렇게 구현하는 것은 어렵고도 당장 쉽사리 접근하지도 못하는 상황이다. 즉, 현재 상황을 모두 이해하는 지식(OT 기술)과 수학적 통계 지식 또는 더 나아가 데이터 사이언스를 활용하는 능력(IT 기술 또는 DX 기술)이 함께 협업해서 해결하고 싶은 문제에 도전하는 것이 필요하다. 이들의 지식을 모두 융합해야만 Level 3 또는 Level 4 수준으로 인정받는 품질관리가 성취된다는 뜻이다. 참고로 이런 수준의 일을 POSCO와 같은 기업이 구현하기도 하였다. 그게 'AI용광로'

라고 불리는 설비의 운영 사례를 만들어 내는 과정이다. 또 그런 사례가 또 다른 여러 사례를 계속해서 만들어 내어 POSCO가 명실상부 품질관리를 스마트하게 하는 기업으로 인정받게 된 것이다. 그리고 지금부터는 더 많은 국내 기업이 이미 누군가 성취한 이런 방법을 활용하거나 추진할 수 있다고 본다. 중소 중견기업도 그런 대열에 참여할 수 있다고 본다.

한 가지 문제는 이런 일을 돕는 기업이 주변에 많지 않고 오히려 부족한 점이다. MES나 ERP 같은 기초 앱이나 시스템 솔루션을 공급하는 기업은 많지만, Level 3 이상의 수준을 지원할 수 있는 기술 공급기업이 국내에는 그리 많지 않아 보이지 않는다. 다른 나라는 몰라도 필자가 자주 모니터링하는 일본의 경우는 한국보다 낫기는 하다. 그렇다고 이런 기술 공급기업이 충분하다고 말하기는 주저된다. 이는 앞으로 한국 스마트공장 생태계가 고민할 부분이며 기술 공급기업이 기회로서 도전할 부분이기도 하다.

'품질관리' 이외의 주된 관심 영역은 '설비관리'이다. 설비에 대한 데이터 기반 의사결정과 판단은 스마트제조에서 품질관리 못지않게 중요하다. 설비관리가 제조 생산성과 관련되고 원가 경쟁력을 결정하기도 하며 종종 품질 문제를 사전에 방지하는 효과도 있기 때문이다. 이런 설비관리의 도전은 대부분 예지적인 통찰과 예지에 따른 조치 능력을 요구한다. 이런 일을 위해 국내에는 이미 10여 개 이상의 기업이 나름대로 상업용 기술을 공급하고 있다. 매우 빠르게 발전하는 모습이다. 일본에서도 이런 기술을 공급하는 기업이 적지 않은 것을 볼 수 있다.

정리하면 이러하다. 우리가 사용하고 싶은 모든 데이터는 이미 존재했지만 우리는 일부만을 사용하였다는 것을 확인할 수 있다. 우리의 의도는 점차 이런 데이터를 선택하고 수집하고 분석하여 가시화하여 더 세련된 의사결정에 사용하거나 더 효율 높게 응용하려는 것이다. 그리고 이런 데이터의 분석 자체의 일에도 AI는 활용되고, 또 의사결정의 순간에도 점차 AI의 응용을 높이는 시도를 여기저기서 본다. 가까운 예로서 검사나 측정에서 AI가 사람을 대신하여 자동화 환경을 지원하고 있다. 또 빅데이터 마이닝 기법을 통해 우리가 미처 알지 못하던 인과관계나 상관관계를 찾아내어 더 나은 판단과 제어를 할 수 있는 길을 열어 주고 있다.

데이터는 이처럼 사람과 AI에서 판단과 조치를 지원하는 바탕이 되고 있다. 수집된 빅데이터를 통해서 가상의 공간에서 더 다양한 상황을 만들고 새로운 데이터를 만들어 기계에 학습시키는 일도 가능해지고 있다. 데이터를 활용하여 새로운 데이터를 만드는 셈이다. 예로서 테슬라 같은 기업에서 시도하는 가장 최근의 혁신 수준인데 제조 산업 여기저기서 시도되며 CPS의 응용 역량을 높여줄 조짐을 보인다. 데이터 전처리 기술, AI, GPU, CPU, 비전, 센서, 컴퓨팅 기술 등의 복합적 발전이 만드는 새로운 변화임을 이해할 수 있다. 이런 기술의 응용이 촉진되면서 더 많은 기업이 Level 4 수준으로 뛰어오르는 일을 경험할 것으로 필자는 예상한다. 이런 일을 지원하는 국내 기업들도 하나둘 등장하는 것을 보게 된다.[12]

이제까지의 설명과 논의를 모두 정리해 보자.

제조 현장의 제조 데이터 활용은 현재 상태를 설명하는 '현상 설명 수준'(Level 1)에서 '왜 현상이 발생하는가?'를 찾아내는 '진단적 분석'(Level 2)으로 옮겨와 있으며 선도적인 기업들은 여기서 멈추지 않고 그다음 단계의 '예지적으로 분석'(Level 3)으로 역량을 집중하고 있다.

참고로 테슬라와 같은 선도기업은 '예지적 분석'의 다음 수준에 해당하는 '조치적 분석' 수준으로 빅데이터와 AI 응용을 추진해 가는 것을 감지할 수 있다. 인공지능이 동원되어야 구현이 가능한 이런 시나리오가 회사 전반에 적용된다면 이는 분명 Level 4 수준을 넘어 아예 사람 전문가의 참여도 점차 배제하는 Level 5 수준으로도 진입이 가능하다는 상상을 하게 한다. 이론적으로는 충분히 가능해 보이는 이 Level 5 수준을 필자는 별로 탐탁해 하지 않는다. 또 회의적이기도 하다. 진정한 의미의 Level 5는 세상 어디에도 존재하지 않으며, 또 존재해서도 안 된다고 믿기 때문이다. 누구를 위한 제조이며 생산이란 것에 대한 답을 할 수 없다면 Level 5는 바벨탑과 같은 존재가 아닌가 반문하게 된다. 그러나 현실적으로 보면 그런 세상은 올 가능성이 그다지 없다고 본다. 세상 모든 사람이 미치광이이거나 미치광이가 이끄는 세상이 아니라면 누군가 말하는 Level 5 공장은 없다. 어떤 공장에도 지금처럼 사람 작업자 또는 관리자는 존재할 것이며 공장의 핵심 의사결정은 늘 사람이 하는 것이 가장 합리적이고 멋지게 보일 것이기 때문이다.

무늬만 같다고 '빅데이터'는 아니다

"우리 회사도 빅데이터를 사용하여 제조합니다."

제조 기업 중에서 '빅데이터'를 이야기하는 경우가 늘고 있다. 하지만 대체 어떤 빅데이터를 말하는지 알기 어려운 사례가 대부분이다. 버리지 않고 오랫동안 쌓아 둔 데이터가 양이 많아진 것을 두고 빅데이터라고 하기도 한다. 말이 안 되는 것은 아니지만 목적과 가치가 뚜렷하지 않은 이런 양만 많은 데이터를 굳이 빅데이터라고 하는 것은 그다지 의미가 없어 보인다. 그런데도 빅데이터 운운하는 곳이 늘어나는 것은 정부 지원을 받으려는 중소, 중견기업들의 숨은 의도 때문이다. 어떻게 하던 정부 지원을 받아서 자신들의 직접 투자금액은 줄이고 싶은 기업이 정부 정책의 변화에 매우 능동적으로 대응하는 모습의 단면이 아닌가 싶다. 그런데 이런 곳에서 등장하는 빅데이터가 실은 진짜 빅데이터가 아닌 경우가 많다.

원재료, 사양, 재료의 투입량, 생산된 완제품의 수, 반제품의 수, 불량

제품의 수, 작업자 정보 등과 같은 생산과 관련된 기초 정보를 모아 놓고 빅데이터라 부른다면 그건 빅데이터가 아니라고 말할 수밖에 없다. 이런 데이터는 아무리 많이 쌓여 있어도 별 도움이 안 된다. 데이터가 나쁘다기보다는 목적이 다르다. 앞서 설명한 것처럼 집계를 위한 데이터로써 새로운 통찰이고 뭐고 할 것이 없다. 간단한 가감승제 수준과 기초 통계 수학으로 평균, 표준편차, 중간값 등을 찾아내어 원하는 정보를 얻을 수 있는데 굳이 빅데이터를 들먹이는 것에 불과하다.

그러나 이런 기초 데이터 외에 추가하여 수집하는 데이터가 다른 목적이 있다면 이야기는 달라진다. 즉, 생산에 투입되는 부품의 주요 치수나 재질 특성, 화학적 특성, 사용하는 핵심 공구나 지그, 금형의 조건, 또 이런 부품으로 제작된 완제품의 성능 결과나 시험 결과, 이런 부품을 제조한 공정에서 수집한 온도, 압력, 전기량, 진압량, 진동수, 정지 시간, 가동 시간, 주변 온도, 투입된 원료의 상태, 원료에 포함된 수분, 원료의 입자 크기, 원료의 불순물 수준 등과 같은 것이 수집되는 데이터라면 상황이 달라진다. 이런 데이터를 활용해서 부품의 품질 또는 완성된 최종 제품의 품질에 대한 예측을 할 수 있고 또 이런 예측을 통해서 미리 일어날 문제에 대해 조치를 할 수 있다면 이야기는 달라진다. 또는 설비의 가동률에 대해서도 왜 예상하지 않은 변화가 일어나는지를 이해하게 되고 예측하게 되면 빅데이터 분석으로서 전혀 다른 의미로 쓰이게 된다.

플라스틱 원료를 이용하는 사출 공정에서 부품을 만드는 설비가 있다면 이런 빅데이터 응용이 자주 시도된 것을 본 적이 있을 것이다. 일본의 전시회에서는 이런 과정을 단순화해서 아예 상품화한 것을 본 적이 있다.

금형에 센서를 삽입해서 얻은 데이터와 성형 조건을 구해서 AI 학습을 시키면 성형 조건과 금형 내부 상태를 예측할 수 있게 되는 것이다. 이를 통해서 사출의 조건을 관리하는 기법이다.

현재 사출 공정을 사용하는 기업의 수는 국내와 해외에 수도 없이 많고 그런 현장에서는 예외 없이 사출된 제품의 품질 불량이 여전히 높은 편이다. 또 이런 사출 제품의 품질을 개선하는 일반 해결방안도 전문가들은 대개 알고 있다. 예로서 우선 CAE 등을 활용한 설계의 꼼꼼한 사전해석 점검에 의한 개선이 효과가 있음은 대부분 알려진 점이다.[13] 그러나 이렇게 설계를 완벽하게 했다고 해도 실제 사출을 수행하는 설비나, 그곳에 사용되는 금형, 투입되는 원료 등의 조건이 사출 품질에 영향을 미친다.

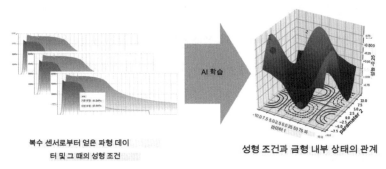

복수 센서로부터 얻은 파형 데이터 및 그 때의 성형 조건

성형 조건과 금형 내부 상태의 관계

그림 8 일본의 스타트업에서 개발한 플라스틱 사출 환경의 AI 학습된 상품의 사례

이런 조건을 동시에 다변량 조건 차원에서 맞출 때 품질이 개선된다는 추론을 빅데이터를 통해서 구체적으로 찾아가는 모습이라 볼 수 있다. 실제 플라스틱 사출품의 품질관리는 6시그마 수준과 거리가 아주 멀다. 예를 들어 화장품 병을 제조하는 공정의 사례를 보면 100개의 제품을 사출

로 찍으면 1~2개의 불량이 나온다. 이런 품질 수준을 5시그마(0.023%), 또 더 나아가 4시그마 수준(0.621%)으로 낮추려면 어떻게 해야 할까?

사출 기업 중에서 6시그마 수준의 관리는 언감생심이고 4시그마 또는 5 시그마 수준의 품질관리조차 달성이 어려운 사출 제품을 만드는 기업이 있다. 이 회사는 제작한 제품을 모두 사람 눈으로 전수 검사하여 불량품이 고객에게 전달되지 않도록 하는 것을 보아왔다. 사람 작업자에게는 무척 고단한 일이지만 불량품을 고객에게 내보내지 않기 위해서 어쩔 수 없이 그렇게 하였다. 이 회사에 변화가 있었다. 최근에는 머신비전과 AI를 응용해서 사람 눈을 혹사하는 일을 기계에 주는 반가운 소식이다. 그러나 여전히 일부에서만 응용이 가능한 수준이다. 결국 플라스틱 사출은 여전히 소수점 이하로 불량률을 낮추기가 어려운 환경에서 벗어나지 못한 것이다.

필자는 빅데이터와 AI의 응용으로 이를 어떻게 잡을 수 있을까 고민하거나 연구 중인 사람들을 주목하고 있다. 아쉽게도 이런 목표를 성취한 결과는 아직 들리지 않는다. 여러 기관과 단체가 정부 지원금을 받아 연구하고 있지만 활동은 안개 속에 갇혀있고 그 내용도 잘 알 수 없다. 거론하는 데이터가 대부분 '정형 데이터'라는 것쯤은 잘 알려졌지만, '비정형 데이터(Unstructured Data)'의 역할은 잘 보이지 않고 잡히는 알맹이는 별로 없다. 사진, 이미지, 동영상, 소리, Text 문서, file 등과 같은 제조 비정형 데이터의 활용은 아직도 멀게만 느껴진다.

현재 일반적인 데이터 활용 프로세스는 어느 정도 정립되어 있긴 하다. 자료를 수집하고, 전처리해서 청소하고, 분석하고 가시화하는 과정이 그것이다. 이 모든 과정은 대기업 제조 현장에서도 직접 수행하지 못하거나 하지 않고 외부 기업의 도움을 받는 것을 종종 볼 수 있다. 그러니 중소 중견 기업 현장은 어떠할까? 데이터 활용의 길은 멀고도 험하다고 봐야 한다.

이 상황에서도 정부의 스마트공장 지원은 고도화 중심으로 가는 것을 보게 된다. 그래서 이런 정부 정책 지원금을 받을 욕심으로 저마다 '무늬만 고도화'인 사업을 내밀 가능성이 보인다. 또 이에 동조할 기술 공급기업의 움직임도 걱정이다. 엄밀하게 보아 고도화라 한다면 Level 3이나 Level 4 수준은 되어야 하지만, 2023년까지는 Level 1보다 높으면 모두 고도화라 봐주면서 정부는 사업을 지원했다. 정부 정책의 배경은 이해한다. 정부도 나름대로 기업을 지원하는 방법을 이렇게 또 저렇게 바꿔 보는 중이다.

앞으로가 진짜 도전이다. 현재 생태계에서 활약하는 기술 공급기업이나 제조 기업의 준비 상태를 볼 때 Level 3 이상을 추진할 기업이 얼마나 될지 궁금하다. 현재의 문제를 잘 찾아 정의할 제조 기업도, 또 정의된 문제를 잘 처리할 기술 공급기업도 충분하지 않은데 고도화만 외친다고 일이 잘될지 염려된다. 또 이 일을 소화할 전체 생태계의 모습은 어떠할지 궁금하다. 생태계에서 활약하는 4T 전문가가 제대로 마음을 열고 제대로 협업해야 실마리가 풀릴 수 있다고 본다. 협업이 능숙하지 않은 전문가 집단에 변화가 있어야 하며, 정부 사업으로 먹고사는 기술 공급기업들도 변화해야 한다.

"우리 회사는 제조 빅데이터를 이용해서 용접공정이나 주조공정의 불량률을 0.1% 이하로 낮추고 있습니다. 데이터 수집, 정제, 분석, 가시화 그리고 제어까지 전체 공정에서 AI를 활용할 것은 AI를 사용하고, 사람이 참여할 것은 사람이 직접 참여하며, AI를 이용한 개선 활동하고 있습니다. 우리는 아직 갈 길 먼 불완전한 AI 기술에 모든 것을 의존하지만은 않아요. AI는 최종적으로 사람 활동과 의사결정을 지원하는 정도로 보면서 활용 중입니다."

이런 성공담을 공개하는 회사가 있다. 실제 이렇게 말하는 대로 모든 것을 주도적으로 준비하고 추진하는 기업 사례, 그리고 이들과 걸맞게 지원하는 공급기업이 늘어나기를 기대한다. 우리도 빅데이터로 일한다고 주장하기에 앞서서 진짜 성취할 목표가 무엇인지 찾는 일이 우선임을 잊지 말기를 바란다. 정부 지원금을 받는 것도 중요하지만 그것만을 위해서 억지로 빅데이터를 앞세우면 안 된다고 본다. 제대로 추진해야 스마트공장이 성과를 만든다. 그래야만 품질 원가나 낮아지고 품질이 좋아져서 고객이 더 좋아하고 더 많은 고객이 더 많은 주문을 하는 선순환 구조가 그려진다. 우리가 원하는 것은 이런 미래이다.

5G는 제조 생태계의 신세계를 여는 중이다

"유연 생산, 물류 자동화 그리고 실시간 데이터 분석을 위해서 5G 통신 기술이 필요하다."

독일 자동차 기업이 추진하는 5G 네트워크 구축 활동은 이 하나의 문장으로 설명할 수 있다. 국내 소비자들에게도 인기 좋은 차량을 공급하는 벤츠, 아우디, 폭스바겐, BMW 등이 5G로 공장의 통신 환경을 바꾸는 준비하는 노력을 경주 중이다. 이들은 대부분 프라이빗 네트워크(Private Network)를 설치하는 것을 보고 있다. 제3자에게 시스템 관리를 맡기는 것도 귀찮고, 보안 걱정도 덜고 싶으며, 다른 기업과 공공 시스템을 함께 사용하다가 트래픽이 걸려 자신들에게 불똥이 튀는 것을 근본적으로 없애고 싶은 것으로 이해된다. 시스템을 아예 전용으로 설치하고 스스로 관리하는 권한을 지니며 필요시 스스로 제어하는 방식을 선호하는 것을 볼 수 있다.

자동차 만드는 기업만 이런 일을 하는 것은 아니다. 자동차 기업에 부품을 공급하는 '보쉬(Bosch)'도 비슷하다. 꽤 오래된 기업 역사를 지닌 대단한 기업인 보쉬는 주로 제조로 업을 삼았는데, 주요 아이템에는 공구 또는 자동차 부품, 자동화 설비 등이 있다. 이 기업을 제조 기업이라고만 부르기 곤란한 일이 점차 생기고 있다. 스스로 솔루션 공급기업이라 부르며, 사물인터넷(IoT) 솔루션을 공급하기도 한다.

보쉬의 변화와 혁신이 주목받는 것이 어제, 오늘만은 아니었다. 부품회사이면서도 독일 인더스트리4.0을 추진한 그룹의 초창기 멤버이었고 한때는 의장 역할도 했다. 그래서 혁신 활동을 자주 외부로 공개한다. 그간 사물인터넷과 관련한 솔루션을 상당히 개발하고 공급하는 이 기업이 이제는 '5G'를 말한다. 왜 5G에 꽂혔느냐고 물으면 이렇게 말한다.

"전 세계 250여 개 공장을 모두 5G 캠퍼스로 바꾸기 위해서 그렇다."

이미 연구소와 공장 여럿을 5G로 바꾸었다고 한다.

독일 자동차 기업 사례와 보쉬의 사례는 이들이 보는 미래 공장 모습을 잘 보여 준다. 이들은 공장의 바닥과 벽, 천장을 빼고는 모든 움직이는 설비와 움직이는 장비로 구성하려 한다. 그 배경은 궁극적으로 고객 맞춤형 유연 생산이다. 또 이를 지원할 물류의 자동화 그리고 실시간 데이터 분석 능력의 확보이다.

관심의 중심인 5G 통신 기술에 관한 한 한국은 나름 선두에 서 있었다. '초연결 속도'와 '초대용량', '초저지연', '초동시연결'를 꿈꾸는 5G는 그러나, 실제로는 진행 중인 기술로 보는 것이 더 맞아 보인다. 5G 요금 내고 스마트폰 사용해 본 사람들은 본인이 '마루타'였음을 알고 있다. 4G보다 20배 빠르다는 주장은 이론이거나 신문 속 이야기였다. 기껏해야 3~4배 빠른 속도에 만족해야 한다.

통신기업들도 고민이 많다. 먼저 3.5기가헤르츠(GHz) 대의 주파수를 이용하여 전국망 서비스를 깔아야 하지만, 또 28기가헤르츠 대의 주파수도 깔아서 도심 지역이나 스마트공장 서비스를 제대로 하도록 해야 한다. 사실 이들 5G 통신 서비스 제공 기업이 활약하는 영역은 한 나라의 산업 전체라고 봐야 한다.

크게 본다면 스마트도시 사업부터 그 속에 포함되는 스마트 빌딩, 스마트홈, 스마트 의료, 스마트 의료, 스마트 모빌리티, 스마트 엔터테인먼트 등 우리 생활과 관련이 되지 않는 것을 찾기 어려울 정도다. 스마트공장은 그런 여러 분야 중 하나일 뿐이다. 그러나 제조에서 만들어 낼 5G 통신의 부가가치가 가장 클 것이란 전망은 제조 산업의 관심도를 끌어올리는 역할을 하는 중이다. SK, LG, KT와 같은 5G 통신 서비스 공급기업이 제조 산업의 대표기업들과 협력 사업을 마련하는 이유이기도 하다.

예로서, SK텔레콤은 현대 중공업과 손을 잡고 있고, KT는 두산 로보틱스와 협업 중이며 LG유플러스는 LG전자를 함께 일하고 있다.

더 큰 손도 나타났다. 바로 한국 정부 조직인 중소벤처기업부이다. 이 정부 부처에서 지원하는 'KAMP'를 통해 1,000개의 기업에 5G를 사용하도록 분위기를 조성하는 중이다. 주로 중소, 중견기업이 대상인데 현재까지 성과는 아직 크게 들리는 바가 없다.

이 KAMP(Korea AI Manufacturing Platform)를 보면 독일의 'KICK'이 보인다. KICK은 독일 정부와 프라운호퍼와 같은 정부 산하 연구기관 그

세상의 모든 스마트공장은 목적이 있다

리고 대표기업들이 참여하는 5G 활용 운동을 지원하는 프로젝트 명칭이다. 다른 점도 있다. 독일에서는 중소 중견기업은 잘 안 보인다. 대신 앞서 소개한 자동차 기업이나 글로벌 대기업 수준 기업들의 모습이 대부분 등장한다. 그런 점에서 한국의 KAMP는 다르다. 한국에서는 대기업을 지원하거나 협업하는 것을 조심스러워한다. 나름대로 이유가 있을 것이다.

KAMP의 성과가 저조하기에 5G 공급기업들의 생각은 심란할 것으로 보인다. 왜냐하면 인프라를 깔아만 놓아도 기업이 사용하지 않으면 소용이 없기 때문이다. 기업이 더 알아서 적극적으로 사용해야 하는데 이들이 주저한다면 5G로 사업이 확장되고 실제 돈을 벌기까지는 상당 기간을 기다려야 할 것을 5G 공급기업들은 알고 있다.

그래서 요즈음 5G 서비스 공급기업이 직접 적용 사례, 응용 사례 등을 개발하는 데에 시간과 비용을 들이는 것도 볼 수 있다. 어찌 되든 최종 사용기업이 5G를 활용 수준의 스마트공장을 추진하지도 않고 필요로 하지 않는다면 5G는 당분간 무용지물이 될 것이기 때문이다.

지금 통신 서비스 기업의 공통점은 5G 인프라 기술을 제공하는 동시에 5G 응용 확산을 위해 산업 전문가인 다른 파트너 기업과 협업을 해야 한다. 과거 같으면 몸을 사릴 이런 협업을 지금은 적극적으로 해야 하는 시대가 된 것이다. 이런 추진의 성패가 5G 서비스 기업의 사업 성공과 실패로 나타날 것으로 예측된다.

여기 연결화 기술 시장에서 누가 주도권을 가져갈 것인가? 아직은 함부로 말하기 어렵다. 그러나 어쨌든 5G 통신은 스마트제조 기술 생태계에 아주 중요한 역할을 하기 시작했다는 것은 분명해 보인다. 그런데 이런 논란이 있는 저 뒤로 벌써 6G 통신이 보인다. 실은 5G 통신이 하겠다고 오래전 대대적으로 선전했던 일이 6G 통신이 구현될 즈음에야 실현될 것으로 예측된다.

제조혁신 기술을 본격적으로 현장에 적용할 기술 선도기업들은 5G가 되든 6G가 되든 초연결이 가능한 연결화 기술을 학수고대한다. 이 연결화 기술이 제공할 제조 현장의 다양한 기술 확장성 때문이다. 수많은 자동화 설비가 가동되는 현장에서 적재적소에 설치된 로봇이 각자 움직이고, AGV, AMR이 맡은바 활동하면서 부품과 완제품을 나르며 동시에 다양한 작업자들이 VR, AR, MR 기술을 응용하는 제조 현장을 실제 구현할 수 있을 수 있으려면 5G 이상의 진짜 연결화 기술이 필요하다. 아마도 이런 시나리오는 5G를 넘어 6G가 실현될 때 더 현실적으로 다가올 것 같기는 하다.

보이지 않는 공장이 보이는 공장을 지배하는 시대를 CPS가 연다

"공장 견학을 하면 설비나 기계 그리고 작업자가 열심히 일하는 모습을 보지만 뭐가 뭔지 잘 모르겠어요."

공장 견학을 안내받는 고위급 게스트들이 현장 견학 후 슬쩍 비치는 말이다. 견학에 참여하는 모습은 진지하고 설명을 열심히 듣지만 잘 알기 어려운 것이 공장이 돌아가는 모습이다. 해당 분야 전문가가 아닌 이상 눈앞에 펼쳐지는 현장은 보아도 제대로 이해하기 쉽지 않다. 당연하다.

그런데 보이지 않는 공장을 잘 보게 하는 방법이 없는 것은 아니다. 이 일을 위해 먼저 110인치 정도의 대형 액정 모니터를 준비하자. 이 액정 모니터를 통해서 보이지 않는 공장의 구성과 그 속을 구성하는 시스템의 계층을 설명해 보자. 또 이들이 어떤 역할을 하는지 먼저 보여 주자. '눈에 보이는 공장'은 나중에 현장에서 설명해도 된다. '눈에 보이지 않는 공장'을 먼저 설명하고 현장에서 설명하면 '눈에 보이는 공장'이 더 잘 보인다.

눈에 보이지 않는 곳을 대형 액정 모니터 화면을 이용해 먼저 설명하는 과정에서 좀 더 여력이 있다면 한 가지 기술을 더 준비해 보자. XR 기술이다. 적당한 고글 안경을 준비하자. 고글 안경을 끼고 가상현실 또는 증강현실 기술을 활용해서 보이는 공장과 보이지 않는 공장을 넘나들면서 공장의 진짜 모습을 보여 주고 설명할 수 있다.

이는 경남 창원의 모 중공업 현장을 견학할 당시 해당 기업에서 실제 응용한 시나리오이다. 여러 해 전에 이미 구현한 기술이란 뜻이다. 이런 정도의 섬세한 준비를 통해서 방문한 VIP들이 좋은 반응을 보였다.

한국의 제조 현장에서 겉으로 드러나는 모습만으로 제조 경쟁력 우위를 따지는 것은 점차 어려워지고 있다. 겉으로 보이는 기술은 점차 평평해지고 있다는 뜻이다. 물론 일부 산업에서는 여전히 겉으로 드러나는 기술 자체가 차이점을 보이는 핵심 기술인 경우가 있기는 하다. 예를 들어 반도체 제조 공법, 디스플레이 제조 기술 등은 핵심 제조 기술 중에서도 눈에 보이는 차별화 기술이 있다. 이것이 선발 기업과 후발 기업의 격차를 드러내게 한다. 그러나 같은 제조업이지만 자동차 산업만 해도 눈에 보이는 기술 격차는 점차 사라지는 중이다. 겉으로 드러나는 기술로만 보자면 미국, 유럽, 일본, 한국 그리고 중국의 자동차 제조 기술은 대동소이해 보인다.

이들 기업의 우열은 '눈에 보이지 않는 공장'의 수준에서 가려진다고 보고 있다. 점차 보이지 않는 것이 보이는 것을 지배하는 것인데, 이 보이지 않는 것은 자세히 보지 않으면 보이지 않는다. 현재, 이 보이지 않는 곳의 활동과 중요성은 점차 증가하는 중이다. 테슬라의 자동차 공장이나 현대자동차 HMGICS의 공장이 이런 예를 보여 준다. 보이는 공장의 움직이는 현상은 보이지 않는 공장에서 사전에 시뮬레이션되어 검증되어 현장으로 보내지고 지원된다. 현실 공장에서 일어나는 현상이 다시 보이지 않는 공장에 보내져서 중요한 검증에 대한 조건을 결정하도록 돕기도 한다. 양방향으로 정보가 오가면서 궁극적으로 보이는 공장에서 이전에 볼 수 없는 성과를 만들어 낸다.

보이지 않는 공장의 구성 요소에는 디지털화 기술, 스마트화 기술, 연결화 기술이 있다. 대표적인 디지털화 기술에 MES, ERP, PLM, SCM이 있다. 또 스마트화 기술에는 센서, IoT, 데이터 분석 기술과 인공지능 등이 있다. 연결화 기술에도 무선통신 및 유선통신 기술 등이 있다.

누군가는 눈에 보이지 않는 공장을 차별적으로 강조하기 위해 특별한 접두어를 동원하기도 하였다. '클라우드 기반', 'AI 지원', '빅데이터 중심' 등이 그런 예다. 모두 보이지 않는 곳의 차이점을 좀 더 드러나 보이게 하려고 의도한 것이다. 그러나 실은 이런 용어 자체가 차이점을 만들지는 않는다. 이런 용어는 이미 보이지 않는 공장의 기본 요건일 뿐이다. 보이는 공장과 보이지 않는 공장은 디지털트윈(Digital Twin), CPS(Cyber Physical System), CPPS(Cyber Production Physical System) 등으로 불리며 구현되고 활용되는 중이다. 모두 같은 뜻인데 제조 영역에서는 제조를 강조하기 위해 CPPS라는 용어로 구분을 시도하기도 하지만 개념이나 응용 기술은 대부분 같다(그래서 이후로는 대표 용어로서 CPS를 사용한다).

어떤 기술을 좀 더 강조할 것인가에 따라서 CPS 앞에 관련된 접두어를 붙일 수 있지만 그런 모습은 아직은 낯설다. 그런 언어의 유희로 차이를 만들기에는 기술의 융합 속도가 훨씬 빠르기 때문이다. 다행히 AI CPS, Big data CPS로 작명하는 것을 보지 못했다. 이처럼 멋지게 작명하는 애를 쓰는 것보다는 실제 이런 플랫폼이 개별 공장에서 어떤 성과를 만들어 낼 수 있는지 확인하고 바르게 준비하는 것이 기업이나 공급기업, 또 정부 기관 모두에게 더 타당한 일이라 말하고 싶다.

분명한 것은 디지털 공장 또는 이 보이지 않는 공장이 보이는 공장을 더 잘 지배하는 중이란 점이다. 그리고 이런 일을 주도할 기술이 CPS가 되는 것은 확실한 미래라는 것이다.

그런데 이런 CPS를 구현하는 방법에 대해서도 표준이 필요하다. 그런 공감대가 어느 순간부터 있다. 다양한 시도가 있을 수 있는데 가장 먼저 손을 든 것은 AAS(Asset Administration Shell)이다. 이런 일을 시작한 집단은 독일의 인더스트리4.0과 관련된 기관들이다. 독일에서 시작된 이 표준은 한국 전체 산업계에서는 아직 반응이 별로다. 실은 독일과 일부 유럽 국가를 제외하고는 이런 표준이 크게 호응되지 않는 것으로도 보인다. 그런데 아시아에서는 유독 한국에서 이 AAS가 주목받았다. 스마트제조혁신추진단에서 이를 적극적으로 소개했는데 당시 추진단장의 관심사가 그쪽에 있었기 때문이다. 독일 인더스트리4.0을 적극적으로 받아들이는 일부 전문가가 이런 모습을 만들어 내는 것으로 볼 수 있다. 그러나 현실적으로 AAS가 지향하는 표준이 산업계에 적용되어 CPS에 실제 응용되기까지는 큰 노력이 필요하다. 먼저 해야 할 일이 많다는 뜻이다. 예를 들어, 공과대학에서 가르치는 설계 과정에 이런 AAS 과목이 포함되어야 할 만큼 AAS가 사전에 정지해야 할 영역은 상당히 넓고 많다고 본다. 그런 이유로 지나치게 특정 국가의 특정 활동에만 집착하는 방식의 접근은 속도 조절이 필요하다고 본다.

몇 해 전에 스마트제조혁신추진단에서는 이 생소한 AAS를 보급하려는 다소 이상한 일을 벌인 적이 있었다. 필자도 이를 직접 경험한 바가 있다. 좀처럼 익숙하지 않은 새로운 용어로 범벅이 된 이 강의를 듣게 하려고 '당근과 채찍'까지 동원했다. 시험도 치고 80점을 넘어야 합격증을 주었다. 그 합격증이 지금 어떤 효용이 있는지 누구도 말하지 않는다.

별로 알려지지 않던 AAS라는 용어는 스마트공장 정부 지원 사업에서 심사위원의 마음을 사로잡을 용도로도 가끔 사용되었다. K-등대공장에서 등장하는 제안서의 단골 메뉴가 되기도 하였다. 그러나 설명한 바와 같이 이런 새로운 표준을 현장에서 실제 응용하는 것이 간단하지 않다. 아직 충분히 확산하지 않은 표준을 무턱대고 사업계획서에 넣어 서류 전형을 통과하고 보자는 모습으로 이런 표준이 활용되고 있어 우려된다.

그간 AAS는 '그게 뭔데?' 정도의 반응은 성공적으로 얻을 수 있었다. 그러나 AAS를 가지고 제조 기업이나 제조 현장이 성과를 내는 것은 시간이 오래 걸릴 것이다. 그 이유는 AAS가 CPS에 꼭 있어야 하는 것은 아니기 때문이다. 이미 CPS는 현장에서 만들어지고 있으며 잘 사용 중이다. AAS라는 것이 없어도 잘 만들어진다는 뜻이다. 벌써 관련 기술과 서비스를 판매 중이다. 앞서 소개한 HMGICS와 테슬라 공장에 AAS가 있다고 보는가? 없어도 CPS는 잘 만들어지고 있다.

CPS는 디지털트윈이라는 용어가 생기기 훨씬 이전부터 자동차 산업이나 항공 산업에서 실용적으로 도입되어 활용된 바가 있다. 굳이 단계를 나누어 본다면 '1세대 CPS' 정도로 구분할 수 있는 이런 기술혁신은 2000년대 전후에 등장했다. 그 개념은 그림 9에 소개했는데 세계적인 자동차 기업이나 항공기업이 앞다투어 이 개념을 산업 현장에 접목하려 노력하였다. 그리고 실제 많은 성과를 만들어 내기도 하였다.

이 일의 원리는 그리 복잡하거나 어렵지 않았다. 앞 단계 활동에서 일어나는 일이 하류 단계에서 일어날 문제나 현상을 결정하기에 이를 초기 단계에서 검증해 내도록 플랫폼을 만들어 사용하는 것이 기술의 핵심이었다. 이를 통해 소위 '상류화 혁신(Frontloading Innovation)'을 구현한 많은 기업이 주목받은 바 있다. 대표적인 것이 도요타자동차였으며 그 이후로 이런 CPS는 모든 자동차 기업에게 바로 확산하여 남들과 차별이 별로 없는 평평한 기술이 되어 버렸다. 도요타자동차보다 먼저 이런 CPS를 활용한 기업은 보잉과 에어버스와 같은 기업이었다. 이런 점도 참고하면 도움이 될 수도 있어 소개한다.

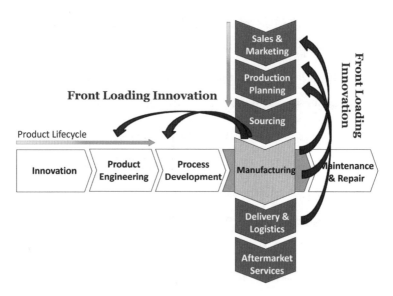

그림 9 하류의 문제를 상류에서 해결하는 CPS의 구현 개념인 프론트로딩 혁신

이 같은 혁신 활동은 지난 20여 년간 알게 모르게 지속되었다. 그러나

현재에도 발전을 거듭하고 있고 점차 세부적으로 큰 진화의 모습을 보인다. 특히 발전한 컴퓨팅 기술, 그래픽 구현 기술, 빅데이터 기술, 통신 기술, 그리고 AI 등이 융합되면서 1세대 CPS 개념을 놀라울 정도로 끌어올리는 중이다.

최초의 CPS는 가상과 실제 세상을 연결하고 있지 않았다. 그러나 가상 세계와 실제 세상이 연결된 CPS가 등장하면서 놀라운 성과를 내기 시작하였다. 앞에서도 설명한 바와 같이 가상에서 만든 검증 결과를 현실에서 실제 운영하고 이를 토대로 다시 가상에서 검증을 개선하는 일이 반복되는 길이 열린 것이다. 예컨대 이를 기존의 1세대 CPS와 구별하기 위해 '2세대 CPS'라고 불러보자.

현재 국내 연구기관인 ETRI는 이런 2세대 CPS의 기술 발전을 현장에서 실증하는 연구 결과를 내놓고 있다. 예를 들어 로봇의 티칭(Teaching)과 같은 검증과 시뮬레이션 과정이 그것이다. 이런 2세대 CPS는 앞으로 제조 기업 현장에서 자주 목격이 될 만한 기술이라고 볼 수 있다. 일부 민간 기업이 이런 시나리오를 실제 상품화하는 일도 엿볼 수 있다. 점차 2세대 CPS가 활성화될 조짐이 보인다.

흥미롭고 기대되는 기술 발전은 '3세대 CPS'의 개념에서 찾아볼 수 있다. 그간 CPS는 실물의 세계에서 데이터를 얻어 사용하는 것이 조건이었다. 3세대 CPS도 그런 기본 조건을 건너뛸 수 없을 것 같기는 하다. 기본적으로 CPS는 현실 세계를 가상 세계로 모사(Copy)하는 단계가 필요하기에 현실 세계의 조건을 활용하는 것은 필연이다. 그러나 만일 현실 세계에서 직접 확보하기 어려운 데이터가 필요하다면 어떻게 할 것인가? 마냥 데이터가 확보될 때까지 기다릴 것인가?

이에 대한 답이 최근 생성형 AI나 딥러닝, 머신러닝 기법에서 나타나고 있다. 현실 세계에서 얻기 어려운 데이터라면 가상 세계에서 AI가 만들고 컴퓨터가 학습하고 훈련하고 이를 조건으로 이용하면 된다는 개념이 바로 3세대 CPS의 근간을 지지해 주고 있다. 고무적인 것은 이런 일을 위해 등장하는 스타트업이다. 이런 기업의 수가 증가할수록 3세대 CPS의 발전도 가속될 것으로 예상할 수 있다.

이런 일이 실제로 구현되면 CPS는 날개를 단 모습으로 발전을 할 것이다. 이런 기술이 실현된다면 이전의 간헐적인 연결의 단계를 넘어 실시간 연결의 세상이 열리고 더 빠르고 정교한 검증과 최적화를 얻는 일이 가능하게 될 것이다. 앞 절에서 여러 차례 설명한 Level 4 수준을 넘어 Level 5의 스마트제조도 이론적으로는 가능하게 될 것 같다.

정리해 보자. 그동안은 제품 설계 단계에서 나타날 수 있는 설계의 단순한 실수나 생산과 제조 여건을 감안하지 못하여 생길 수 있는 생산에서의 오류를 설계단계에서 컴퓨터 안의 디지털 가상공간의 검증으로 미리 막을 수 있었다. 현재는 생산 현장에서 벌어질 일을 데이터 수집과 데이터 가공, 그리고 검증할 시나리오를 이용해서 가상공간에서 운영해 볼 수 있다. 또 AI가 필요한 데이터를 만들어 학습도 하여 실제 공간에서 해당 시나리오를 실제 활용하도록 하는 방향으로 기술이 발전하고 있다.

전자의 일은 이미 오래전부터 선도적인 기업들이 주로 시도했고 그간 선도기업들은 제품 개발 비용과 개발 기간을 크게 줄일 수 있었다. 전자의 노력으로 제품의 제조 문제점을 사전에 걸러내는 능력이 향상되었지만, 제조 현장의 품질 또는 공정관리 능력이 늘 완벽한 것은 아니었다. 그런 점에서 후자에서 제시하는 새로운 시도는 점차 AI의 응용, 기계학습을 통한 자동화 설비의 고도화 등으로 전개될 것 같다. 이런 기술혁신 방향이 구현할 제조 산업의 미래가 점차 시야에 들어오는 것 같다. 물론 이런 기술이 실제 현장에서 대부분 활용하는 세상은 먼 날의 이야기가 될 것이다. 긴 과도기가 존재할 수도 있다는 뜻이며 너무 조급할 필요는 없어 보인다.

또 주목할 점은 고객과 시장 수요에 맞추어 제품을 만들고픈 기업의 원초적 시도와 노력의 경주는 지속해서 이어지는 점이다. 이 또한 빅데이터의 활용과 실시간 정보 공유 능력이 필요하다. 더 나아가 제조 데이터의 중요성, 제조 데이터의 활성화가 제품 개발단계에서부터 강화될 수밖에 없어 보인다. 고객의 개별적인 욕구와 맞춤형 제조는 더 정교한 제조 시뮬레이션 능력을 요구할 것이다. 또 전체 공급망 위의 모든 공급기업의 주요 정보와 주요 제조 데이터가 연결되어야 이런 역량이 구현될 것이 명확하다.

현재로서는 이 모든 시나리오 구현이 여전히 이론적이다. 일부는 실용 적용이 가능한 복합적 상황이다. 그런데 공급망을 둘러싼 변수는 워낙 다양해서 누구도 완벽한 답을 얻기는 어려워 보인다. 인류가 이미 확보한 데이터의 공유, 분석 능력을 공유하고 펼치는 것 등은 책상 위에서는 쉽고 가능해 보이지만 실제 기업의 제조 현장에서는 정치 문제, 경제적 문제, 기업 간 이해관계 등으로 여전히 요원하게 보인다. 손에 잡히는 세상은 이론이 아니라 모든 주체가 참여하는 이해관계의 조정과 거래의 결과라는 점이 인정된다면 현재 상황을 바로 볼 수 있을 것 같다. 즉, 어떤 제조 기업이든 더 넓게 또 더 실시간으로 더 많은 정보와 데이터를 확보하고 공유해야 하는 도전은 가지고 있으나 기술이 이를 방해하기보다 기술 뒤에 숨어 있는 기업과 사람의 이해관계가 이를 방해하는 것을 보게 된다.

그렇지만 길게 보면 이렇다. 혁신 활동은 점차 선도기업에서 추종기업으로, 공급망 상위 기업에서 공급망 하류 기업으로 이어진다. 또 같은 기업 내부에서는 상류 활동에서 더 많은 하류 활동의 문제점을 찾아내고 검증해서 문제 발생의 여지를 줄여나간다. 이 모든 일이 CPS라는 거대한 플랫폼 위에서 구현될 현재와 미래의 모습을 부인할 수 없을 것 같다.

좋은 공급기업을 하나 추천해 주세요

"우리 회사에서 스마트공장을 추진하려 하는데 적합한 기술 공급회사를 하나 추천해 주시면 좋겠습니다."

아마도 모든 기업의 책임자는 이런 요청을 하고 싶은 마음이 있다. 실제 현장에서 기업을 돕다 보면 이런 요청을 듣는다. 여러 공급회사가 많지만, 실력을 모르겠고 겉으로는 구별이 되지 않아 이렇게 도움을 청하는 것이다.[14]

최근에 방문한 기업에서는 자신 있게 선택한 기술 공급기업에서 구축한 MES를 거의 놀리고 있었다. 이 일을 추진했던 대표이사는 여전히 선택하였던 기술 공급기업은 괜찮은 기업이라 생각하고 있었다. 괜찮은 기업을 만났지만, 자신들이 운이 없어서 일을 그르친 정도로 치부하는 것으로 보였다. 해당 기술 공급기업을 웹사이트로 찾아본 필자는 단번에 해당 기업이 그리 적합한 파트너는 아니란 것을 알 수 있었다. 잘난 척하는 것이 아니다. 기술 기업이 적합하지 않는지는 여러 기업과 일을 좀 해 보거나 다양하게 이런저런 것을 겪어 보면 아는 일일 뿐이다.

그런데 실은 더 중요한 점이 있다. 아주 괜찮은 기업을 만났다고 해도 사용자인 제조 기업이 준비가 엉성하면 괜찮은 기업이 어느 순간에 괘씸한 기업이 될 수도 있다. 사용자에게 말이다. 물론 반대의 일도 있다. 실은 별로 명성은 없는 기업이지만 제조 기업이 잘 준비가 되어 있으면 꽤 좋은 성과를 만들어 낼 수도 있다. 실제 현장에서 직접 몸소 겪은 사실이니 믿어도 좋다.

누군가 요청을 하면 기술 공급기업을 하나쯤 소개하는 것은 어렵지 않다. 그렇지만 이런 요청에 바로 대응하지 않고 신중히 처리한다. 좋은 일을 하고도 자칫 욕먹을 수 있어서다. 그리고 그 욕도 실은 공급기업이나 소개한 사람 때문이 아니고 사용자 때문에 생기는 것을 안다. 그래서 기업 추천은 쉽지만 어려운 일이다.

추천을 위해서는 추천할 공급기업이 제대로 일을 할 수 있는지 확신이 가야 한다. 우선 추천할 기업의 솔루션이 요청하는 기업에 적합한지, 기술 인력은 적절한지, 제대로 소통할 능력은 있는지, 그간 경험은 어떤지 이것저것 따져 보게도 된다. 그런 판단을 한 후에 해당 회사를 소개하려고 노력한다.

무척 간단해 보이는 이 일은, 실은 전혀 간단하지 않다. 이 일을 제대로 하려면 상당한 지식체계와 많은 경험도 필요하다. 우선 요청 기업의 요구와 수준을 잘 이해하고 있어야 한다. 만일 그 요구를 제대로 이해하지 못했다면 어떤 방법으로든 이해할 기회를 만들어야 한다. 요청한 기업이 진짜 뭘 원하는지 알 수 있어야 추천할 수 있다.

영업사원이라면 답이 참 편할 것이다. 실제 기술 공급기업의 영업사원은 보통 이렇게 말한다.

'저희에게 기회를 주세요. 그런 일을 다 잘 처리할 수 있으니 걱정하지 마세요. 원래 우리 회사가 그런 일을 잘 처리하거든요. 경험도 많아요'

영업사원은 맞든 틀리든 이렇게 말하고 수주에 열중한다. 그것이 목표이다. 우선 수주하고 나면 다음은 다른 사람이 처리하기에 그렇게 해도 된다. 수주한 일을 회사가 책임지고 어떻게든 마무리할 것이라는 믿음도 있어 그렇게 대응해도 된다. 물론 문제가 종종 터지기는 한다. 답한 이와 일 처리하는 이가 다를 때 특히 그런 일이 생긴다. 골탕 먹는 것은 그런 회사를 선택한 기업이다.

도움을 청하는 기업에게 자문하는 사람은 이해관계가 없을지라도 문제가 생기는 것에 대한 대응이 간단하지 않다. 영업사원이라면 답변이 더 편할 수 있지만 영업사원처럼 말할 수는 없는 것 아닌가? 잘못되어도 책임지기도 어렵다. 그래서 오히려 객관적인 의견을 제시하고 차라리 상대가 선택하도록 하는 것이 순리라는 것을 알게 된다.

이런 어려운 일을 맡아 해결하려는 조직이 있기는 하다. 정부다. 정부는 돈이 있어 만능처럼 보인다. 중기부 산하의 '스마트제조혁신추진단'이란 곳이 그런 일을 한다. 웹사이트에 가보면 공급기업 정보가 올라가 있다. 정보가 필요한 기업이 찾아볼 수 있도록 정보 공유의 장, 즉 플랫폼을 하나 만들어서 오픈한 것이다. 잘 쓰이는지는 알 수 없으나 나름 도움이 될 것으로는 생각된다. 첫 버전은 정보가 엉성하기 그지없었으나 다음 버전은 이전보다 많이 나아졌다. 꽤 발전한 셈이며 박수를 보낸다.

그러나 정보를 사용하는 기업에게는 이런 정보가 여전히 비대칭적이다. 이런 정보를 있는 그대로 믿기도 어렵다. 이런 현재 플랫폼의 약점을 없앨 방법은 있지만 정부가 선뜻 나서서 플랫폼을 개선하라고 하기도 어렵다. 그렇다고 이런 일을 직접 해 보려는 민간 조직도 그간 없었던 것 같다. 정부 기관은 매우 유용한 기업 정보를 모두 가지고 있지만 정보를 공개할지도 의문이다. 어찌 보면 매우 민감한 정보가 있을 수도 있기에 민간기관이 이런 정보를 받아서 활용하는 것의 부작용이 있을 수도 있다. 정부는 정부대로 정보가 있어도 활용을 못 하고 민간은 민간대로 정보가 부족하고 정보 수집의 한계에 마주한 모습이 우리의 현재 상황이다. 서로의 장점을 활용하면 제일 좋겠지만 발상의 전환 없이 가능한 방안은 없어 보인다. 답답하지만 어쩔 수 없다.

다시 말하지만, 간단해 보이는 것 같은 이 일은, 실은 수많은 변수가 고려되고 작용하는 곳이다. 그래서 간단하지 않다. 정보의 플랫폼은 공급기업과 수요기업 간의 비즈니스 체험과 경험이 체계화되어야 한다. 이곳에 간단한 회사 정보만 올려놓게 하면 다 될 것이라고 믿는다면 하수이다.

정부는 올해부터 돈을 풀어 관련 용역 연구와 프로젝트를 추진하고 있다. 먼저 공급기업에 대한 수준 평가가 진행되고 있다. 이후 다음 단계의 일을 추진할 모양이다. 생태계 관점에서 본다면 솔직한 심정은 이렇다. 정부가 왜 이런 일을 좌충우돌식으로 벌이는지 궁금하다. 생태계 규칙을 제대로 만들면 생태계가 스스로 방법을 찾아갈 것을 정부가 늘 '콩 놓으라 팥 놔라' 하는 것으로 보인다. 정부가 과연 공급기업을 어떻게 도울지도 변수이지만 정부가 이런 일까지 참견하고 해야 하는지 공감하기 어렵다.

기껏 10여 년간 좀비 기업을 양산해 놓고는 이제 이런 기업을 도와야 한다고 말하는 것은 자가당착처럼 보인다.

어렵다. 그래도 누군가 도움을 청하면 좋은 기업을 추천해야 한다고 생각하고 있다. 그런데 좀비 기업을 추천해 줄 수는 없지 않은가?

공급기업 중에서 10-10 후보 클럽을 주목하라

"10-10클럽이 뭐예요?"

 정부의 정책의 취약점, 정부가 추진하는 공급기업 수준 진단이나 지원 계획 등에 대한 비판 내용을 지면 이곳저곳에 담았다. 그 의도와 배경은 더 나은 대안 찾기이다. 이미 칼럼 등으로 생각을 세상과 나눈 바가 있는 내용들이다. 정부가 만능이 아니기에 좋은 정책을 내놓은 것이 늘 쉽지 않다는 것은 누구보다 잘 안다.

 이렇듯 정부나 정부 기관도 어려운 일을 개인 차원에서 도울 수 있을까? 쉽지 않겠지? 이런 마음이 들었다. 그러나 아주 현실적으로 최소한 이바지할 방법은 없을까 연구해 보았다. 그리고 마침내 직간접으로 보고 들은 기업을 편하게 소개하고 공유하는 방법은 어떨까 하는 결론에 이르게 되었다.

 이 일을 위해 10-10클럽을 고안하게 되었다. 매출은 100억 원 정도는 넘을 기업, 수익도 당장은 아니지만 10% 정도는 확보하는 기업이면 좋겠다는 기준을 얻었다. 외국기업의 근무 경험, 국내 상황의 이해 등을 모두 고려하여 얻은 결론이다.[15]

아직은 이 수준에 이르지 못했지만 이런 10-10클럽에 이를 수 있어 보이는 기업을 제조 기업에 소개한다면 단언하기는 어렵지만 적어도 좀비 기업은 아닐 것으로 보았다. 이는 그간 정부가 해 온 일과 방식에 대한 최소한의 보완책이다. 그 결과를 장담할 수 없는 다소 무모하고 힘겨운 일이지만 어쨌든 10-10 후보 클럽은 하나의 대안이다.

누군가 좀 더 자세한 답을 원할 때 필자는 '생태계'에 대해 언급한다.

먼저 생태계를 생각해 보자. 지구가 대표적 생태계다. 지금 지구가 아파한다. 누군가 생태계를 훼손한 결과다. 이곳은 늘 변화가 있다. 겉으로는 안정적인 것처럼 보여도 실상 탄생, 생존, 경쟁, 발전, 쇠퇴 같은 일이 지속되고 반복되는 것을 알 수 있다. 지구가 만들어진 이후 이어진 46억 년의 지구 위 생태계 변화를 통해서 우리는 우리가 인위적으로 만든 생태계의 모습에 대해서도 이해할 수 있게 되었다.

생태계는 건강할 때도 또는 허약할 때도 있다. 허약한 생태계는 종국에는 그 속의 개체가 죽어 버리거나 사라진다. 이미 지구 생태계에서 경험한 바다. 우리 앞의 스마트공장 생태계도 그러하다고 본다. 현재 한국 스마트공장 생태계는 정부라는 강력한 주체가 의도적으로 만들어 낸 환경에 겨우 의지하고 있다. 좋은 햇살과 적당한 비를 내려주면 대지가 스스로 많은 생명을 탄생시키고 육성하는데, 정부가 돈을 뿌리고 정책적 제도를 만들어서 비나 바람도 불게 하는 역할을 해 왔다.

건강하지 못한 스마트공장 생태계를 건강하게 하기 위한 노력이 최근 시도되는 것처럼 보이는 정책 변화가 있기는 하다. 고무적인 일일 것이다. 그런데 그간 한국 정부가 주도한 스마트공장 사업의 면면에서는 이전 생태계는 상태가 좋지 않았다.

'2022년 스마트공장 1만 개 구축'

이런 구호와 슬로건을 내걸고 스마트공장이 잘 될 것으로 생각한 적이 있었다. 2014년 이래로 정부가 돈만 풀면 스마트제조가 여기저기서 뿌리를 내리고 스마트공장 사업이 번창할 것 같았지만 실제는 그렇지 않았다는 것은 이미 경험한 바와 같다. 돈만 뿌리면 제조 기업들이 달려올 줄 알았지만, 좀비 기업들이 먼저 설치기도 하였다. 스마트공장 사업이 정말 잘되기 위해서는 제조업체, 스마트공장 관련 솔루션 공급업체, 컨설턴트, 대학, 정부 산하 지원기업, 지방정부, 테크노파크, 관련 공무원 등 스마트공장을 직접 또는 간접적으로 지원하는 모든 주체가 바른 역할을 하고 점점 발전하는 모습을 보이는 것이 필요하다는 것을 체험할 수 있었다.

이런 주체 중에서 누군가 잘못된 생각을 하거나 바람직하지 않은 욕구에 끌려 비윤리적인 일을 저지르면 생태계는 나쁜 기운의 영향을 받는 것을 알 수 있었다. 특히 공급기업들의 욕망은 부실 제조 기업의 헛된 망상과 어울려서 국민의 혈세를 낭비하게 하는 일은 물론이고 사업 자체를 냉소적으로 보게 하는 현상을 만들기도 하였다.

"설비 하나 사기 위해 스마트공장 사업 신청을 했다."

이런 이야기가 공개적인 자리에서 공유되기도 했다.

"당연한 것 아니냐?"

맞장구치는 이야기들도 공공연히 돌기도 했다.

정부가 나서면 모든 일이 다 잘될 것 같다고 보는 이도 있었다. 그래서 정부가 나서서 '이것 해라 저것 해라' 이렇게 주장하는 이도 아직도 적지 않다. 그러나 지난 10여 년의 시간을 통해서 확인하고 깨달은 사실은 정부 혼자로는 절대 생태계를 건강하게 만들 수 없다는 것이다. 생태계 내부의 토양과 그 속의 씨앗, 그 안의 생명들의 역할도 중요하다.

'10-10클럽'은 생태계 속의 건강한 종으로 비유할 수 있다. 스마트공장 공급기업으로서 적어도 연간 매출 규모가 100억 원 이상이 되고 영업이익률로 10%는 되는 기업을 말한다.[16] 기업의 숫자가 많은 것이 중요한 것이 아니라 이 정도 체력이 되는 건강하고 튼튼한 기업이 많아야 생태계도 건강하다고 본다. 지금 한국의 스마트공장 생태계에는 2,000여 개의 공급기업이 존재하는데 그중의 90%는 늘 생존을 장담할 수 없는 수준으로 하루 벌어 하루 먹고사는 기업이다. 그런 기업에서 제공하는 스마트공장 구축이 건강한 현장을 만들 수 있을까?

국내에는 3만 개의 이상의 사업이 완료되었다. 2,000개 기업이 각축하고 있다면 한 기업당 대략 1.5개의 정부 사업을 따냈다는 이야기다. 실제는 물론 이와 다르다. 20%의 상위 기업이 거의 80%의 사업을 수행했다. 나머지 80%는 연간 1~2개 사업으로 연명하는데 말이 안 되는 상황이다. 건강할 수 없는 생태계의 모습이다.

양적인 성과를 내는 데 동원된 이런 기업이 공중분해되어서는 안 된다. 이들이 건강한 기업으로 거듭나도록 도와야 한다. 일부 기업은 M&A 되는 탈출구를 찾아야 한다. 상위 10%는 국내는 물론 글로벌 시장을 이끄는 강한 공급기업이 되어야 한다. 이런 상위 10%의 가능성 있는 기업들을 위한 브랜드로 '10-10클럽 후보' 기업을 먼저 찾아보고자 한다. 이런 기업들이 향후 실제로 10-10클럽에 등극하면 좋겠다. 그리고 한국은 물론 전 세계 시장을 누빌 수 있기를 기대한다.

세상의 모든 스마트공장은 목적이 있다

'공급자 중심'에서 '사용자 중심'으로

"우리가 지원하는 대상이 누구인지 잊지 말아요."

　잘되는 기업은 모두 고객을 중심에 두고 있다. 지금과 같은 공급이 수요를 크게 넘치는 세상에서 기업이 고객을 마음 중심에 두고 모든 행동과 의사결정을 하는 것은 당연하다. 모든 성공의 기본은 이런 고객 중심 마음일 것이다. 다 아는 내용이지만 스마트공장 생태계에서는 신기하게도 공급자 중심이란 말이 우세하다. 모든 것이 '정부의 눈', '공급자 중심', '공급자 눈으로 보는 정책', '공급자 중심의 환경 유지' 등이다.

　'이게 무슨 말인가?'

　국민 눈으로 볼 때 일부 공무원들이 일하는 모습, 또 일부 정치인들의 행동과 행태가 바로 그렇다. 별로 놀랍지 않고 더 이상 변명하기도 힘들

것이다. 스마트공장도 그랬다. 분명 공급자 중심 정책이었다. 하도 많은 이야기를 해서 그런지 조금은 기조가 바뀌고 있다고 보지만 아직이다. 이해한다. 아마도 단기간에 바뀌기 어려울 것이다. 근본적으로 해당 집단의 문화가 바뀌어야 하는데 오랫동안 쌓인 관습과 행태가 바뀌고 나아지기 어렵다고 본다. 여러 정부가 바뀌었지만 이런 문화는 바뀌지 않았다는 것을 우리는 보아 왔다.

공무원들과 함께 활동하는 자리에서 직접 들은 이야기를 하나 소개한다.

"수단과 방법을 가리지 않고 기업이 자신들의 이익만 추구해요. 비윤리적인 것은 말할 것도 없고요."

정부가 기업을 위해 만드는 여러 정책을 집행하는 과정에서 기업이나 참여자들이 어떻게 하든 정부 지원금을 받아 쓰려고 노력하는 모습을 가감 없이 표현하고 있었다. 실제 스마트공장 추진과정에서도 그랬고 다른 수많은 정부 지원 사업에서도 이런 불법, 비윤리적인 행동은 나타났기에 이 말이 놀랍지 않다. 필자는 오죽해서 그런 대상을 좀비, 좀비 기업이라고 부를까?

이런 비리, 불법, 비윤리 현상이 생기지 않게 하려고 더욱 철저하게 규제와 조건, 장벽을 만드는 것이 최선일까? 필자는 그게 일차적인 대응 방법이라 본다. 더 근본적인 것은 정책을 만드는 과정에서 사용자들, 즉 기업의 관점에서 모든 것을 바라보고 정책을 개발하는 것이 필요하다 보았다. 실은 그렇지 않았다. 정책을 만드는 사람들은 윗사람, 상사 등의 관심사에만 몰입되어 있다. 놀랍지만 그들이 살아가는 조직의 모습이 그렇다.

입으로는 국민과 국가를 이야기하지만 바로 위의 상사와 그 위에 연결되는 윗사람들의 관심사에 모든 것이 연결되어 있다. 그러하니 기업 현장과 시장에서 벌어지는 일에 맞는 정책이기보다는 화려하고, 근사하며 멋져 보이는 구호로 가득한 것이 나오게 되어 있다.

이 모든 것은 공급자 중심의 마음이다. 이를 사용자 중심, 즉 기업 중심으로 바꾸어야 한다. 당연하다. 자유로운 경쟁이 허용되는 시장에서는 모두 고객 중심 마인드를 가지고 있다. 그리고 4차 산업혁명은 사용자 중심의 세상으로 나아가는 혁신 과정이다. 이런 4차 산업혁명 시대는 개별 고객이 원하는 맞춤형 제품, 맞춤형 서비스를 제공하는 것을 목표로 하고 있다. 정부의 스마트공장 정책도 실은 이런 시대적 요구와 사명으로 가다듬어야 하지 않을까? 자신들의 편의를 위해 공급자 중심으로 행동하는 것은 시대를 역행하는 일이다.

정부 마음이 바뀌면 그 밑에서 예산을 받아서 움직이는 기관, 대학, 연구소, 공급기업, 컨설팅 기업, 컨설턴트도 마음이 바뀔 것이다. 지금 새로 시작된 마이다스(MIDAS) 2027 전략은 스마트공장 고도화를 5,000여 개를 지원하고 또 디지털 전환을 2만 개 지원하는 사업이라 한다. '신디지털 제조혁신'으로 불리는 이 사업부터 공급자 중심이 아닌 '사용자 중심', '기업 중심' 사업으로 거듭나는 추진이 되기를 기대한다.

'뛰는 놈' 위의 '나는 사람'이 정책을 만들어야 한다

"'책상 위'와 '현장'의 차이는 무엇일까?"

현장은 졸리지 않는다. 긴장감도 있다. 그러나 책상 앞에 앉아 있으면 어떨까? 시간이 지나면 졸음이 찾아온다. 이유는? 큰 변화가 없고 단조롭기 때문이다. 현장은 늘 변화한다. 변수도 많다. 또 종종 거래가 일어난다. 주거니 받거니 한다.

정부 산하 기관의 조직에서 일하는 사람에게 현장은 생소하고, 불편하고, 빨리 일을 보고 떠나고 싶은 곳일 수도 있다. 설사 그렇다고 해도 자신이 맡은 일이라면 기업이 있는 현장을 의도적으로 사랑하려고 노력해야한다. 그곳도 잘 보면 즐겁고, 재미있고, 흥미로운 곳이다. 물론 가끔은 놀라운 일도 생기고 당황스러운 일도 있으며, 화나는 상황도 벌어진다. 또그 속에서 활동하는 사람 중에는 다양한 사람이 보인다. '기는 사람', '걷는 사람', '뛰는 사람' 등이다. 정부 산하 기관에 소속된 사람들, 특히 정책을 만들고 기획하는 이들은 이런 사람들보다 위에서 움직이는 '나는 사람'이 되어야 한다고 믿는다.

현장 중요성이 강조되면 높은 직함을 받은 이들의 현장 방문을 자주 볼 수 있어 좋다. 그런데 그들의 첫째 역할은 사진 찍는 일이다. 사진 찍기는 피할 수 없다. 그러나 그것만 하면 죽었다 깨어나도 그 속에서 벌어지는 진짜는 볼 수 없다. 기어 다니는 사람, 걷는 사람, 뛰는 사람들의 꿈과 애환 그리고 그 속의 숨은 거래를 절대 볼 수 없다. 고위 인사가 사진 찍고 덕담을 하는 사이에 배석한 담당자나 전문가도 적당히 주위만 맴돌고 다시 책상으로 되돌아간다면 정책이 현장과 맞을 리가 없다.

현장에는 늘 외부에는 공개하기 주저하는 묘한 '가림 현상'이 있다. 이런 가림을 걷어내게 하려면 특별한 안경이 필요하다. 필요한 안경은 애정이다. 그다음에 지식과 경험이란 안경이 필요하다. 애정이 있어도 지식과 경험이 없으면 잘 보이지 않는다. 또 내가 만나러 간 그 사람이 전하는 이야기가 전부는 아니라는 건강한 의심도 해야 한다. 겉으로 하는 말과 속의 가린 것이 다를 수 있다고 봐야 한다. 내가 만나려는 사람이 아닌 또 다른 전문가의 생각과 의견도 들어야 하는 이유다. 바쁜 일정 때문에 이렇게 하기 쉽지 않다는 것은 이해된다. 그러나 진짜를 보려면 이런 노력이 필요하다.

아무리 지식과 경험이 많아도 현장에서 벌어지는 그들만의 이야기와 은유적 표현은 바로 알아차리기 어렵다. 은유는 종종 은밀하기도 하다. 이런 은밀한 곳도 봐야 정책이 통한다. 사진 몇 컷 찍고, 좋은 덕담 하고 떠나면 상황은 달라지지 않는다. 높은 사람이 정말로 바쁘면 전문가나 담당자가 남아 현장을 깊게 파고 이해하는 것이 방법이다. 또 크로스 체크를 통해서 현장을 더 바로 이해하고 파악하고 분석해야 나중에 군소리하는 사람이나 기업이 줄어든다.

정부 기관의 전문가들이 '나는 사람'이 되어야 한다고 생각한다. 그러나 그간은 그렇지 않았다. 그런 사이에 법을 피해 비윤리적인 행동을 하는 기업도 나왔다. '기는' 정책 때문이었다. '뛰는 놈'들은 비웃듯이 정책의 빈 곳을 공략한다. 자신들의 이익만 극대화하는 것이다. 이런 현장은 '뛰는 놈'을 감당할 '나는 사람'이 필요하다. 보이는 문제는 물론이고 보이지 않는 문제까지 찾아낼 수 있어야 한다. 문제를 알지 못하는데 문제 해결을 어떻게 기대할까? 더 안타까운 것은 보이는 문제도 그간 해결하지 못했다.

모든 국민은 보이지 않는 문제를 찾고 문제를 해결할 '나는 사람'들이 정책을 만들어 주기를 기대한다. 그렇지 않다면 늘 소 잃고 외양간 고치는 일이 반복될 수밖에 없다. 스마트공장이란 정책이 시행되는 곳에서 정책 만드는 사람들이 '훨훨 나는 일'이 많아지기를 기대해 본다.

K-등대공장이 진짜 등대가 되는 꿈

"K-등대공장의 등대는 등대인데 등대가 아니다."[17]

이런 알쏭달쏭한 제목의 기사가 나온 바 있다. 한국에서 스마트공장이 적지 않게 알려졌다는 뜻이며, 누군가 하고 싶은 말이 있어 보인다. 실은 스마트제조혁신추진단에서 K-등대공장을 운영한다고 하고 조직이 구성된 것을 홈페이지에서 확인할 때만 해도 반신반의하였다. 또 '유행만 따라가는 것 아닌가?' 하는 의구심이 일었었다.

'K-등대공장'은 그동안 추진되었던 '시범공장', '모델 공장' 등의 사업의 시원치 않아 보이자 등장한 새로운 버전쯤으로 이해되었다.

'뭐 좀 더 괜찮은 거 없을까?' 아마도 이런 생각으로 정책을 기획해서 만들어 낸 것으로 이해된다.

어쨌든 새로운 시도와 도전에는 박수를 보냈다. 그리고 이 사업이 어떻게 진행되는가 계속 관심을 두고 살펴보기도 했다.

이 사업은 세계경제포럼과 매킨지가 운용하는 등대공장과 K-등대공장의 차이는 있음을 먼저 알 수 있다. 선정 기준이 다르다. K-등대공장은 한국의 중소 중견기업을 위한 모델이다. 세계경제포럼과 매킨지의 등대공장은 주로 대기업을 고른다. 우리나라 중소, 중견기업에서도 나올 수는 있겠지만 잘 맞지 않을 것이다.

둘째 차이점은 'K-등대공장'이 매킨지처럼 이미 스마트공장을 추진한 기업의 수준을 평가하여 '참 잘했어요'라고 칭찬하는 방식이 아니다. 오히려 '이런 모습으로 갑시다'라고 뒤에서 밀어주는 방식이다. 국내 스마트공장을 추진하던 초기에 동양피스톤에 30억 원을 지원하면서[18] 대표 모델 공장을 만들었던 것과 비슷하다.

그간 스마트공장 모델 공장 구축 지원을 위해 지방자치단체에서 지원한 사례는 많았다. 예를 들어 '경남테크노파크'를 통해서 여러 개의 스마트공장 모델 공장이 지정되고 다양한 지원을 한 것을 본 적이 있다. 정부가 지원금을 제공하는 대가로 이들 기업은 외부 견학 희망 기업에게 문호를 개방해야 했다. 이것이 조건이었다. 이런 상호 원원하는 모델로서 효과가 있어 보였다. 남이 먼저 한 활동을 보고 구체적인 영감을 얻는 기업도 제법 있었던 것을 볼 수 있다.

한국의 'K-등대공장' 사업에서 선발된 기업 사례를 분석해 보기도 하였다. 사례로 등장한 기업을 보면 '네오넌트', '대유에이피', '동서기공', '삼보모터스', '신성이엔지', '오토닉스', '태림산업', '텔스타홈멜', '대선주조', '조선내화' 등인데 70%는 자동차 산업에 속하고 나머지 3개 기업만 다른 산업에 해당하는 것을 볼 수 있다. 자동차 산업의 '전기자동차로의 대전환'을 감안하면 자연스러운 현상이라 보았다. 기존 부품 업체 30%가 문을 닫을지 모르는 자동차 부품시장은 살아남기 경쟁이 치열하며 스마트공장 고도화는 고객사의 선택을 위해 필수 요건이 된다는 것을 알 수 있다.

K-등대공장 사업이 3년간 최대 12억 원이 지원되는 사업인 만큼 그 성취 수준은 일반 스마트공장 보급사업과 달리 상당히 고도화된 수준이 성취되어야 한다는 기대감이 있다. 소위 Level 4 공장을 지어야 한다고 사람들은 믿고 있다. 또 사업에도 그리 명시되어 있다. 그러나 K-등대공장을 구현하는 기업이나 이를 도와주는 이들의 상황은 그리 녹록하지 않을 것으로 보고 있다. Level 4라는 수준의 해석이 그리 만만하지 않음을 앞의 지면에서 보았을 것이다.

필자의 생각은 처음부터 Level 4라는 용어에 집착하지 않기를 바랐다. 이 사업도 기본은 해당 기업의 제조 역량을 끌어올리는 것이다. 즉, 실용적으로 기업 경쟁력(원가, 품질 등) 향상에 초점이 맞추어져야 한다고 보았다. 그리고 이런 성과가 실질적으로 다른 기업에 용기를 주는 모델이 되어야 한다고 보았다. 그런 모델이 되기 위해서는 추진 목표와 세부 내용을 기업에 적합한 현실적이고 실용적인 것으로 보완해야 한다고 생각했다. 예로서 기술한 10개 기업의 사업 초기 추진 목표와 지금쯤의 추진 모습에 상당한 갭이 존재할 것이다. 그리고 그런 갭은 지나치게 화려한 개념적 기술에 함몰되어 발생하는 것도 알게 될 것 같다.

예로서 모든 사업신청서는 'KAMP'란 용어를 담고 있다. 그런데 KAMP에서 빅데이터를 이용하고 분석해서 AI가 이상을 감지한다는 정도의 뻔한 내용은 이 사업의 본질을 혼란스럽게 할 수 있다. K-등대 사업은 이론적인 연구사업이 아닌 실증사업이다. 따라서 KAMP 대신 현재 시중에 등장하는 상업용 솔루션 공급 플랫폼이나 구체적인 기술이 필요할 것이라 본다. 사업 신청할 때 심사 통과 목적으로 KAMP를 여기저기 인용한 것이야 애교로 봐줄 수 있다. 그러나 그 KAMP가 아직도 현실성이 부족하다면 현실적인 솔루션의 응용에 집중해야 하지 않을까? 사업계획서에 포함하는 이런 관행적 키워드는 계속 악순환 관행을 만들고 다음 참여 기업에도 좋지 않은 영향을 미친다고 본다. '우선 뽑히고 보자'라는 생각을 유도한다.

'빅데이터' 활용에 대해서도 더 상업적으로 활용되고 검증되는 구체적인 기술을 인용하고 활용하는 것이 맞다. 그렇게 해서 과연 어떤 공정에서 어떻게 빅데이터를 활용했는지 보여 주어야 K-등대공장의 사업 취지가 살아날 것이라 본다.

'K-등대공장'의 등대가 진정한 중소 중견기업의 등대가 되는 꿈이 소중하다면 먼저 기업 현장을 제대로 살펴볼 것을 제안한다. '현장에 답이 있다'라는 말은 절대 누구나 겉치레하는 미사여구가 아니다.

세상의 모든 스마트공장은 목적이 있다

3장을 마치며

정부가 생태계 속에서 햇빛, 비와 바람 역할을 하는 사이, 생태계 구성요소인 기술 공급기업(공급기업으로 약칭), 스마트공장을 추진하는 기업(추진기업으로 약칭), 이들을 돕는 컨설턴트는 성장과 쇠퇴를 거듭한다. 생태계에서 중요한 역할을 하는 공급기업이 건강해질 때 추진기업도 건강하고 정부의 지원정책이 양적으로, 또 질적인 성과로 나타날 것이다.

이미 정부도 이런 일을 위해 소매를 걷어 올리는 것을 볼 수 있다.[19] 공급기업을 매칭하는 허브도 만들고, 공급기업을 자문해 주는 일도 하는 것을 볼 수 있다. 또 대·중·소 상생 사업도 계속 지원할 것으로 보인다.

핵심은 공급기업의 구조조정이다. 그리고 앞으로도 생태계에서 역할을 지속해야 할 괜찮은 공급기업은 생존 발전하도록 환경을 조성하는 것이 필요하다. 그런데 실은 이런 일을 정부가 직접 나서서 하는 것은 옳지도 않고 실제 수행이 어려울 수 있다. 그런 일은 시장과 생태계가 스스로 자정 작용하는 과정, 조직화하는 활동을 통해서 진화해 가며 수행해야 한다고 본다. 또 이 과정에서 구조 조정되는 기업을 위해 출구를 열어 주는 누군가의 역할이 필요할 수 있을 것으로 본다.

정작 앞으로 중요한 것은 고도화를 추진하고, 지능형 공장 구현하도록 지원하는 것이다. 그리고 부족한 공급기업들의 기술 불균형을 해소하는 연대와 협업의 판을 까는 것이다. 기존의 공급기업들의 역량만으로 고도화 지원이나 지능형 공장 구현은 어렵다고 본다. 기존 공급기업이 빅데이터나 AI 기능을 지원할 수 있는 기업이나 스타트업 공급기업(AI, 빅데이터, XR 등 기술 기업)과 손을 잡고 연대하거나 이들을 인수 합병하는 것 (반대로 스타트업 기업이 기존 기업을 흡수합병하는 것도 가능한 시나리오) 외에는 단기간에 해결책은 마련하기는 어려워 보인다.

여기에 피할 수 없는 장애요인도 있다. 정부가 그간 시장에 개입하며 제시한 사업 단가가 현실성이 없다. 그래서 기업 간의 기술 협력과 협업에서 어려움이 있을 수 있다. 따라서 기업 스스로 협력하고 스스로 가격을 책정하는 기회를 점차 열어 주어야 한다.

이런 정부의 관행적 오류를 단기간에 수정할 수는 없어 보인다. 그래서 앞으로는 정부가 앞장서는 것이 아니라 생태계의 주역인 기업과 민간이 앞장서서 이런 혁신을 추진해 나가도록 하는 것에서 더 나은 답을 찾을 수 있으리라 본다. 대신 정부는 새로운 규칙 제시에 힘써야 한다. 즉, 정부 지원정책이란 수혜를 찾는 추진기업들이 스스로 준비하고 공개된 경쟁 과정을 통해 지원 대상 기업이 정해지고, 또 이어서 이런 기업을 도와줄 공급기업이 같은 방식으로 지원과 선택되는 새로운 공개경쟁 방식의 절차 개선을 논의해 볼 만하다. 여기서 기존 공급기업과 신생 공급기업 간의 기술 협업이 컨소시엄 형태로 논의되고 활성화되는 방안도 찾을 수 있을 것이다.

　같은 방식으로 스마트공장 추진과정에서 윤활제 역할을 하는 전문위원의 선발과 선정도 이전방식이 새로운 방식으로 바뀌어야 한다. 추진기업과 공급기업이 지원한 컨설턴트 중에서 공개적으로 선발하는 '지원과 오디션 방식'으로 선정하여야 한다고 본다.

　이런 모든 생태계 주역의 활동과 경험은 객관적으로 기록되고 추적되어 다음의 선발 과정에서 제대로 활용되도록 규칙과 절차를 만든다면 생태계는 점차 건강하게 발전할 것을 기대해 볼 수 있을 것이다.

3장 미주

1   https://rogistics.quv.kr

2   https://wattrobotics.co/products

3   https://deogam.com/Company

4   https://www.mobiltech.io/tech-product

5   https://www.makinarocks.ai

6   https://stationf.co

7   https://www.youtube.com/watch?v=vQ6t13e7tmw 애니메이션 동영상

8   https://www.youtube.com/watch?v=9esGOAQLa7U 실제 로봇 촬영 동영상

9   스마트제조혁신 추진단에서는 수준 진단 수행을 대행하는 기관에 '스마트화 수준 평가표'와 함께 '기업 제조혁신역량 수준 평가표 엑셀 시트 양식'을 제공하여 기업의 스마트공장 수준을 1,000점 만점 평가하는 가이드를 제시하고 제조 기업의 수준을 평가하는 일을 독려하고 있다. 그런데 일부 기관에서는 이전부터 다른 평가 방식 등을 활용한 평가 등을 시도한 바도 있고 개인 컨설턴트 중에도 다른 평가법을 제안하는 이들이 있기도 하다. 필자의 의견은 점수로 만든 이런 평가의 근거가 취약하기에 근본적인 개정을 하는 것이다. 잘 맞지도 않는 기준을 가지고 억지로 현상을 끼워서 맞추어 평가하는 방식이 이미 상당히 오랫동안 방치되고 있다고 보고 있다.

10 2014년 8월 29일 산업혁신운동 3.0 중앙추진본부에서 발행한 '스마트공장 보급확산을 위한 업종별 참조모델' 발간 이후 최근까지 스마트공장의 수준에 대한 진단 방법을 제시하는 일은 이어져 왔다. 그러나 이런 방법은 현장에서 잘 들어맞지 않는 부작용에서 지속해서 헤어나지 못하고 있다. 같은 기업에 대해서도 전문가마다 다른 평가를 할 수밖에 없는 근본적인 이유를 개선하지 않은 상태에서 10여 년이 넘는 시간과 비용을 들이고 있지만 여전히 현장은 혼란스럽다. 스마트공장의 수준을 구분하기 어렵기 때문에 어떤 시점부터 정부 관계자는 그냥 '고도화'라는 용어를 사용하기도 했다. 예를 들어 스마트공장 고도화 지원 사업이란 표현은 Level 2 이상인 사업을 말하기도 하였다. 여기서 말하는 고도화와 기초, 중간 1, 중간 2, 고도 1, 고도 2 등의 표

현과 구분되어 그때그때 이용되기도 하였다.

11 2023년 기준 총 3만 개 정부 지원 사업에 대한 수준 평가를 정리한 한국생산성본부의 발표 자료 등을 참고함. 여기서 사용한 3만 개의 수준 진단 객관성 평가는 고려하지 않고 단순하게 집계된 자료만 인용함. 만일 모든 3만 개의 사업에 대해 수준 평가를 다시 한다면 통계 결과가 달리 나타날 가능성이 매우 크다고 보고 있음. 즉, 기초 수준의 비중이 집계된 76%보다 더 높게 나타날 수 있다고 예상됨.

12 스누아이랩, 마키나락스 등의 기업 사례를 참고함.

13 CAE 해석 활동을 지원하는 솔루션 공급기업 사례로서 프리즘 사례를 참고하였다. 이 회사 웹사이트: www.prism21.co.kr

14 이런 요청에 대해서 10-10클럽 후보 기업 리스트를 만들게 되었으며 부록에 기업 정보를 제공한다.

15 '10-10클럽'에 올라설 만한 후보 기업을 틈틈이 밴드에 정리하고자 한다. 스마트공장 고도화를 지원할 수 있는 기업 중심으로 정리하면서 동시에 핵심 요소 기술을 보유한 기업들도 포함하였다. 필자는 해당 기업의 정보를 여러 해에 걸쳐 미디어나 전시장, 세미나 등에서 소개된 내용을 토대로 정리하였다. 스마트공장을 추진할 때 이런 기업을 참고하여 좋은 결과를 만들기 바란다. 단, 이런 기업의 최종 선택의 책임은 이를 선택하는 기업의 몫이란 점을 분명히 한다.

16 스마트 솔루션 공급기업은 적어도 영업이익률이 10% 이상은 되어야 하는데 그 이유는 글로벌 솔루션 공급기업의 영업이익률이 20%~40%에 이르기 때문이며 그 정도 수익이 있어야 지속적인 연구개발도 가능함을 해외 선진 기업은 사례로 보여 준다.

17 https://www.thescoop.co.kr/news/articleView.html?idxno=51015

18 2016년 산업자원부에서 대표 스마트공장 지원 사업에 동양피스톤 최종 선정. 출처: 산업자원부 https://www.korea.kr/news/policyNewsView.do?newsId=148810233

19 중기부(2023), 신디지털 제조혁신 추진전략 발표 내용 및 간담회 내용 등 참고.

10-10클럽 후보 기술 공급기업 리스트 활용 방법

만일 여러분이 제조 기업에서 일하는 분이라면 네이버 밴드에서 '제조 기업을 위한 세상의 모든 스마트공장 솔루션'이라는 밴드에 가입 신청하는 것을 권한다. 이 밴드에서는 다양한 스마트공장 및 DX 관련 기술 공급기업의 정보나 관련 기술이 정리되어 있다. 또 태그를 통해 찾고 싶은 정보를 빨리 찾을 수도 있다. 해당 네이버 밴드의 이미지는 그림 10과 같다.

이 밴드에 가입한 후 검색 기능으로 원하는 기술 공급기업을 찾아볼 수 있다. 이때 활용할 대표 태그는 밴드의 공지에 소개되어 있다. 예를 들어, MES 공급기업을 찾아본다면 #MES로 태그를 이용하여 업체와 관련된 정보를 확인할 수 있다. 계속하여 관련 기업 정보를 업데이트할 예정이므로 관심이 있는 분은 활용할 수 있을 것이다. 밴드에 등장하는 기술 기업 정보는 2015년 이후 수집된 정보를 토대로 정리하여 요약한 것이지만 최근까지도 새로운 정보가 입수될 때 계속 업데이트되므로 최근의 정보도 확인하는 효과가 있을 것이다.

밴드에서 제공하는 솔루션 공급 기업의 명단은 필자가 오랫동안 여러 방법으로 전시회, 매스 미디어, 세미나 현장, 개인적인 경험 등에서 수집한 정보를 토대로 제공하는 것이다. 이런 기업을 선택하여 필요한 스마트공장 구축 등을 성공적으로 완료하기를 기대한다. 다소 주관적인 점도 있다는 점을 이해하며 사용하길 바란다. **또 기술 공급을 선택하는 것은 선택하는 사람의 권한과 책임이라는 점을 밝힌다. 즉, 여기서 제공하는 모든 기술 공급 정보는 참고용이며 이 정보를 선택하는 것에 대한 활용과 책임은 일체 독자에게 있다.**

그림 10 네이버에 있는 스마트공장 솔루션 소개 밴드 표지 이미지

해당 기업에 대한 구체적인 정보는 대부분 인터넷 웹사이트에서도 다시 확인할 수 있다. 스마트공장이나 DX 관련 활동을 추진하려고 하는 중소중견 제조 기업이 좀 더 세부적인 공급기업 정보가 필요하여 도움이 필요하다면 밴드가 제공하는 여러 도구를 통해서 소통할 수 있을 것이다. 필요시 필자도 도움이 필요한 기업에 보유한 정보와 추가 자료를 제공할 수도 있을 것 같다.

그림 11의 로고는 이와 같은 공급기업 중에서 10-10클럽으로 전환될 수

있는 후보군이라는 것을 알리기 위해 만든 것이며 궁극적으로 이런 10-10 클럽으로 선정될 훌륭한 공급기업이 국내에서 200여 기업 정도가 될 것으로 예상한다.

소개할 또 다른 밴드 정보는 '스마트공장 솔루션 기업 플랫폼'이다. 이 밴드는 기술 공급기업을 위한 밴드이다. 기술 공급기업으로서 기술정보를 소개하고 싶다면 이 밴드에 가입하여 회사 정보나 관련 기술을 업로

그림 11 기술 공급기업을 위한 네이버 밴드

드하고 공개할 수 있을 것이다. 이 밴드에서 그림 11과 같은 로고를 발견할 수 있을 것이다.

이렇게 수집되거나 정리된 정보를 필자는 제조 기업이 활용하는 그림 10의 밴드에 정기적으로 업데이트하여 기술과 기업 정보가 필요한 사용자에게 잘 전달되도록 '중계역할'을 지속할 예정이다.

이 두 개의 밴드에서 다룰 기술을 간략히 정리하면 다음과 같다.

1. ERP, MES를 공급하는 기업 또는 2가지 모두 공급하는 기업

ERP와 MES를 각각 공급하는 기업은 국내에 수없이 많다. 생각보다 훨씬 많다. 본문에서 소개했지만 약 800여 개 기업이 각축을 벌이며 각기 다른 모습의 MES를 공급하고 있다. 따라서 선택의 폭이 매우 넓다. 이

런 앱은 각 기업 현장에 맞추어 사용하는 고객 맞춤형(Full Version with customization) 또는 이미 정해진 기본 양식을 최대 활용하는 간편형 (Light Version)으로 구분된다. 또 설치 형태에 따라서 클라우드에 올려 놓고 사용하는 웹 버전도 있고 로컬 서버에 설치하여 사용하는 버전도 있다.

ERP 공급기업도 상당히 많다. 규모가 큰 해외 기업, 또 규모가 작은 저가의 국내 기업 등 공급기업이 다양하다. 이런 ERP 앱에 대한 별도 소개는 생략한다.

추가로 설명할 사항은 제조 기업이 사용하는 ERP와 MES가 각기 다른 공급사 제품인데 이런 환경에서 어떻게 두 개의 다른 시스템을 효과적으로 사용할 수 있는가이다. 결론은 MES와 ERP를 연결하여 사용하는 것이 필요한데 현실 세계에서 다른 공급사의 시스템을 서로 연결하여 사용하는 환경을 만드는 것이 쉽지 않은 것을 잘 알고 있다. 기술적으로 어려운 것이 아니고 이를 실현하기 위한 조건이 번거롭고 피곤하다는 뜻이다.

그런 점에서 어떤 시스템도 아직 설치하지 않은 기업은 처음부터 이런 두 개의 시스템을 어떻게 연결하여 사용할지 먼저 자문받고 추진할 것을 권장한다. 즉, ERP와 MES를 모두 사용하려고 한다면 차라리 ERP와 MES를 모두 공급하는 기업을 선택하는 것이 최선이 아닌가 생각된다. 현실적으로 이게 답이 된다는 것을 현장 사례에서 확인하게 된다. 많은 숫자는 아니지만, ERP와 MES를 함께 공급하는 기업도 있다. 밴드에서 검색할 때는 '#MES-ERP'로 검색하기를 바란다. 만일 ERP나 MES를 따로 검색하고자 하면 #ERP, #MES를 입력하여 검색할 수 있다.

2. PLM(Product Management System)을 공급하는 기업

CAD, PDM, BOM, CAE, DM(Digital Manufacturing, 디지털 제조), CAM 등을 공급하는 기업의 정보를 찾을 수 있을 것이다. 해당 앱의 기능은 이미 널리 알려져 있으므로 별도 설명은 하지 않았다. #PLM, #CAD, #PDM, #BOM, #CAE, #DM, #CAM 등과 같은 태그를 사용할 수 있을 것이다.

3. QMS(Quality Management System)을 공급하는 기업

품질관리 관련 전용 앱을 공급하는 기업의 정보를 찾을 필요가 있을 때 #QMS 태그를 활용하여 검색할 수 있을 것이다. 통계적공정관리(SPC) 앱을 공급하는 기업을 찾을 필요가 있을 때는 #SPC를 입력할 수 있다.

4. APS(Advanced Planning and Scheduling)를 공급하는 기업

일부 기업이 제조 일정 계획 또는 스케줄을 시뮬레이션하고 검증하는 전용 도구를 활용하는 경우가 등장한다. 이런 앱을 공급하는 기업이 국내에서 조금씩 나타나고 있는데 이런 기업 정보를 #APS 태그로 찾을 수 있다.

5. CRM(Customer Relation Management)을 공급하는 기업

일부 기업은 DX 차원에서 영업과 마케팅을 통합 관리하는 도구가 필요하다. 외국의 글로벌 기업이 전용 앱을 공급하고 있는데 최근 스타트업 등 국내 기업도 관련 앱을 공급하고 있다. #CRM 태그로 관련 기업을 찾을 수 있을 것이다.

6. SCM(Supply Chain Management) 앱을 공급하는 기업

SCM은 통상 ERP로도 필요한 기능을 제공할 수 있는데 공급망 관리를 전용으로 하는 앱을 제공하는 기업도 등장하고 있다. #SCM을 통해서 관련 기술과 공급기업을 찾을 수 있다.

7. FEMS(Factory Energy Management System) 앱과 관련 응용 서비스를 공급하는 기업

에너지 또는 공장에서 사용하는 다양한 연료의 관리를 위해 개발된 공장 전용 앱을 공급하는 기업 정보를 #FEMS 태그로 찾을 수 있다.

8. PdM(Predictive Maintenance) 설비 예지 보전 서비스를 제공하는 기업

공장에서 사용하는 다양한 기계, 설비, 장비, 공구의 상태를 예지적으로 확인하는 기능을 보유한 다양한 기술이 최근 빠르게 발전하고 있다. 국내 및 해외의 기업이 해당 솔루션을 공급하고 있는데 #PdM이라는 태그를 통해서 해당 기술과 기업 정보를 찾을 수 있다.

9. 제조 빅데이터 수집, 분석 서비스를 제공하는 기업

제조 빅데이터를 수집하여, 전처리, 가시화, 분석, 예지, 조치하는 등의 프로세스를 지원하는 기술 공급기업을 국내 및 해외 기업 중에서 확인할 수 있다. 이전에는 대부분 해외 기업이던 시장 환경에 국내 기업의 참여라는 현상이 빠르게 나타나고 있다. 해당 관련 기술의 폭이 넓고 다양해서 하나의 태그로만 기술이나 기업을 찾는 것이 쉽지 않은 어려움이 있기도 하다. 기초 태그는 #Bigdata이다. 분석 관련 기업과 컴퓨팅 기술은

#Analytics, #Cloud, #Edge로 검색을 하길 바란다. 데이터 수집은 #DAS로, 데이터 가시화는 #SCADA로 검색하기를 바란다.

10. XR 관련 기술과 서비스를 제공하는 기업

XR은 AR(Augmented Reality), VR(Virtual Reality), MR(Mixed Reality)을 통칭하는 용어이다. 각각 기술의 차이가 존재하기에 해당 기술이나 앱을 찾을 때 #AR, #VR, #MR 태그를 활용할 수 있다. 이런 기술은 원격 지원 기술로 대부분 응용되어 활용되기도 하기에 #Remote라는 태그로 원격기술 기업을 확인하거나 찾을 수 있다. 제조 메타버스를 의미하는 기술을 공급하는 기업도 등장하기도 하기에 #Metaverse 태그를 활용하여 제조 메타버스 기업 정보도 찾을 수 있도록 할 예정이다.

11. 머신러닝, 딥러닝, 머신비전, 컴퓨터비전 서비스를 제공하는 기업

제조 영역에서 응용되는 딥러닝은 대체로 머신비전, 컴퓨터비전 등의 세부 기술로 응용되고 있지만 활용되는 용어는 더 다양하게 등장하고 있다. 이런 용어를 모두 구분하기보다는 대표적인 태그로 #ML을 활용하여 관련 기술, 기업 정보를 찾을 수 있도록 하였다.

12. CPS 구축을 지원할 수 있는 기업

CPS는 종합 기술이기에 한 기업이 모든 기술을 모두 공급할 수 없는 기술 영역이다. 그런데도 기술 공급기업 중에서 CPS의 구축을 총괄하는 기업이 등장하고 있어 이런 기업을 찾는 경우를 위해 #CPS를 통해 관련 기업과 기술을 찾을 수 있도록 하였다.

13. AGV(Automatic Guided Vehicle), AMR(Autonomous Mobile Robot)을 공급하는 기업

공장 내부 또는 창고의 물류와 관련된 로봇 기기는 크게 나누어 AGV와 AMR로 나누어 볼 수 있다. 둘 다 이송 로봇인데 하나는 정해진 길을 이동하는 방식이고 다른 하나는 자율주행하는 방식의 기술을 활용한다. 각각 #AGV, #AMR 태그로 관련 기술과 공급기업을 확인할 수 있다.

14. 협동 로봇을 공급하는 기업

협동 로봇은 로봇 제조 기업과 관련 기술 서비스를 제공하는 기업이 보통 분리되어 있다. 즉 협동 로봇을 제조하는 기업과 계약을 맺은 대리점에서 협동 로봇의 판매, 기술 지원 서비스를 제공한다. 보통 '로봇 SI 기업'이라고 불린다. 각각 #COBOT과 #ROBOTSI 태그로 관련 정보를 찾을 수 있다.

15. IoT 플랫폼 또는 관련 기술 공급기업

IoT 플랫폼의 기능 범위는 매우 포괄적이다. CPS의 사례와 유사하게 여러 기술이 융합되어야 구축되는 융합 기술이다. 이런 기술을 융합하여 플랫폼으로 제공하려는 기술 공급기업은 꾸준하게 국내외에서 나타나고 있다. 대표적인 기업이 미국의 GE Predix이었다. 사업이 원활하지 않아 매각되어 지금은 서비스가 제한된 곳에서만 유지되고 있지만 다른 기업의 등장이 지난 10여 년간 국내외에서 나타나고 있다. 스마트공장 고도화 사업 추진 등을 위해 이런 기업의 도움이 필요하다면 #IoT 라는 태그로 관련 기업과 기술을 확인할 수 있다.

16. 센서 공급기업

제조 산업의 현장에서 응용되는 센서의 종류는 거의 수백 종에 이를 만큼 다양하다. 온도, 압력, 속도, 가속도, 거리, 습도 등 기초적인 물성값의 측정부터 방사능, 냄새, 맛 등 인간의 오감 역할을 하는 영역에 이르기까지 국내외에서 제공되는 기술의 범위와 깊이는 넓고 깊다. 여기에는 카메라, 조명 등과 같은 기술도 포함하여 살펴볼 수 있다. 그런 면에서 #Sensor, #Camera, #Vision 등의 태그로 관련 기술과 기업을 찾을 수 있다. RFID, QR코드와 같은 기술 공급기업과 기술은 #RFID, #QR 등으로 찾을 수 있다.

17. 연결 기술 공급기업

연결화 기술은 무선과 유선 기술로 구분되며 유선은 #Fieldbus로, 또 무선은 #4G, #5G, #6G, #WiFi, #Zigbee, #Bluetooth, #NFC 등의 태그로 필요한 기술과 공급 기술을 찾을 수 있다.

18. 자동창고(Automated Storage and Retrieval Systems) 관련 기술 공급기업

공장의 창고 관련 기술 공급기업도 대부분 종합 기술 공급을 목표로 활동하는 것이 일반적이다. 기존의 일반 창고에서 활용하는 기술이 있는가 하면 자동창고 기술을 공급하는 기업이 등장하고 있다. 자동창고 관련 기술은 #ASRS 태그로 찾을 수 있다. 창고 관리에 필요한 실내측위 기술을 공급하는 기술과 공급기업은 #GPS라는 태그로 찾을 수 있도록 하였다. 엄밀한 의미로는 실내측위는 GPS와 달리 Indoor Positioning을 의미하지만, 편의상 GPS를 채택하였다.

19. 제조 AI 관련 응용 서비스를 제공하는 기업

인공지능은 전체 산업과 전체 기술에서 활용하는 일반 기술로서 발전하기에 여기서는 일반적으로 인공지능을 의미하는 #AI와 LLM(Large Languge Model)을 주로 설명하는 #LLM으로 구분하여 정보를 제공할 예정이다.

20. 기타 제조혁신 기술

총 19개 분류 외에도 여러 기술이 혁신 기술로서 분류될 수 있다. 예로서 3D 프린팅, 적층 제조 등과 같은 기술, 스마트워크스테이션, 휴머노이드 로봇, 드론 등 분류가 쉽지 않은 혁신 기술이 여럿 있다. 이 같은 기술은 각각 이런 기술을 직관적으로 표현하는 태그를 통해 찾아볼 수 있도록 하였다.

#Drone #3Dprinting, #Humanoid, #SStation 등이 이런 기술을 찾을 수 있는 태그의 예이다.

세상의 모든
스마트공장은
목적이 있다

ⓒ 한석희, 2024

초판 1쇄 발행 2024년 3월 11일

지은이   한석희
펴낸이   이기봉
편집   좋은땅 편집팀
펴낸곳   도서출판 좋은땅
주소   서울특별시 마포구 양화로12길 26 지월드빌딩 (서교동 395-7)
전화   02)374-8616~7
팩스   02)374-8614
이메일   gworldbook@naver.com
홈페이지   www.g-world.co.kr

ISBN   979-11-388-2830-7 (03320)